JUSTIÇA ESPACIAL E
O DIREITO À CIDADE

Consulte nosso catálogo completo e últimos lançamentos em **www.editoracontexto.com.br**.

Ana Fani Alessandri Carlos
Glória Alves
Rafael Faleiros de Padua
(organizadores)

JUSTIÇA ESPACIAL E O DIREITO À CIDADE

COLEÇÃO METAGEOGRAFIA

editoracontexto

Programa de Pós-graduação
em Geografia Humana
Departamento de Geografia
FFLCH-USP

Foto de capa
"Entardecer em São Paulo", Jaime Pinsky

Montagem de capa
Gustavo S. Vilas Boas

Diagramação
Caio Cardoso

Preparação de textos
Maria Inêz Stabalito Rodrigues Fonseca

Revisão
Hires Héglan

Dados Internacionais de Catalogação na Publicação (CIP)
Andreia de Almeida CRB-8/7889

Justiça espacial e o direito à cidade / Núria Benach ... [et al.];
organizado por Ana Fani Alessandri Carlos, Glória Alves e
Rafael Faleiros de Padua. – São Paulo : Contexto, 2017.

192 p. (Coleção Metageografia)

Bibliografia
ISBN: 978-85-520-0003-7

1. Justiça social 2. Geografia urbana 3. Desigualdade social
4. Política social I. Benach, Núria II. Carlos, Ana Fani
Alessandri III. Alves, Glória IV. Padua, Rafael Faleiros de
V. Série

17-0469 CDD 303.372

Índices para catálogo sistemático:
1. Justiça social

2017

EDITORA CONTEXTO
Diretor editorial: *Jaime Pinsky*

Rua Dr. José Elias, 520 – Alto da Lapa
05083-030 – São Paulo – SP
PABX: (11) 3832 5838
contexto@editoracontexto.com.br
www.editoracontexto.com.br

Quando tudo estiver consumido, quando o universo emergir da redundância (o que não vai demorar), então se elevará o irredutível.

Henri Lefebvre

SUMÁRIO

INTRODUÇÃO

O livro que ora apresentamos é o terceiro volume da Coleção Metageografia[1] organizada pelo Gesp/FFLCH/USP,[2] grupo que congrega diversos pesquisadores em torno do objetivo de desvendar os conteúdos da urbanização contemporânea, na perspectiva da construção de uma "geografia urbana crítica radical", propondo: a) o debate teórico-conceitual relacionado à construção de uma teoria urbana crítica; b) a compreensão da urbanização contemporânea, explicitando a desigualdade e as contradições que fundamentam a produção do urbano a partir da metrópole e no horizonte da construção da sociedade urbana. Essa perspectiva crítica dá centralidade à dimensão espacial da problemática urbana, apoiando-se na hipótese segundo a qual a reprodução do espaço urbano aprofunda a contradição entre o processo de produção social do espaço e sua apropriação privada, como o desencontro entre sujeito e obra, atualizando a alienação no mundo moderno. Nessa perspectiva, a "metageografia" seria o caminho capaz de revelar as contradições constitutivas do processo desigual da produção contemporânea do espaço urbano que, ao potencializar o "negativo" desse processo, propõe um caminho profícuo para elucidar os conteúdos da crise urbana como crise social. Essa orientação torna possível pensar a elaboração de um projeto de sociedade compromissado com a criação de um "outro espaço urbano", como destino do homem. Desse modo, o "direito à cidade", como conceito, não poderia ser separado da concepção da produção social do espaço, na medida em que a análise dessa produção é capaz de revelar as dinâmicas de reprodução contraditória do capitalismo.

Essa hipótese, todavia, se desenvolve a partir da tese segundo a qual a produção do espaço, especificamente o urbano, é fundamental para a acumulação do capital como possibilidade renovada de realização da reprodução social. Hoje, em suas profundas metamorfoses, o espaço urbano aponta que a realização do capitalismo, como um processo de acumulação, encontra seus limites gerando imensos conflitos. Estes aparecem, de forma mais aguda, na metrópole, revelando os limites da reprodução ampliada e, com isso, apontando as contradições da produção do espaço. Isso porque, no momento atual, a mundialização econômica trouxe a concentração sem limites da riqueza que acompanha o processo de privatização do mundo, o que aprofunda a desigualdade exigindo a abolição das condições de exploração e opressão que a acompanham.

No plano da metrópole, a segregação socioespacial aprofunda-se como decorrência da concentração da riqueza, oriunda das novas formas de expropriação, como um processo espacial por excelência. Isso porque, como já desenvolvidos nos outros livros desta Coleção, as relações sociais objetivam-se produzindo formas nas quais a sociedade apropria-se dos lugares onde a vida transcorre em sua totalidade. Nessa direção, a produção do espaço é imanente à produção do humano. No mundo moderno, entretanto, o ato de separação entre obra (espaço) e produtor (sociedade) incide, justamente, na regulação e no impedimento do uso, no recuo da apropriação (e da cidadania) que, por sua vez, produz uma representação que reforça a "naturalização" da expropriação.

Assim, a importância do espaço na acumulação capitalista vem acompanhada do obscurecimento dos processos produtores do espaço, o que impede de entender que, para superar as contradições geradas ao longo da história da acumulação do capital, principalmente entre as forças produtivas e a reprodução das relações de produção, os capitalistas lançaram-se sobre o espaço, ocupando-o e transformando-o em um objeto estratégico (tese desenvolvida no segundo volume, *A cidade como negócio*). Logo, a produção do espaço desempenha uma função ativa nas múltiplas formas de expropriação, seja no ato de escamoteá-las através das representações, seja por meio da ação direta de separação da sociedade no espaço. Todavia, é impossível evitar o conflito que nasce da segregação socioespacial, como condição e meio da reprodução social. A crise social manifesta-se, em grande parte, como crise urbana, e as resistências ganham visibilidade nos espaços públicos. As ruas das grandes cidades, e particularmente das metrópoles, têm dado visibilidade à alienação que sustenta a reprodução do urbano.

O conflito configura-se como luta pela cidade, já que está orientado pelas reiteradas resistências às ações de expropriação realizadas no plano da vida cotidiana. O mundo da mercadoria ganha importância nunca vista antes, mas as resistências ao seu domínio também se fortalecem. A resistência urbana é a face da recusa dessa lógica, iluminando a dialética. A resistência é a recusa, o questionamento da privação decorrente do desenvolvimento capitalista apoiado no crescimento econômico, uma ação que denuncia uma prática urbana normatizada, estruturada pelo mundo da mercadoria. Aparece no horizonte iluminando a necessidade de se pensar no futuro. Desse modo, o debate teórico, o discurso político e o cotidiano (nos quais se localizam as contradições e se realizam as lutas) iluminam o papel do espaço e sua potência no desvendamento das contradições que assediam a vida urbana, apontando a existência de uma crise urbana que se origina na desigualdade. Essa conjuntura coloca como questões a justiça espacial e o direito à cidade.

É possível, nos dias atuais, construir uma leitura que ultrapasse a esfera dos bens necessários à realização da vida para abrir-se à escala humana do desejo? Seriam as ações dos movimentos sociais reveladoras da resistência às formas da expropriação vividas? A possibilidade de superação dessa situação estaria no fundamento dos movimentos sociais e no questionamento que surge nas ruas da metrópole? Estes sinalizam que tipo de consciência? Trariam estas o sentido do possível, e quem sabe da utopia, como aquela de um outro mundo possível?

Este livro, se não dá conta de todas as faces da alienação urbana, traz argumentos para pensá-las. Repousa no debate sobre o "direito à cidade" a partir da fundamentação teórica construída por Henri Lefebvre, desafiando os pesquisadores. Certamente, a centralidade da obra de Lefebvre no debate atual sobre a crise urbana em sua dimensão socioespacial é inquestionável, mas a obra tem dado margem a dois tipos fundamentais de interpretação. De um lado, o direito à cidade seria a base de construção das políticas públicas capazes de diminuir a desigualdade, sob a batuta do Estado. Também foi desdobrado nos termos do debate sobre a justiça espacial, desenvolvida, particularmente, por Soja. De outro lado, o direito à cidade pode ser examinado à luz do projeto utópico de construção de uma nova sociedade (urbana) desdobrada de seu projeto possível-impossível, como o negativo do mundo urbano. Esse caminho exige a compreensão sobre a dinâmica contraditória do processo de produção do espaço urbano.

Este livro, ao focar as lutas por "justiça" e por "direitos", debate, num primeiro momento, os conteúdos teóricos do "direito à cidade" em sua radicalidade tal qual posta pelo projeto possível-impossível de Henri Lefebvre e que tem orientado a construção da metageografia (Carlos, Ribeiro, Padua, Alves e Alvarez); num segundo momento traz as formas e os conteúdos teórico-práticos da compreensão da justiça/injustiça nas reflexões de Ramires e Gervais-Lambony. Ambos têm pontos de partida semelhantes, apontando não apenas a atualidade do livro *O direito à cidade* publicado em 1968, mas a obra do autor (ainda pouco conhecida), o que revela sua potência na compreensão da crise urbana e na construção dos caminhos possíveis de sua superação. Assim, se no exterior, particularmente na França, o grupo liderado por Gervais-Lambony, desenvolve a ideia de que a crise urbana aponta a dialética justiça/injustiça, caminhando na construção de uma justiça espacial, numa outra direção os brasileiros (membros do Gesp) centram sua atenção no "direito à cidade" a partir da constatação do urbano vivido como privação, enfocando o "direito à cidade" como o negativo da metrópole neoliberal. O argumento central do debate desse grupo (que localiza as lutas na produção do espaço urbano realizando-se no plano do cotidiano, capaz de revelar as dinâmicas contraditórias na base da reprodução do capitalismo) tem como fundamento a obra de Karl Marx e de Henri Lefebvre.

Convém lembrar ainda que, no Brasil, o direito à cidade vem acompanhado da preocupação com a construção de políticas públicas. Em muitos casos se trata de modelizar o pensamento lefebvriano de tornar lógico um pensamento que é dialético. A obra de Lefebvre tem, indiscutivelmente, uma positividade no mundo moderno, permitindo o questionamento da propriedade privada como antinonímia de direitos entre possuidores e destituídos dentro de uma mesma sociedade. Nessa direção, ao iluminar a barbárie encoberta da existência da propriedade dominando e regulando as relações sociais, permite construir políticas de restrição. Com isso ilumina a desigualdade, obrigando a academia a debatê-la e os órgãos públicos a darem respostas. Afinal as lutas ganham visibilidade na mídia na medida em que ganham visibilidade no espaço público.

O livro mostra que é possível pensar que a privação do urbano está no fundamento das lutas pelo espaço na cidade, questionando a lógica do crescimento e a racionalidade deste modo de produção – como reprodução de relações sociais dominadas. Os movimentos sociais lutam pelo espaço da realização da vida, bem como por um espaço democrático onde possam exprimir-se e decidir sobre o uso dos bens comuns produzidos socialmente, exigindo a abolição de suas condições de exploração e opressão. Aqui encontram-se as resistências. Assim, as manifestações de rua e dos movimentos sociais trazem, como exigência, a superação do entendimento da cidade enquanto quadro físico, ao mesmo tempo em que ultrapassam a esfera "do ter" e da busca desenfreada pela qualidade de vida – portanto, sinalizando a necessidade de superação do mundo da mercadoria e da sociedade de consumo. Também sinalizam a insuficiência de se pensar a crise urbana como crise de moradia e insuficiência de serviços e infraestrutura. A crise criada pelas contradições se localiza no debate sobre a moradia, que se justifica pela centralidade da fixação do indivíduo no plano do uso/habitar como o centro do mundo e lugar a partir do qual cria laços com os outros lugares e com o outro. Mas os capítulos que compõem esta obra ampliam esse debate.

Este livro também é produto do diálogo acadêmico entre pesquisadores brasileiros e estrangeiros sobre a cidade e o urbano a partir do reconhecimento de que as lutas pelo espaço se aprofundaram nos últimos anos e precisam ser compreendidas em seus fundamentos e em diferentes escalas temporais e espaciais.

Os organizadores

NOTAS

1 Os capítulos que compõem este livro foram apresentados no I Seminário Internacional Justiça Espacial e o Direito à Cidade, realizado no Departamento de Geografia da FFLCH/USP, organizado pelo Gesp, e coordenado por Ana Fani Alessandri Carlos e Glória Alves, em dezembro de 2015.

2 O primeiro volume, *Crise urbana*, publicado em português e em inglês (e-book), e o segundo volume, *A cidade como negócio*, foram publicados pela Contexto. Sobre o Gesp, coordenado por Ana Fani Alessandri Carlos, veja <http://gesp.fflch.usp.br>.

PARTE I

O PLANO DA TEORIA

DA DESIGUALDADE SOCIAL À JUSTIÇA ESPACIAL

Núria Benach

Este capítulo[1] tem como objetivo refletir sobre a utilidade dos conceitos de "justiça espacial" e "direito à cidade" na prática política, a partir da crítica do uso generalizado, e em geral pouco espacializado e politizado, da ideia de desigualdade social. Trata-se de um tipo de reflexão conceitual que, dentro da linha de trabalho do projeto [espaiscrítics],[2] enfrenta-se com o desafio de repensar espacialmente muitos dos conceitos comumente utilizados e aceitos nas ciências sociais, incluindo a própria Geografia.

A DESIGUALDADE SOCIAL NA RENDA

Fala-se muito de desigualdade social, alguns falam do direito à cidade. E quase ninguém, de justiça espacial. Este artigo tem sua origem em uma insatisfação profunda pela preferência generalizada do conceito "inócuo" de "desigualdade social", em quase todos os âmbitos, frente aos termos com conteúdos mais "políticos", como aqueles de direito à cidade e justiça espacial. A análise das aproximações críticas recentes sobre os conceitos de "direito à cidade" e de "justiça espacial" mostra sua enorme potência quando são utilizados em contextos políticos de transformação social radical, mas também apresenta problemas e dificuldades.

O "direito à cidade", tal como foi formulado por Henri Lefebvre no final da década de 1960 em um contexto bem diferente do atual, continua sendo, sem dúvida, não só um conceito com suficiente poder analítico para situar quem é quem na vida urbana, mas também, e sobretudo, um conceito transformador e revolucionário. Para Lefebvre, mudar a cidade significava mudar muitas coisas; tratava-se de abrir a via para outra sociedade, a um mundo mais além do capitalismo, do Estado e da sociedade de consumo (Purcell, 2014). Entretanto, a banalização do conceito de "direito à cidade" nos meios institucionais, acadêmicos e dos cidadãos levou à perda de sua força política e se converteu em uma ideia com escassa força. Isso foi assimilado muito bem por acadêmicos ingleses e norte-americanos neolefebvrianos,[3] porém também por velhos lefebvrianos como Jean-Pierre Garnier.[4] Hoje, o "direito à cidade" é invocado com extrema facilidade para se referir a qualquer pequena melhora ou concessão do sistema, é um conceito que foi "domesticado",[5] que ficou reduzido a um sentido paliativo que não põe em questão a lógica global da urbanização capitalista.[6] Andy Merrifield mostrou-se arrebatadamente partidário de descartar o termo, para recordar que "é melhor dá-lo ao inimigo".[7] A irreverência de Merrifield é sem dúvida atraente, ainda que, seguramente, não seja uma boa ideia descartarmos conceitos fortes como este. Mas a advertência é muito séria e não se pode menosprezar o fato de que as nossas palavras na boca dos outros podem ser jogadas, inclusive, contra nós.

"Justiça espacial" é outra grande ideia, outro grande termo que, não obstante, apresenta muitas dificuldades. Dos intensos, densos e a princípio difíceis debates a propósito do mesmo conceito de justiça na Filosofia Política, é útil levar em consideração a justiça como um processo, e não como um fim em si mesma, como uma situação. Se a sociedade não é estática, a aspiração a uma definição "universal" de justiça à la Rawls perde quase todo seu sentido, e, em troca, as críticas de "relativismo" (justiça para quem, em função de que etc.) se enchem de posições políticas que se manifestam, ainda com maior claridade, nas lutas pelo espaço.[8] A questão da definição é um grande campo para uma reflexão saudável e aberta que, porém, não se resulta, particularmente, útil fora dos âmbitos estritamente acadêmicos. O paradoxo é que a ideia de "justiça espacial", de difícil compreensão fora do conforto acadêmico, somente tem sentido, como argumentamos aqui, precisamente fora dele.

Finalmente, e em contraste, a desigualdade social parece estar sem dúvida, "na agenda". Está onipresente na imprensa, no discurso acadêmico, nos programas dos partidos políticos de todas as cores. Enquanto alguns dedicam livros, revistas e congressos internacionais inteiros ao direito à cidade e à justiça espacial, a desigualdade social parece não necessitar nem de definição, nem de justificativa, nem de mais reflexão. Por isso se cala, inadvertidamente, com tanta facilidade na linguagem, embora de vez em quando alguém perceba que esse termo mais esconde do que revele. Um artista incisivo e com talento como El Roto utiliza o humor para mostrá-lo em uma vinheta de periódico quando, ante à notícia de que 1% da população acumula 99% da riqueza exclama: "Já não há desigualdade! É crime!".[9] Podemos dizer que aqui há mais conteúdo analítico e político em uma só frase que na maioria dos estudos sobre desigualdade!

Quase a mesma ideia foi utilizada pelos moradores do distrito de Nou Barris em Barcelona (o mais pobre da cidade em termos de renda per capita e o mais afetado pelos estragos da crise e pelos cortes sociais das políticas de austeridade) quando se lançaram, em 2014, à elaboração do relatório sobre a situação do bairro com o intuito de mostrar as dificuldades pelas quais atravessavam, intitulado: "Não é pobreza, é injustiça".[10] Utilizaram dados estatísticos oficiais para demonstrar como a situação de um distrito da periferia, de classe trabalhadora, em grande parte fruto da migração vinda de outros lugares da Espanha nos anos 1950 e 1960 (à qual recentemente têm se unido novos fluxos migratórios procedentes de países empobrecidos), estava sofrendo uma deterioração superior à média da cidade. Tanto se tratava do aumento no número de pessoas atendidas pelos serviços sociais, bem como das dramáticas cifras de despejos (Ciutat Meridiana, um dos bairros mais castigados do distrito, já é conhecido como "*Villa Desahucio*": "Vila Despejo"), ou ainda do agravamento nos números de casos de problemas de saúde, de necessidades de distribuição social de alimentos, a exacerbação da situação de pobreza energética vivida por pessoas que não podem pagar as despesas de luz e da calefação. Procuravam demonstrar que sua situação relativa, já por si inferior à média da cidade, não apenas estava piorando, mas era o resultado de um sistema político injusto. Em seu manifesto "Não é pobreza, é injustiça", eles apontavam que, como moradores, conheciam a melhor do que ninguém (e em primeira mão) a situação vivida, mas sentiam também a necessidade de mostrá-la "com dados" e de forma análoga à de qualquer estudo social homologável.

Devo reconhecer que, como estudiosa do urbano, sempre procurava exatamente o contrário: ir além do que dizem os dados estatísticos oficiais, de escopo tão limitado, e tentar me aproximar da complexidade da vida urbana, visando a descoberta daquilo que os dados não revelam. Surpreendeu-me muito essa inversão dos papéis, até o ponto de me fazer refletir sobre as implicações da forma em que o mundo acadêmico está tratando a "desigualdade" urbana, que, ao que parece, está influindo na própria percepção de quem a sofre. Pareceu-me que a melhor coisa a fazer era começar contrapondo o discurso dominante a propósito da desigualdade com as experiências vividas concretamente, tão ricas e complexas por parte daqueles a quem se concede a capacidade de resistência e mobilização, mas que se supõe como escassa de capacidade de criação de conhecimento. E me deparei com um debate que em ciências sociais nunca foi superado, quanto menos esgotado, entre as grandes explicações sobre o plano social e a experiência do vivido, a pouca conexão entre a capacidade explicativa das teorias e o poder transformador das práticas.

AS DESIGUALDADES NO CAPITALISMO GLOBAL

É nesse marco de reflexão onde me situo para tentar desvendar as chaves dos discursos em relação à crescente desigualdade socioespacial, produto das políticas neoliberais, e para alertar sobre a necessidade de construir discursos alternativos diferentes ou, pelo menos, complementares. Move-me a ideia de que não apenas é necessário fugir da lógica neoliberal global, no que diz respeito às práticas políticas, mas também no plano ideológico e, em particular, no uso da linguagem e em seu papel na construção da "verdade".

É bem sabido que, no campo dos estudos urbanos, durante décadas presenciamos a ação de uma poderosa máquina de legitimação das políticas em favor do crescimento. Discursos por todos conhecidos como os que adotam a bandeira da internacionalização e da competitividade, o que Harvey denominara há anos "cidade empresarial"[11] e que foi adotado nos últimos anos; as diversas tentativas de buscar modelos urbanos, como aqueles baseados na cidade do conhecimento, a cidade criativa ou *smart city*, não são mais do que variantes desse mesmo modelo urbano neoliberal baseado na busca do crescimento para benefício de uns poucos.[12] É necessário destacar que, após a deflagração da crise de 2008, esse tipo de discurso não fez mais do que amplificar e aprofundar-se, combinado dessa vez com a imposição de políticas de austeridade, já que a crise se constituiu como um ótimo álibi para esse efeito. Tal como se repetiu com frequência utilizando a autoridade de Paul Krugman, com a importância de um prêmio Nobel, "[...] a recuperação econômica nunca foi o objetivo; a defesa da austeridade sempre intencionou utilizar a crise, não resolvê-la".[13]

Contudo, diante das desigualdades social e espacial que, em paralelo, aumentam em todas as escalas e níveis, requer-se a construção de discursos *ad hoc*. O relato mais evidente, aquele da inevitabilidade (desde o célebre "*There is no alternative*" de Margaret Thatcher), foi complementado atualmente (quando a política de austeridade foi posta em xeque por múltiplos movimentos sociais) por discursos mais refinados sobre as desigualdades existentes, que, situados entre a filantropia e o paternalismo, frequentemente propostos a partir de posições supostamente progressistas, aprofundam a legitimação de um modelo social, econômico e urbano que se sustenta sobre a desigualdade.[14]

Neste capítulo fazemos referência à questão de como a evidência da exacerbação da desigualdade social urbana gerou uma considerável proliferação de índices, indicadores e conceitos de difícil leitura, que vêm sendo utilizados pela administração, pelo mundo acadêmico, pelos meios de comunicação e inclusive pelos próprios movimentos sociais que parecem buscar neles argumentos a seu favor. Todavia, argumentaremos aqui que esses índices e conceitos (algarismos e letras) apresentam a crueza da realidade de uma forma muito superficial, pois centrando-se em apenas uns poucos aspectos tendem à estigmatização de determinadas áreas que, no melhor das hipóteses, serão beneficiadas por medidas assistencialistas, e não deveriam substituir o conhecimento de primeira mão daqueles que ali moram.

Em sintonia com os numerosos analistas do urbano que, hoje, se inspiram nos trabalhos de Henri Lefebvre, também acreditamos encontrar em sua obra um marco geral para entender como a linguagem, utilizada para abordar as desigualdades urbanas crescentes, responde aos interesses do capitalismo global. Talvez seja oportuno assinalar neste ponto que há algo anômalo e ao mesmo tempo fascinante também nessa recuperação persistente e notavelmente ampla da obra de Henri Lefebvre em nossos dias. A progressiva "exumação de Lefebvre", considerável desde 2000, tem muito a ver com o renascimento crítico dos estudos urbanos que, é justo reconhecer, chegou através da geografia anglo-americana.[15] Já em 1991 existiu um ponto de inflexão pelo impacto que representou a tradução em língua inglesa de *A produção do espaço*.[16] Depois, e graças em especial à reivindicação e reinterpretação de conceitos tão "lefebvrianos" como o do "direito à cidade"[17] ou de noções como a da "urbanização planetária" ou de "implosão/explosão",[18] Lefebvre parece estar hoje em dia (novamente) na boca de todos (mesmo que nem sempre favoravelmente). A ideia central de Lefebvre sobre a qual baseamos a nossa argumentação reside no vínculo entre o cotidiano e os processos globais. Em sua tese são nos espaços urbanos onde estes se expressam e, o mais importante, onde podem ser combatidos. Sua fundamentação teórica referente à articulação da análise espacial com o funcionamento do capitalismo e suas consequências políticas se mostram em plena vigência em sua aplicação na problemática urbana atual (apesar das visões neoliberais que se esforçam em descartá-las sem mais, qualificando-as de anacrônicas). Mas Lefebvre não apenas foi vítima de inevitáveis desqualificações. Também não tem sido poupado de incompreensões, mal-entendidos e, mais grave ainda, usos interessados tendentes à despolitização de seu pensamento, como fica evidenciado na banalização extrema de um conceito com tanta carga política como é o do "direito à cidade".[19] O preço por passar de um "relativo isolamento" a um "relativo estrelato" tem sido, é claro, a eliminação das partes mais incômodas[20] e, especialmente, um esquecimento dilacerante do "espaço vivido", subsumido ao "espaço concebido" e ao "espaço percebido".

Segundo Brenner e Theodore, contudo, na virada do século é pelo termo neoliberalismo que se inclinam a maioria de teóricos e analistas para descrever já não as tendências nacionais ou internacionais, mas a própria condição urbana contemporânea.[21] Esses mesmos autores proporcionam algumas das maiores implicações dessa profunda reestruturação político-econômica em todas as escalas, tais como sua condição dinâmica, seu caráter contextual, o papel central que desempenha o Estado, o grau de contestação ou sua tendência a exacerbar as dificuldades do sistema mais do que resolvê-las. Assinalam em seu artigo as três grandes perspectivas a partir das quais é possível abordar a urbanização neoliberal: 1) como modo de governança urbana; 2) como estratégia política espacialmente seletiva; 3) como forma de discurso, ideologia e representação.

Os cortes em direitos sociais, que são uma tendência comum e já constituem uma das marcas identitárias dos governos neoliberais, têm mostrado uma renovada intensidade após a deflagração da crise financeira de 2008. É interessante destacar aqui que as chamadas políticas de austeridade têm sido realizadas em grande parte pelos governos urbanos que, por sua vez, têm afetado os coletivos e espaços mais "vulneráveis". As políticas de austeridade adquirem, assim, um caráter marcadamente urbano (Jamie Peck o chama de "urbanismo de austeridade"): a crise da moradia e os despejos, o corte de serviços públicos, os programas de austeridade que afetam de modo preferente aos pobres, aos marginalizados e aos excluídos.[22] Após décadas de trabalho de geografia radical em diferentes áreas, é quase óbvio afirmar que a dinâmica do capitalismo é geradora de desigualdades sociais e espaciais, e que este desenvolvimento desigual alcança uma de suas expressões mais características no espaço urbano.[23] Tanto em momentos de expansão e de redefinição das áreas "centrais" (com a violência urbanística característica de grande parte dos episódios de renovação urbana pressionando os antigos residentes, assim como na destruição de espaços de vida coletiva) quanto em momentos de contração (com desinvestimento nas áreas não centrais e deixando, portanto, sem regular os efeitos extremos da polarização inerente ao funcionamento do sistema), os investimentos são sempre altamente seletivos.[24] Curiosamente, talvez isso seja mais claro em momentos de contração dos orçamentos públicos, quando a concentração em determinados projetos, em determinadas áreas, é mais evidente do que nunca, por trás do álibi da necessidade de lançar projetos para reativar as expectativas econômicas urbanas. O que Jones qualifica de forma muito expressiva como "seletividade espacial"[25] acarreta não apenas novas formas materiais resultantes desses investimentos tão desigualmente distribuídos, como projetos plenos de conteúdo ideológico cujo referente é a cidade inteira e que funcionam como um mecanismo eficaz de legitimação política.

Assim se explica como, em momentos de cortes sociais e de desinvestimentos generalizados no espaço urbano e de queda generalizada do consumo, as políticas neoliberais privilegiam os espaços de consumo e promovem os investimentos privados em espaços de prestígio que, subitamente, encontram uma via urgente para sua revalorização, podendo tornar-se espaços de nova centralidade para obter todo tipo de investimento. Como contrapartida, os espaços menos interessantes para o capital são mantidos como "espaços de reserva" para futuras rodadas de investimento, sofrendo os efeitos de um desinvestimento sistemático que tanto permite concentrar recursos nas áreas centrais como acentuar, interessadamente, a desvalorização daqueles setores urbanos enquanto não são objeto de políticas de "regeneração".[26] O mecanismo está bem estabelecido, mas nem por isso deixa de chamar a atenção à flagrante concentração de investimentos públicos em áreas centrais de interesse econômico para o capital privado (comercial ou turístico) enquanto se afirma que não existem recursos para destinar a manutenção das áreas periféricas.

A seletividade espacial dos investimentos contrasta, pelo contrário, com um discurso urbano que tende a universalizar as políticas e a destacar o benefício comum dos investimentos. O neoliberalismo se sustenta, também, em um eficaz arcabouço ideológico que define as soluções possíveis que sempre contempla a cidade como o palco para representá-las. Assim, as políticas urbanas continuam, em geral, ofuscadas, buscando um modelo de cidade competitiva, internacionalizada, com a capacidade de atrair investimentos de todo tipo como solução a seus problemas. Os discursos oficiais sobre a cidade apresentam, por isso, pouca mudança e utilizam elementos recorrentes para legitimar as políticas empreendidas: a internacionalização, a criatividade, o conhecimento, o talento, a inovação, o design. O único elemento que se apresenta como novo e que, em algumas ocasiões, se utiliza como definidor de um suposto novo modelo[27] é o componente tecnológico, dessa vez muito mais relacionado com a melhora ambiental (indústria limpa, mobilidade eficiente, autossuficiência energética) do que, como não poderia passar desapercebido, fonte de negócio no momento.[28]

Observando a continuidade do discurso hegemônico sobre as transformações urbanas, a crise econômica aparece-nos como algo puramente circunstancial, um acidente necessário, para a implantação de uma política neoliberal agora já injustamente seletiva e que se apoia na mesma ideologia urbana desde os anos 1980. Já nesses anos David Harvey o via assim quando assinalava que desde meados dos anos 1970 já era evidente que o tipo de planejamento que havia inspirado os anos 1960 esfumara-se, e que desde os 1980 a tarefa consistira sempre em definir novos horizontes: "novas tecnologias, novos instrumentos, novos objetivos [...] de fato tudo novo exceto uma nova ideologia".[29] Em todo momento, os processos de reestruturação urbana desencadeados nos 1980 têm se apoiado num discurso que os legitimasse, e certamente nunca havia sido tão útil quanto no momento atual, quando a comparação entre o desinvestimento nas margens econômicas e a concentração de investimentos nas áreas centrais é especialmente notável. Em definitivo, não apenas é muito claro que o impacto das políticas não incide de forma uniforme sobre a paisagem urbana, mas se torna mais evidente como a reorganização espacial da cidade é o fundamento e o mecanismo para a mobilização das estratégias políticas neoliberais.

A DESIGUALDADE SOCIOESPACIAL EM CIFRAS E LETRAS

Em 2009 Neil Smith apontava, a propósito do medo das revoltas que a crise econômica global estava provocando (afirmava, por exemplo, que a CIA acrescentara a mesma crise econômica à sua lista de principais ameaças à segurança), que havia também aqui uma questão de linguagem:

> A retórica da "marginalização" e "exclusão" está na moda, atualmente, como um meio para lamentar a difícil situação daqueles de onde poderia vir qualquer sublevação ou resposta ao caos imposto oficialmente. Na realidade, contudo, essa linguagem aparentemente compreensiva emana do próprio neoliberalismo, seja a partir dos relatórios do Banco Mundial ou das ONGs. Apresenta o mundo como uma dicotomia – aqueles, localizados, felizmente, no centro (economicamente, não geograficamente) e aqueles que não estão –, e elimina qualquer diferença entre os que se encontram "marginalizados".[30]

A aguda reflexão de Neil Smith sobre a construção dessa dicotomia entre aquele que está pior e aquele que não o está nos traz à memória a proliferação de trabalhos sobre a alteridade e a estigmatização do diferente como mecanismo para definir, legitimar e aceitar o "normal".[31] Se bem que já tenha passado a efervescência das discussões sobre a alteridade e a identidade, parece-nos que há muito para aprender a propósito de uma caracterização do "pobre" como o "outro" e, portanto, em relação à construção de uma normalidade baseada na exclusão. Creio que grande parte dos trabalhos sobre desigualdade urbana possam estar contribuindo, quiçá inadvertidamente, a essa construção de uma normalidade muito útil politicamente para os ditames do neoliberalismo.

Por outro lado, desafiar a autoridade do discurso científico hegemônico sempre constitui um trabalho árduo e academicamente arriscado, mais ainda se ele se apresenta envolto em uma substanciosa base estatística, uma bateria de termos profusamente utilizados e representações cartográficas das quais raramente se questiona a objetividade ou a capacidade para representar objetivamente "a realidade". E não é que aqui se questione a conveniência de lidar com estatísticas, conceitos e mapas, muito pelo contrário, com certeza deveriam utilizar-se muito mais, porém não necessariamente do mesmo modo único, mas contemplando informações que sejam relevantes para as pessoas e com finalidades também de acordo com suas necessidades.[32] Neste ponto, não é nossa intenção discutir os meios, e sim os objetivos e sua função. A seguir abordamos as cifras e as letras que em seu uso ou tratamento têm contribuído para reforçar essa imagem de áreas pobres, desfavorecidas, nas margens de uma suposta normalidade.

INDICADORES E MAPAS QUE DEFINEM DESIGUALDADES

Como já dissemos, na atualidade contamos com uma superabundância de indicadores que parecem dar conta das desigualdades sociais em escalas geográficas muito diversas. É quase inevitável, nesse sentido, começar fazendo menção à escala mundial, aos indicadores de desenvolvimento das Nações Unidas. Desde o pioneiro Índice de Desenvolvimento Humano (IDH) de 1990, que lançou as bases para construir indicadores que fossem além da renda e incluíssem outros fatores de desigualdade, como educação e saúde,[33] diversas elaborações posteriores têm tentado se aproximar da complexa questão da desigualdade. Por exemplo, o Índice de Desenvolvimento Humano Ajustado à Desigualdade (IDHD) tentou se aproximar das disparidades internas dentro de um país que o IDH ocultava; o Índice de Desigualdade de Gênero (IDG) foi desenhado para incluir questões como a forma de participação econômica e política ou questões de saúde, especificamente femininas, que afetavam a desigualdade entre os sexos; ou o Índice de Pobreza Multidimensional, um índice muito mais sofisticado do que os anteriores e que tentava captar como se sobrepunham as privações no âmbito doméstico mesmo quando encontrou previsíveis dificuldades para obter a informação necessária.[34] Pouco há o que dizer, nesse contexto, a respeito desses índices, além de assinalar que, ainda que por um lado eles tenham contribuído a uma maior consciência da existência de desigualdades no mundo, por outro lado, eles têm contribuído a fixar uma imagem da desigualdade como algo existente e a reforçar uma visão do mundo dividido em ricos e pobres, sem pretender aprofundar muito na politicamente conflituosa questão de como se gestou historicamente esta desigual situação.

Há algumas décadas, o foco dos problemas (e, pelo que parece, também das soluções) tende a situar-se em terreno urbano. Em 2012, por exemplo, a agência Habitat de Nações Unidas propôs um novo índice sobre o estado das cidades no mundo. Tratava-se do Índice de Prosperidade Urbana, cujo objetivo era medir o progresso das cidades "no caminho para a prosperidade e sua contribuição para remediar as crises regionais e globais". Seguindo talvez a pauta da crescente complexidade dos índices de desenvolvimento, sua definição de prosperidade pretendia não ser exclusivamente econômica, mas incluía um conjunto de dimensões que supostamente se autoalimentam mutuamente na chamada "roda da prosperidade": produtividade, desenvolvimento de infraestruturas, qualidade de vida, igualdade e inclusão social e sustentabilidade ambiental. Trata-se de um índice complexo, composto de múltiplos indicadores, mas que no fim simplesmente proporciona uma visão da cidade como um todo a partir dessas dimensões e se integra nessa ótica que contempla as cidades como entes que se mobilizam em bloco para melhorar determinados aspectos. De fato, ele desempenha um papel similar à longa lista de indicadores que tanto agrada aos governos municipais, utilizados para elaborar rankings para medir sua "competitividade", sua capacidade de atração de negócios, sua qualidade de vida, seu grau de sustentabilidade, sua "inteligência" etc.

Em outras ocasiões, a aplicação de indicadores em âmbitos urbanos (ou em territórios administrativos maiores em função da disponibilidade de dados) tem objetivos bem diferentes. Por exemplo, a aplicação de uma bateria de até 15 indicadores de tipo econômico-laboral, sociodemográfico e imobiliário para as províncias espanholas (e a subsequente elaboração de índices urbanos ou territoriais) para alcançar uma análise comparativa dos impactos da crise econômica na Espanha – e determinar que políticas têm sido mais insustentáveis a longo prazo e têm sofrido com maior força os reveses da crise – assenta-se em alguns pressupostos bem diferentes, mesmo que não consiga superar as próprias limitações dos dados.[35] De maior interesse para o nosso propósito aqui, em contrapartida, são os indicadores e índices que se propõem, explicitamente, a medir as diferenças internas dentro da cidade. As múltiplas combinações de variáveis que abrem espaço para a elaboração de uma pluralidade de índices se baseiam em variações sobre os dados disponíveis, apenas mudando alguma coisa em sua seleção e sua ponderação. Assim por exemplo, o índice de vulnerabilidade urbana utilizado no bem detalhado *Atlas de la vulnerabilidad urbana en España* (Ministerio de Fomento) trabalha, fundamentalmente, com níveis de envelhecimento, níveis de desemprego, níveis de estudo, condições de moradia e taxas de imigração. Infinidade de outros exemplos aportam índices com diferentes graus de complexidade e sofisticação a partir de dados semelhantes; como o índice de privação múltiplo, publicado pelo Reino Unido (baseado numa ampla gama de indicadores sobre renda, emprego, saúde, educação, barreiras, criminalidade e condições de vida), que foi discutido, precisamente, por Arbaci e Rae, uma base para definir as políticas urbanas;[36] ou o índice de segregação utilizado no trabalho "*Barris i Crisi*" (Bairros e crise) utilizado para demonstrar o aumento da segregação urbana durante o período intercensitário 2001 e 2011, o que coincide, em parte, com os anos da crise e que inclui, igualmente, variáveis relacionadas com o lugar de nascimento, desemprego, condições e custos de moradia.

Todos os exemplos mencionados, e com certeza muitos outros existentes, são valiosos porque eles mostram desigualdades, detectam problemas, apontam tendências. Mas devem ser valorados, adequadamente, pelo que são: uma contribuição de grande valor descritivo que deve ser complementada tanto com explicações sobre os processos em curso (de fato vários trabalhos mencionados apontam nesse sentido) quanto com as percepções, vivências ou experiências vividas, necessidades e desejos dos quais os dados estatísticos oficiais não dão conta (e os quais, com frequência, se tenta compensar com entrevistas às chamadas "pessoas-chave"). Apesar dos intentos mais ou menos elaborados de complementar o trabalho estatístico com aproximações de tipo qualitativo, os riscos desse tipo de aproximação é evidente. Por um lado, as desigualdades analisadas tomam a forma da unidade administrativa utilizada (países, províncias, cidades, bairros) e, por isso, se bem é verdade que detectam problemas, tendem a estigmatizar os territórios, e mais ainda porque esse tipo de trabalho faz um uso extensivo de mapas e representações cartográficas rápidas, leituras simplificadas dos territórios que proporcionam flagrantes que às vezes são difíceis de apagar, mesmo quando a situação admita, de fato, leituras muito diferentes. Por outro lado, podem contribuir a fixar uma leitura da situação que, buscando paliativos, omita de fato a análise de causas e, portanto, a possibilidade real de mudança.

UMA NOVA PALAVRA MÁGICA: "RESILIÊNCIA"

O impacto das políticas de austeridade que a crise econômica tem imposto, sem sequer permitir a oportunidade de formular alternativas, tem se traduzido, no nível urbano, num notável desdobramento de conceitos e termos. A evidência da existência de uma crescente desigualdade e desatenção dos mais fracos em termos econômicos permitiu o desenvolvimento de uma "linguagem da desigualdade" que, parece-nos, não está sendo adequadamente questionada. Fala-se com facilidade (e leviandade considerável) de bairros desfavorecidos ou de bairros vulneráveis, mas também de bairros ou territórios resistentes, inclusive resilientes. Qualificar os espaços poderia ser de grande valor se isso comportasse a análise da desigualdade espacial (por exemplo, acessibilidade a serviços sociais e urbanos, disponibilidade e uso dos espaços coletivos, respeito pelos espaços de memória coletiva etc.). Contudo, tendo em conta que a desigualdade social tem sido tratada territorialmente[37] (com alguns dados referidos à "desigualdade residencial", como as características de moradia e, ocasionalmente, a disponibilidade de equipamentos), o resultado redunda numa previsível, e quase inevitável, estigmatização dos territórios, especialmente quando se aponta – sem que isso entre nas intenções dos autores – que, enquanto produto das políticas neoliberais, essas tendências negativas só tendem a agravar-se.

Um dos termos utilizados com maior recorrência é o de vulnerabilidade.[38] Por vulnerabilidade entende-se, justamente, uma situação desfavorecida ou de desvantagem na qual se encontram pessoas, coletivos ou territórios, em que a maior vulnerabilidade se define, precisamente, pela evolução negativa dos indicadores,[39] de forma que, nessa perspectiva, bairros vulneráveis, bairros desfavorecidos e bairros em crise poderiam considerar-se, praticamente, como sinônimos. Do ponto de vista de como se responde a esta situação de vulnerabilidade, o assunto se complica bastante também conceitualmente. Para referir-se à "capacidade e vontade de contribuir de forma ativa à revitalização econômica, à regeneração do tecido social e a uma gestão do território mais sustentável" de regiões e cidades[40] vem sendo frequente utilizado o termo "resiliência", um dos termos mais em voga na atualidade, quase indispensável em qualquer estudo social que se preze. O conceito de resiliência faz referência, em termos gerais, à capacidade de sobrevivência e adaptação; o interesse pelo termo parece decorrente dos danos provocados por furacões e terremotos na última década, para ampliar-se progressivamente além dos desastres naturais e passar a incluir também a crise econômica e a miséria social, até o ponto de parecer hoje a resposta para tudo: planejamento urbano, segurança nacional, redução da pobreza.[41]

Para os que mantêm uma posição favorável ao termo (por exemplo, Judith Rodin, presidenta da Fundação Rockefeller que promove o Programa de Cidades Resilientes), a resiliência é a capacidade para prever a adversidade e se recuperar, se adaptar e crescer a partir de experiências traumáticas; é o que permite que o funcionamento da máquina não pare, mesmo que alguma peça falhe.[42] A ênfase é colocada na capacidade de conviver, da melhor maneira, com as dificuldades existentes sem que se possa intervir nem controlar suas causas; uma catástrofe natural é posta, assim, no mesmo nível de uma crise econômica ou da desigualdade social. Outra posição, mais matizada, aponta para a capacidade de "trabalhar, conjuntamente, os atores governamentais e não governamentais para enfrentar os desafios das comunidades",[43] ou do "resultado de um processo de trabalho, com objetivos transformadores, destinado a conseguir uma maior adaptação ao novo contexto" [...] o que "exige combinar políticas de apoio geradas em instâncias superiores com iniciativas locais".[44]

Para os críticos do termo, este pode esconder determinadas decisões com a consequente distribuição de custos e benefícios. Susan Fainstein aponta, com dupla dose de acerto e ironia, para o perigo de a resiliência ser definida como a criação de uma nova "normalidade" após uma crise, quando é o próprio capitalismo quem tem demonstrado uma enorme capacidade de resiliência na medida em que apesar de sofrer crises de sobre-acumulação, desastre ambiental e rebelião, tem se adaptado sempre.[45]

Para Cindi Katz, a resiliência é a que permite a sobrevivência material e espiritual e a recuperação da dignidade, sem as quais não é possível nem a sobrevivência, nem a formulação de alternativas, e, por isso, constitui também uma contribuição à transformação social.[46] A definição de Katz pode ser muito útil na hora de situar a resiliência como uma necessidade prévia para a sobrevivência que não impede, mas pode ser a base, para futuras respostas e resistências que desafiam as causas da opressão. Kristina Diprose, num artigo recente que tem alcançado uma difusão considerável,[47] apesar de suas simpatias à obra de Katz, mostra suas dúvidas frente ao risco de a resiliência conduzir a um acostumar-se com uma vida insegura e precária, sem tempo sequer para dissentir, uma vez que incentiva respostas de tipo individual mais do que coletivas. Muito mais combativo se mostra Tom Slater, apontando que a resiliência, formulada nos termos de adaptação a uma situação de desigualdade e privações, pode não ser outra coisa que um apoio à austeridade e à estigmatização territorial que precede as políticas de expulsão.[48] Num momento em que se abusa do termo "resiliência" (graças ao impulso que instituições-chaves, como UN Habitat e a União Europeia, estão lhe outorgando) convêm fazer uso de prudência e medir cautelosamente os termos que se usam.

Seguindo a argumentação de Katz, a noção de "resiliência", especialmente quando é aplicada a espaços urbanos onde as condições de vida são particularmente difíceis, parece estar profundamente associada à de "sobrevivência". A chamada "geografia da sobrevivência" tem se centrado de forma explícita na questão de como a sobrevivência dos mais pobres está sendo, cada vez mais, dificultada pelos cortes em serviços sociais – dos quais esses setores são extremamente dependentes – e pela crescente política de vigilância e repressão nos usos do espaço público.[49] A cidade neoliberal é, especialmente, impiedosa com os excluídos e os que vivem em suas margens, a quem não deixa lugar algum para ficar. Além do mais, como sugerem Don Mitchell e Nik Heynen no referido artigo, a sobrevivência deve relacionar-se e entender-se de acordo com as novas reformulações do "direito à cidade", termo que um dia cunhou Henri Lefebvre[50] e que recentemente tem sido retomado por alguns autores na tentativa de recuperar sua carga política original.[51] Para Mitchell e Heinen, o direito à cidade deve passar, em primeiro lugar, pelo direito ao habitat e ao habitar; trata-se de direitos necessários e básicos que, quando não se dão, o próprio instinto de sobrevivência cria (ideia próxima à noção de resiliência no sentido atribuído por Cindi Katz). Esses autores apontam que, se para muitos o direito à cidade é o direito a não ser alienado, para outros é o direito de sobreviver.[52] Relacionar a sobrevivência ao direito à cidade é uma ideia com extraordinária força política porque aponta à não negociabilidade na utilização do espaço urbano para seu uso imediato e cotidiano e porque provoca um deslocamento do olhar, que agora parte do usuário da cidade no sentido mais literal do termo. É esse deslocamento que nos parece imprescindível, e para consolidá-lo é necessário contar não apenas com o olhar, mas também com os dados e as palavras dos próprios usuários.

Em outras oportunidades nos referimos à necessidade de resistir à linguagem neoliberal,[53] aqui propomos, também, resistir à "linguagem da desigualdade" da forma como é formulada por instituições, pela academia e em parte também pelos próprios usuários persuadidos de contar com uma arma a seu favor. Como temos apontado, esta "linguagem da desigualdade" estigmatiza, desativa a potencial proposta de mudanças estruturais enquanto elogia as pequenas mudanças como inovações úteis que não poderiam fazer outra coisa a não ser contribuir à persistência do sistema que origina a desigualdade.

ESPACIALIZAR A DESIGUALDADE SOCIAL

Começamos este capítulo afirmando que nossa confiança na potência analítica e política dos conceitos de direito à cidade e de justiça espacial passava pela necessidade de demonstrar os limites e a pobreza das análises sobre desigualdade social por estar, precisamente, pouco espacializados. Nesse momento propomo-nos a lançar uma visão mais propositiva para espacializar a desigualdade social através de quatro propostas que são, em si mesmas, linhas de trabalho que têm como objetivo dar pleno sentido aos conceitos de direito à cidade e de justiça espacial. Essas quatro propostas são: 1) analisar a crise urbana a partir do conhecimento do cotidiano para definir os problemas a tratar, mas aproveitando as formas de conhecimento científico; 2) face à urgência, encontrar uma linguagem própria, dado que a reapropriação política do espaço urbano deve passar, também, por uma reapropriação ideológica da vida urbana; 3) ampliar o conceito de espaço utilizado para apreender a complexidade da experiência urbana; 4) repolitizar o conceito de espaço, repolitizando a desigualdade. Vamos abordá-las a seguir.

Em primeiro lugar, pode parecer uma obviedade afirmar que a existência de problemas ou situações que necessitam solução se detecta em primeiro lugar e, sobretudo, através da experiência direta. Repetimos, é necessário ver e analisar a crise urbana a partir do conhecimento cotidiano; é a partir do conhecimento direto dos problemas que se pode definir as questões que devem ser tratadas e de onde se pode detectar as variáveis relevantes, não as que já nos são estipuladas *a priori*, mas as que estamos acostumados a ver ou as únicas que podem ser comparadas. E, não obstante, isso não implica renunciar ao uso de formas mais sofisticadas de conhecimento científico.

Estas deveriam ser postas a serviço da definição e resolução de problemas tal como são detectados desde a vivência do espaço. E não estamos inventado nada novo. Há experiências abundantes de investigações participativas ou investigação-ação que vão nessa linha. Convém lembrar da experiência do Detroit Geographical Expedition and Institute (DGEI) dos finais dosa nos 1960 e princípio dos 1970 porque esta sinaliza uma via de trabalho que, em seu momento, ficou truncada mas que, 45 anos depois, há ainda muito que aprender (com as ressalvas lógicas pela troca de contexto histórico e geográfico) das enormes possibilidades (também das dificuldades e contradições) de uma aproximação deste tipo, incluindo o nível avançado, e nunca mais alcançado, apesar dos avanços tecnológicos recentes, por uma cartografia radical a serviço da luta contra as injustiças.[54]

Em segundo lugar, as lutas pela reapropriação política do espaço urbano devem passar, também, por uma reapropriação ideológica da vida urbana. As críticas, os protestos, incluindo as pequenas conquistas alcançadas, demonstram o constante empréstimo, ainda que seja em tom crítico, da linguagem hegemônica, e é urgente, parece-nos, encontrar uma linguagem própria na formulação de alternativas. No nível espacial é necessário, antes de tudo, redefinir o espaço urbano como espaço de relação social, e não como mercadoria. David Harvey demonstrou os vínculos dos processos urbanos com o capital financeiro; de fato, pode-se assinalar que esses vínculos nunca foram tão estreitos como agora, e a criação contínua de centralidades a serviço do poder econômico e financeiro assim o demonstra. O direito à cidade de Lefebvre, de fato, pode ser mobilizado como um "direito à centralidade",[55] e todas as lutas e reivindicações urbanas poderiam se descrever como lutas por centralidade definida em termos de acessibilidade, qualidade de espaço de reações, acesso aos recursos materiais e imateriais da cidade para todos os segmentos da população.[56] Para tornar mais clara a ideia, há que se questionar o "centro" urbano definido como espaço do capital e pensar nele como uma possibilidade para alcançar o que o mesmo Lefebvre denominou de "uma forma superior de centralidade" que terá superado o processo de destruição criativa do capitalismo tardio.[57]

Em terceiro lugar, nossa proposta de espacializar a desigualdade significa, também, ampliar o conceito de espaço utilizado para apreender a complexidade da experiência urbana. Já assinalamos, anteriormente, as razões pelas quais o espaço não pode limitar-se a unidades administrativas nas quais se expressa a desigualdade social a partir de um número limitado de indicadores. Fazê-lo envolve não só uma visão extraordinariamente parcial da situação e dos problemas existentes, mas uma tomada de decisão cujas consequências não são sempre positivas. As intervenções no espaço urbano não deveriam empreender-se sem algum tipo de aproximação ao espaço vivido, sob pena de cair em erros de apreciação que, no melhor dos casos, não soluciona nada ou, pior, agrava a situação, quando não gera problemas novos.

Finalmente, espacializar a desigualdade significa repolitizar o conceito de espaço e, portanto, também buscar uma repolitização da desigualdade. Para isso, é inevitável não abandonar em nenhum momento uma compreensão da desigualdade social e espacial como inerente à urbanização capitalista, isto é, como um processo necessário que deve produzir-se continuamente para a sobrevivência do sistema e cujas possibilidades de alívio dentro dele são limitadas, e as de erradicação, simplesmente inexistentes. Propomos, portanto, ler as práticas sociais alternativas e as apropriações do espaço em termos de sobrevivência e de resistência (não como uma mera "resiliência" em seu sentido restritivo de adaptação, não como "inovações sociais" que se inserem no sistema).

Como conclusão, dado que as aspirações e reivindicações incluídas nesta reflexão encontram seu melhor abrigo sob os conceitos de "direito à cidade" e de "justiça espacial" em função de sua compreensão de espaço como um espaço político, queremos finalizar com uma última proposta. Conceitos como o "direito à cidade" e a "justiça espacial" podem ser objetos de debate acadêmico, podem inclusive ser suavemente utilizados por instituições e coletivos de todo tipo para ser extraído seu peso (tal como já aconteceu com o direito à cidade), mas são conceitos que somente recuperam todo seu potencial quando são utilizados na prática política. É aí que o espaço vivido deve demonstrar sua complexidade e força frente às visões parcialmente interessadas no espaço (o espaço concebido e o espaço percebido, para utilizar as categorias espaciais lefebvrianas como as únicas visões "objetivas" e autorizadas do espaço), pois é aí onde o conhecimento científico crítico deve situar-se e ser considerado como tal.

NOTAS

1 Este trabalho forma parte do projeto de investigação "Desafios espaciais da crise global: por uma necessária renovação conceitual", CSO2013-44665-P, Ministerio de Economía y Competitividad. As reflexões inicialmente contidas neste artigo foram enriquecidas pelos debates que tiveram lugar no colóquio "Justiça Espacial e o Direito à Cidade" em São Paulo, de 7 a 10 de dezembro de 2015. A autora quer agradecer aos organizadores do Seminário Internacional Justiça Espacial e o Direito à Cidade em 2015 no Departamento de Geografia da FFLCH/USP o seu esforço por abrir espaços de debate e de aprendizagem coletivos.

2 [espaiscritics] é um projeto interdisciplinar, interuniversitário e de debate coletivo, que tem como objetivo se aprofundar nas bases do pensamento socioespacial para contribuir à reespacialização da teoria social (<http://espaiscritics.net>). Publica a coleção editorial "Espaços Públicos" com o objetivo de difundir na língua castelhana e possibilitar a gestação das boas ideias sobre o papel do espaço nos processos contemporâneos de troca para facilitar sua aplicação em outros contextos geográficos e temporais.

3 Brenner, Marcuse e Mayer, 2012; Gilbert e Dikec, 2008; Goonewardena, 2011; Merrifield, 2011, 2012; Purcell, 2013, 2014.

4 Busquet e Garnier, 2011.

5 Goonewardena, 2011.

6 Busquet e Garnier, 2011.

7 Merrifield, 2012.

8 Soja, 2010.

9 Publicado no jornal *El País*, em 23 out. 2015.

10 Manifesto da campanha "Nou Barris Cabrejada diu prou!", ("Nou Barris, de saco cheio, diz 'Chega!'") nov. 2014. Disponível em: <http://9bcabrejada.blogspot.com.es/>. Acesso em: 12 dez. 2016.

11 Harvey, 1989.

12 Benach, 2015b, pp. 8-10.

13 Krugman, 2012, p. 447.

[14] Peet, 2012.
[15] Busquet e Garnier , op cit.
[16] Lefebvre, 1991.
[17] Merrifield, 2012, 2013; Purcell, 2013, 2014.
[18] Brenner e Schmid, 2011; Brenner, 2013.
[19] Purcell, 2013, op. cit.
[20] Goonewardena, op. cit.
[21] Brenner e Theodore, 2005.
[22] Peck, 2012.
[23] Smith, 1984.
[24] Benach , 2005b.
[25] Jones, 1997, p. 849.
[26] Benach e Tello, 2013.
[27] É o que fez, por exemplo, o arquiteto chefe de Barcelona, Vicente Guallart, em sua apresentação do "novo modelo urbano de Barcelona" (*La Vanguardia*, 2015).
[28] Gibbs, Krueger e MacLeog, 2013.
[29] Harvey, 1985, p. 182.
[30] Smith, 2009, p. 29.
[31] Said, 1978.
[32] Mais uma vez, fazemos referência ao programa de expedições geográficas que o norte-armericano, W. Bunge lançou nos anos 1970, apoiando-se na vontade de pôr todo o conhecimento geográfico em mãos dos próprios interessados (Benach, 2016).
[33] PNUD, 1990.
[34] PNUD, 2010.
[35] Méndez, 2015.
[36] Arbaci e Rae. 2014.
[37] Este aspecto foi acertadamente apontado por Arbaci e Rae em seu trabalho sobre o IMD aplicado a diversos bairros londrinos, observando a contradição existente em um indicador baseado em variáveis sociais que é utilizado para calcular medidas de privações centradas num bairro. Esses autores constatam que "o indicador pode apenas medir a riqueza relativa do bairro, mas não os níveis ou mudanças de oportunidades socioeconômicas e de acesso a recursos para as pessoas residentes. Um IMD decrescente não reflete uma melhora socioeconômica ou incremento de oportunidades de vida se for interpretado isolado dos fluxos de entrada/saída da população, dos processos sociais e urbanos (como a gentrificação, a profissionalização), da consolidação de bairros étnicos e das estratégias de concentração para salvaguardar áreas de classe média. Paradoxalmente, as mudanças em IMD frequentemente têm identificado áreas que estão experimentando fases diferentes de gentrificação (Arbaci e Rae, 2014, p. 169).
[38] Por exemplo, Ministerio de Fomento, 2012; Méndez, op. cit.; Subirats e Martí-Costa, 2014.
[39] Méndez, op. cit., p. 270.
[40] Idem, p. 279.
[41] Fainstein, 2015.
[42] Puigtobella, 2014.
[43] Blanco, Brugué, e Cruz-Gallach, 2014.
[44] Méndez, op. cit., p. 280.
[45] Fainstein, 2013.
[46] Katz, 2000.
[47] Diprose, 2015.
[48] Slater, 2014.
[49] Mitchell e Heynen, 2009.
[50] Lefebvre, 1974.
[51] Merrifield, 2012, op. cit.; Purcell, 2014, op. cit.
[52] Mitchell e Heynen, op. cit., p. 617.
[53] Benach, 2015b; Valverde, 2013.
[54] Wood e Krygier, 2009; Wood, 2010.
[55] Merrifield, 2012, op. cit.
[56] Schmid, 2012.
[57] Goonewardena, op. cit.

BIBLIOGRAFIA

ARBACI, S.; RAE, I. "Efecto barrio y desigualdades: evidencias para desmitificar las políticas urbanas de diversificación residencial". *Arquitectura, Ciudad y Entorno*. ano 9, n. 26, 2014, pp. 147-76.

BENACH, Núria. *Expediciones urbana:* tras las huellas de William Bunge. Barcelona: Icaria, 2016.

______. "Neoliberalismo y vida cotidiana en los márgenes urbanos". *Cidades*. 9(16), 2015a, pp. 134-61.

______. "Espacios públicos: políticas urbanas y usos sociales". *Biblio3W.* XX(1117), 2015b. Disponível em: <http://www.ub.es/geocrit/b3w-1117.pdf>. Acesso em: 14 set. 2015.

______. *Inmigración, género y espacios urbanos*: los retos de la diversidad. Barcelona: Bellaterra. 2005b.

______. Barcelona 1979-2004, entre el modelo y el espectáculo. In: *Lo spettacolo della città*. Padova: Cedam, 2005a.

______; TELLO, R. Les transformations du centre historique de Barcelone. Des espaces-réserve versus des espaces de résistance? Avec la collaboration de Andoni Egia et Elisabeth Rosa. In: SEMMOUD, N.; FLORIN, B.; LEGROS, L.; TROIN, F. (eds.) *Marges urbaines à l'épreuve du neolibéalisme*. Regards croisés sur les villes méditerranéennes. Tours: PUFR, 2013, pp. 41-55.

BLANCO, I.; BRUGUÉ, J.; CRUZ-GALLACH, H. "Resiliencia comunitaria frente a la crisis: innovación social y capacidad cívica en los barrios desfavorecidos". *V Congreso Internacional en Gobierno, Administración y Políticas Públicas* (GIGAPP). Madrid, 2014.

BRENNER, N. "The 'Urban Age' in Question". *International Journal of Urban and Regional Research*. 2013, pp. 731-55. Disponível em: <http://onlinelibrary.wiley.com/doi/10.1111/1468-2427.12115/full>. Acesso em: 30 set. 2015.

______; MARCUSE, Peter; MAYER, Margit (eds.) *Cities for People, Not for Profit:* Critical Urban Theory and the Right to the City. New York: Routledge, 2012.

______; SCHMIDT, C. Planetary Urbanization. In: GANDY, M. (ed.) *Urban Constellations*, 2011, pp. 10-3. Disponível em: <http://www.urbantheorylab.net/site/assets/files/1016/2011_brenner_schmid.pdf>. Acesso em: 2 out. 2015.

______; THEODORE, N. "Neoliberalism and the Urban Condition" *City*. 9 (1), 2005, pp. 101-7.

BUSQUET, Grégory; GARNIER, Jean-Pierre. "Un pensamiento todavía contemporáneo: las vicisitudes de la herencia lefebvriana". *Urban* (NS202). Madrid: Universidad Politécnica de Madrid, 2011/2012, pp. 41-57. Disponível em: <http://polired.upm.es/index.php/urban/article/viewFile/1490/1986>. Acesso em: 10 set. 2015.

DIPROSE, G. "Negotiating Contradiction: Work, Redundancy and Participatory Art". *Wiley Online Library*. v. 47, 2015, pp. 246-53. Disponível em: <http://onlinelibrary.wiley.com/wol1/doi/10.1111/area.12177/full>. Acesso em: 01 out. 2015.

FAINSTEIN, S. "Resilience and Justice". *International Journal of Urban and Regional Research*. 39, 2015, pp. 157-67. Disponível em: <http://onlinelibrary.wiley.com/wol1/doi/10.1111/1468-2427.12186/full>. Acesso em: 15 abr. 2015.

______. "The Just City". *International Journal of Urban Sciences*. 18(1):1-18, 2013.

GIBBS, D.; KRUEGES, R.; MACLEOD, G. "Grappling with Smart City Politics in an Era of Market Triumphalism". *Urban Studies*. 2013, pp. 2151-7.

GILBERT, Liette; DIKEC, Mustafa. Right to the City: Politics of Citizenship. In: GOONEWARDENA, K. et al. (eds.) *Space, Difference, Everyday Life:* Reading Henri Lefebvre. New York: Routledge, 2008, pp. 250-63.

GOONEWARDENA, Kanishka. "Henri Lefebvre y la revolución de la vida cotidiana". *Urban* (NS202). Madrid: Universidad Politécnica de Madrid, 2011/2012, pp. 25-39. Disponível em: <http://polired.upm.es/index.php/urban/article/view/1488/1985>. Acesso em: 15 set. 2015.

HARVEY, D. *The condition of postmodernity*, Cambridge: Blackwell, 1989.

______. The Urbanization of Capital. In: *Studies in the History and Theory of Capitalist Urbanizaton*, Baltimore: Johns Hopkins University Press, 1985, pp. xvii+239.

JONES, J. M. *Prejudice and Racism*. New York: McGraw-Hill Companies, 1997.

KATZ, L. F. "Career and Marriage in the Age of the Pill". T*he American Economic Review*. v. 90, n. 2, Papers and Proceedings of the One Hundred Twelfth Annual Meeting of the American Economic Association, 2000, pp. 461-5.

KRUGMAN, P. "Revenge of the Optimum Currency Area". *NBER Macroeconomics Annual 2012*, v. 27, pp. 439-48. Disponível em: <http://www.nber.org/chapters/c12759>. Acesso em: 15 set. 2015.

LEFEBVRE, H. *The production of Space*. Cambridge: Blackwell, 1991.

______. *La production de l'espace*. Paris: Anthropos, 1974.

MARTÍ-COSTA, M. *Ciudades, vulnerabilidades y crisis en España*. Sevilla: Fundación Centro de Estudios Andaluces, 2014.

MÉNDEZ, C. D. "Los hábitos alimentarios de los españoles". *Agricultura Familiar en España, Anuario 2015*. Fundación de Estudios Rurales, pp. 117-25.

MERRIFIELD, Andy. "El derecho a la ciudad y más allá: notas sobre una reconceptualización lefebvriana". *Urban* (NS202). Madrid: Universidad Politécnica de Madrid, 2011/2012, pp. 101-10.

______. *The Politics of the Encounter.* Urban Theory and Protest Under Planetary Urbanization. Athens/London: University of Georgia Press, 2013.

______. "The Right to the City and Beyond: Notes on a Lefebvrian Re-Conceptualization". City 14(3-4), 2011, pp. 473-81. Disponível em: <http://dx.doi.org/10.1080/13604813.2011.595116>. Acesso em: 16 set. 2015.

MINISTERIO DE FOMENTO. *Atlas de la Vulnerabilidad Urbana.* 2012. Disponível em: <https://www.fomento.gob.es/MFOM/LANG_CASTELLANO/DIRECCIONES_GENERALES/ARQ_VIVIENDA/SUELO_Y_POLITICAS/OBSERVATORIO/Atlas_Vulnerabilidad_Urbana/>. Acesso em: 04 abr. 2017.

MITCHELL, D.; HEYNEN, N. "The Geography of Survival and the Right to the City". *Urban Geography.* v. 30 (6), 2009, pp. 611-32.

PECK, J. "Austerity Urbanism". *City.* 16, 2012, pp. 626-55.

PEET, R. *Geografía contra el neoliberalismo.* Barcelona: Icaria editorial, 2012.

PNUD. Bogota: Tercer Mundo Editores, S.A., 1990.

______. Bogota: Tercer Mundo Editores, S.A., 2010.

PUIGTOBELLA, B. "Pensamento global, fabricació local". *Barcelona metròpolis* .93, set/2014. Disponível em <http://esdocs.com/doc/111070/to-download-the-pdf-version---ajuntament-de-barcelona>. Acesso em: 15 ago. 2015.

PURCELL, Mark. "The Right to the City: The Struggle for Democracy in the Urban Public Realm". *Policy & Politics.* 41(3), 2013, pp. 311-27. Disponível em: <http://www.ingentaconnect.com/contentone/tpp/pap/2013/00000041/00000003/art00002>. Acesso em: 29 ago. 2015.

______. "Possible Worlds: Henri Lefebre and the Right to the City". *Journal of Urban Affairs.* 36(1), 2014, pp. 141-54. Disponível em: <http://onlinelibrary.wiley.com/doi/10.1111/juaf.12034/pdf>. Acesso em: 29 ago. 2015.

SAID, E. *Orientalism.* New York: Pantheon, 1978.

SCHIMID, Christian. Henri Lefebvre, the Right to the City, and the New Metropolitan Mainstream. In: BRENNER, Neil; MARCUSE, Peter; MAYER, Margit (eds.) *Cities for People, not for Profit*: Critical Urban Theory and the Right to the City. New York: Routledge, 2012, pp. 42-62.

SMITH, N. *Democracy, States, and the Struggle for Global Justice.* New York: Routledge, 2009.

______. *Uneven Development.* Cambridge: Blackwell, 1984.

SLATER, T. "Unravelling False Choise Urbanism". *CITY: Analysis of Urban Trends, Culture, Theory, Policy, Action.* 18 (4-5), 2014, pp. 517-24.

SOJA, Edward. *Seeking Spatial Justice.* Minneapolis: University of Minessota Press, 2010.

VALVERDE, C. G. *No nos lo creemos.* Una lectura crítica del lenguaje neoliberal. Barcelona: Icaria Editorial, 2013.

WOOD, Denis. R*ethinking the Power of Maps.* London and New York: Guilford Press, 2010.

______; KRYGIER, John. Maps and Protest. *International Encyclopedia of Human Geography.* 2009, pp. 436-41.

A PRIVAÇÃO DO URBANO E O "DIREITO À CIDADE" EM HENRI LEFEBVRE

Ana Fani Alessandri Carlos

As ideias desenvolvidas neste capítulo[1] baseiam-se na hipótese segundo a qual o momento atual do processo de reprodução do espaço urbano, como totalidade social, se realiza pelo aprofundamento da cisão entre criador (a sociedade sujeito da produção do espaço) e sua criação (o espaço urbano, que no mundo moderno se reproduz sob a lógica da mercadoria), atualizando a alienação no mundo moderno. Refiro-me, aqui, ao fato de que o movimento da reprodução da cidade se realiza como o negativo de seu sentido: obra civilizatória[2] (produto histórico e social) impondo-se à sociedade como potência estranha. Nessa condição, o plano da prática socioespacial revela a cidade vivida como fonte de privação, percebida como estranhamento e, consequentemente, como fonte de conflitos. Desse modo, esse momento da produção do espaço urbano se elucida como movimento do processo de alienação que tem trazido à tona a luta pelo "direito à cidade".

Esse direito, todavia, apresenta vários conteúdos, ora como base de construção de políticas públicas, ora, como é o caso do conceito de "direito à cidade", nos termos apresentados por Henri Lefebvre, como projeto utópico. Em Lefebvre, portanto, é o negativo da situação que funda a despossessão (em clara oposição à sua compreensão enquanto política pública realizável no seio do Estado), o que exige o deslocamento da esfera do político àquela do social.

O ESPAÇO-MERCADORIA

A cidade, enquanto produção humana, comporta o inacabamento proveniente do ato/ação continuada da reprodução social, como objetivação da realização do homem. Como criação, a prática urbana, ao longo da história, manifesta-se diferencialmente e com conteúdos distintos em relação aos momentos da própria história. Hoje, o urbano produzido sob a égide do capital financeiro, funda-se numa nova organização da acumulação na qual a produção do espaço urbano aparece como momento de realização do processo de valorização constitutivo do processo de acumulação do capital. A produção do espaço se impõe como condição, meio e produto da reprodução da sociedade no seio do processo geral de reprodução capitalista. Sob o capitalismo, a produção do espaço torna-se uma mercadoria, ganhando concretude prática na contradição dialética valor de uso/valor de troca. Em seu movimento de reprodução, domina as relações sociais através da generalização da troca (e da forma contratual), que se desdobra para toda a sociedade como necessidade de ampliação da base de consumo necessário à reprodução ampliada e sem limites do mundo da mercadoria. Como a reprodução capitalista assenta-se nas leis do crescimento, apoiada na realização continuada do processo de valorização, suas condições estão sempre se expandindo e adquirem, no final do século XX, a forma mundial. Isso redimensiona a escala do local através da mediação da metrópole, apontando para a migração preferencial do dinheiro acumulado no setor industrial para o setor financeiro, que se realiza, em parte, no mercado de ações e, em outra parte significativa, na produção concreta do espaço urbano metropolitano.

Esse movimento de reprodução – sob a forma de mercadoria – realiza-se pela cooptação, quase total, dos níveis da realidade humana desde o acesso à moradia até a produção do imaginário assentado na constituição da sociedade de consumo. A partir do acesso inicial do indivíduo ao habitar (condição de sua reprodução) como ponto de fixação no espaço, articulam-se e constroem-se outros lugares capazes de responder à satisfação das necessidades imperativas da realização do sujeito: as relações casa/rua, espaço privado/espaço público, lugar de trabalho e lugar de lazer, e, num plano mais vasto, o bairro e a metrópole etc. É nesse sentido que o espaço criado enquanto condição, meio e produto da reprodução social revela uma prática que é socioespacial (incluindo o tempo da ação). Nessa perspectiva, os diferentes momentos da vida – promovidos em lugares determinados como espaçotempo da ação que reproduz o indivíduo – submetem-se à lógica do valor de troca como extensão do mundo da mercadoria anunciado pela Revolução Industrial no século XIX. Portanto, em seu movimento de produção-reprodução, o espaço urbano exibe um conflito agudo e violento entre o valor de troca (e, nessa situação, fonte de realização de lucro) e o valor de uso (a vida urbana realizando-se através dos usos dos espaços-tempos que são, em essência, improdutivos do ponto de vista do capital). Por sua vez, nesse movimento, o capitalismo realiza um de seus fundamentos: a concentração da propriedade privada da riqueza (sob várias formas) assentada na divisão da sociedade em classes sociais. Nesse plano, o processo de reprodução (social) da cidade define-se pelos limites da propriedade privada da riqueza social produzida que permeia a vida social impondo ao uso a lógica da reprodução do capital. Assim, a generalização da troca se impõe na vida cotidiana através das formas de acesso do cidadão à cidade como condição de realização da vida urbana. Essa situação preenche cada momento da vida invadindo e subsumindo os espaços-tempos da vida cotidiana com seus constrangimentos.

Aqui não se pode evitar o conflito entre a lógica da realização do capital e as necessidades da sociedade (conflito entre a lógica imposta pelo uso e pela troca). Essa contradição (uso/troca) se desdobra nas mais diversas formas de precarização das esferas da vida cotidiana. Desse modo, a reprodução do espaço urbano, sob a lógica da acumulação capitalista, repõe outra condição que a fundamenta: a desigualdade dos indivíduos na sociedade vivida concretamente através dos modos de apropriação diferenciados da cidade para realização da vida. A produção da cidade como valor de troca e sua consequente integração ao processo de valorização a transformam, no final do século XX, num negócio.

Na cidade, a propriedade privada do solo urbano vai revelando sua função econômica como realização continuada do valor sustentada pela função jurídica que a impõe enquanto direito garantido institucionalmente, tornando inquestionável sua existência tanto mental (plano do conhecimento) quanto prática (na vida cotidiana). Como consequência, o processo de reprodução do urbano revela sua contradição fundamental que reside na reprodução do espaço sob o capitalismo: sua produção é social enquanto sua apropriação é privada. Isso explicita, na escala do lugar, a justaposição entre morfologia social (de uma sociedade dividida em classes) e morfologia espacial (a cidade segregada pela existência da propriedade privada da riqueza que define acessos desiguais), como a expressão material dessa contradição. Nessa escala, o espaço urbano torna-se um meio e um poder nas mãos de uma classe dominante que, através das políticas públicas, direciona e regulariza os fluxos, centralizando, valorizando e desvalorizando os lugares da vida, e aprofundando as desigualdades.[3]

A ação que orienta a transformação da cidade enquanto valor de troca faz *tabula rasa* da prática socioespacial. Esse processo tem concretude no plano do cotidiano como o lugar da reprodução do capital e da realização das alienações impostas pelo desenvolvimento da lógica da valorização. Desse modo, invadida pela lógica da acumulação, a vida se define por uma racionalidade que objetiva assegurar a reprodução das relações capitalistas na totalidade do espaço – cuja produção se transforma em fonte de lucro – estruturando a vida cotidiana e dominando todos os espaços-tempos (da vida) sob controle direto ou indireto da norma e da vigilância. Vivida no plano do cotidiano, em seus fragmentos e percebida como exterioridade, a cidade privatizada torna-se fonte de privação. Nesse plano, o modo diferencial da apropriação dos lugares da vida constitui a segregação como racionalidade que se projeta pela separação dos sujeitos no espaço. A segregação – como a forma da desigualdade espaço-temporal – realiza-se como a negação do urbano e da vida urbana através da separação dos lugares da vida enquanto elementos autônomos. Portanto, a prática espacial urbana despedaçada sinaliza o empobrecimento e a deterioração da vida social diante da extensão da mercantilização que acompanha a privatização do mundo. A urbanidade esfacelada em espaços fragmentados desvela a forma das relações sociais e a situação do cidadão reduzido à condição de mera sobrevivência, o que dissocia o homem da cidade. Os sentidos da vida se esvaziam com a negação do passado subsumido à nova ordem. Obra da sociedade, a cidade se impõe ao sujeito como potência estranha, atualizando a alienação no mundo moderno. É assim que, na análise da cidade, nos confrontamos com as situações que emergem no seio da realidade como urgência de superação de uma vida cotidiana fragmentada, realizada em espaços segregados e traduzida pelos apartamentos expressos nos usos dos lugares da cidade. Enquanto subjetivação, a consciência das alienações eclode na medida em que a apropriação se defronta com a propriedade.

Nesta direção, o pensamento, ao enfocar a prática, aponta para o concreto, aquele da vida urbana real em suas contradições, ao mesmo tempo em que ilumina a luta.

A PROBLEMÁTICA ESPACIAL

Em várias de suas obras, Lefebvre assinala que a compreensão da história a partir da segunda metade do século XX exige a consideração da espacialidade num movimento que marcaria a passagem de uma "dialética do tempo" àquela "do espaço". Refere-se com essa ideia ao desdobramento decorrente do desenvolvimento do processo de reprodução social que se realizaria, naquele momento, num outro patamar: ao sair do processo estrito da produção industrial clássica, o capital se reproduziria através da produção do espaço. Escreve o autor,

> [...] não é somente a sociedade inteira que se torna o lugar da reprodução (das relações de produção e dos meios de produção), mas o espaço inteiro. Ocupado pelo neocapitalismo, setorizado, reduzido a um meio homogêneo e, portanto, fragmentado, esmigalhado (só fragmentos de espaço se vende a clientela), o espaço torna-se a sede de poder. As forças produtivas permitem a quem a dispõe de dominar o espaço e mesmo de produzi-lo. Essa capacidade produtiva se estende ao espaço terrestre. O espaço natural é reduzido e transformado em um produto social pelo conjunto das técnicas, da física à informática; deste modo, o espaço se de um lado, reproduz ativamente as relações de produção, de outro, contribui a sua manutenção e consolidação.[4]

Sinteticamente, o que Henri Lefebvre descobre em suas análises é que a produção do espaço ganha centralidade no processo de reprodução da sociedade a partir desse momento da história da reprodução da sociedade.

Desse modo, a noção de reprodução aparece no centro do processo de construção do entendimento do mundo moderno, iluminando a importância da produção do espaço na compreensão da realidade atual através da reprodução da metrópole como espaço-tempo da reprodução social sob o capitalismo. O movimento de passagem da predominância/presença do capital industrial produtor de mercadorias destinadas ao consumo individual (ou produtivo) à preponderância do capital financeiro se revela na reprodução da metrópole a partir dos anos 1990. Isso decorre do fato de que a acumulação capitalista é mais do que um simples processo de crescimento, mas se trata de um processo contínuo de reprodução estratégica que, em sua fase financeira, se realiza como movimento de reprodução do espaço urbano metropolitano com seus desdobramentos para o espaço urbano nacional. Portanto, se a produção do espaço urbano aparece como momento necessário ao desenvolvimento do ciclo de acumulação do capital nos seus primórdios (em sua fase concorrencial e depois monopolista), hoje sua reprodução ultrapassou os limites da indústria e não se restringe mais à produção de mercadorias clássicas.

Sinteticamente, de modo a esclarecer os termos da produção do espaço, temos como ponto de partida o processo histórico que transformou profundamente a natureza pela ação social e sob a condição da produção do mundo. Desse modo, a produção do espaço mundializado é criação da realização do capitalismo, o que evidencia o papel do espaço na reprodução do capital em escala, agora, mundial em seu movimento incessante de valorização e sob novas formas de atividades econômicas. O processo de produção do espaço no seio do processo produtivo da sociedade atual revela a passagem da produção do espaço como condição da acumulação do capital para a produção do espaço como condição da reprodução atual frente à crise da acumulação do regime fordista. Este se realiza através das transformações urbanas atuais, inaugurando uma nova problemática (urbana e espacial).

A construção da cidade mostra momentos de "valorização" (quando de sua construção, principalmente, em seu núcleo central, com a reunião de poderes, de residentes, de áreas de lazer e de lugares de compra), e de "desvalorização", como produto da história do deslocamento das atividades que davam conteúdo à centralidade para outros pontos do espaço; ou como produto do processo de industrialização que ocasionou o movimento dialético de explosão do centro/expansão do tecido urbano constituidor do movimento de construção da metrópole. Esse deslocamento produziu, do ponto de vista do capital, a deterioração dessas áreas centrais destituídas de seus antigos moradores e das atividades produtivas. Assim, a ideia de "desvalorização" é proveniente do próprio processo do capital e de sua lógica. O termo, por seu caráter ideológico, encobre o fato de que essas áreas se encontram cheias de vida e ocupadas por uma população de baixo poder aquisitivo, portanto, sem importância para a acumulação e sem poder político. Essa população permanece nessas áreas num momento atual em que a metrópole superedificada do final do século XX trouxe um limite à expansão das novas atividades econômicas, bem como paralisou o setor da construção e do mercado imobiliário. Como consequência de um novo estágio da acumulação capitalista (voltada para a economia dos serviços e não mais especificamente industrial), a implantação das novas atividades requer outro espaço. Essa necessidade se depara com a raridade do espaço decorrente do próprio processo de acumulação.

A situação de raridade revaloriza esses espaços que, agora, podem ser utilizados para a realização das novas atividades econômicas, como o turismo. Desse modo, o centro e as antigas áreas industriais entram na lógica da reprodução do capital em seu novo estágio de acumulação. A superação da situação de raridade do espaço, ao delimitar o crescimento, traz novas exigências de infraestrutura frente à diminuição dos custos numa economia de alta competitividade, num mercado definido na escala global e na reestruturação produtiva. Isso só foi possível na fase atual do capitalismo, quando se criaram as condições de desoneração do investimento de longa duração pela compra de imóveis para realização das novas atividades produtivas agora ligadas aos setores de serviços e comércio modernos. Esse processo dá um novo sentido ao uso do espaço na realização do processo de acumulação. Assim, se antes o solo urbano era fator de imobilização do capital aplicado, agora, o investimento no espaço ganha flexibilidade no processo produtivo pela mediação do setor imobiliário e pela transformação do caráter da propriedade imobiliária na realização da produção terciária. Essa situação demonstra o domínio do capital sobre a produção do espaço, no qual a metrópole, enquanto possibilidade ampliada na sua condição de consumo produtivo, apresenta-se para o capital como possibilidade necessária da reprodução do capital financeiro.

A acumulação afirma-se em sua extensão espacial estabelecendo funções específicas às parcelas do espaço, o qual se processa hoje sob a pressão do mercado mundial e sob a lei do reprodutivo e do repetitivo, e, nessa condição, anulam-se as diferenças no espaço e no tempo.[5] Isso significa dizer que, no momento atual, o setor financeiro apropria-se do espaço como lugar possível de realização do investimento produtivo. Novas esferas de valorização do capital mostram a passagem da aplicação do dinheiro do setor produtivo industrial ao setor imobiliário, incluindo a infraestrutura necessária à realização do capital financeiro. Portanto, a reprodução do espaço urbano (como momento e movimento da reprodução geral da sociedade) se realiza no contexto das mudanças que orientam o processo de reprodução do capital, o que tornou o próprio espaço, hoje, condição de realização do capital financeiro.

Significa dizer que, no momento atual, o setor financeiro apropria-se do espaço como lugar possível de realização do investimento produtivo, enquanto o setor imobiliário (aliado à indústria da construção civil) reproduz o espaço constantemente, enquanto mercadoria consumível. Nesse sentido é que a produção do espaço viabiliza a realização do ciclo do capital, tanto do processo produtivo (produção clássica de mercadorias), quanto na reprodução da metrópole em sua dimensão material. Concretamente, portanto, novas esferas de valorização do capital mostram a passagem da aplicação do dinheiro do setor produtivo industrial ao setor imobiliário. A abertura do urbano para um novo ciclo de reprodução/acumulação será realizada através do que se chama "operação urbana" e das parcerias público-privadas no processo de reestruturação do espaço metropolitano, no qual a distribuição da mais-valia gerada na produção material do espaço, que antes se realizava no plano do lugar, passa a se realizar também no plano internacional.

As operações urbanas, realizadas no plano do Estado, se desdobram em políticas públicas de distribuição de recurso no espaço de forma desigual. Assim, a lógica da acumulação, ao se realizar, culmina no mundo moderno com a reprodução contínua do espaço urbano cujo movimento contraditório é marcado pelo signo da segregação que se manifesta concretamente pela concentração da riqueza, do poder e da propriedade, orientadas pela ação do Estado.

A ação do poder público, reforçada pelas políticas públicas, cria processos de valorização diferenciada do espaço urbano com a aplicação de recursos em determinadas áreas, a qual está associada à ação consciente dos empreendedores imobiliários nas áreas destinadas aos novos negócios. A propósito, esses empreendedores têm afastado para periferias cada vez mais distantes parcelas significativas de cidadãos que ocupam as áreas chamadas de "degradadas" – favelas, ocupações de prédios etc. Essas ações aprofundam a exploração enraizada através das alianças que privilegiam, constantemente, os setores imobiliários, as empresas de transporte e as grandes construtoras. Uma ação que se realiza contra o social.

Sob o capital financeiro, reforçam-se as desigualdades centro-periferia com a extensão desmesurada do tecido urbano encontrando áreas urbanas e rurais que se submetem à nova lógica; com a transferência dos estabelecimentos industriais; com a construção de condomínios fechados (de várias classes de renda); com o deslocamento das classes de menor poder aquisitivo expulsas das áreas de renovação centrais (áreas que ganham centralidade pela intervenção do mercado imobiliário); e com a criação de "novas ocupações, por grupos sociais expulsos das áreas de renovação".

A segregação socioespacial verticaliza-se. Apresentava-se como diferença tanto nas formas de acesso à moradia (como a expressão mais evidente da mercantilização do espaço urbano) quanto em relação ao transporte urbano (limitação de acesso às atividades urbanas) como expressão da separação do cidadão da centralidade. A racionalidade do processo de acumulação que dá centralidade à produção do espaço urbano entra diretamente na determinação da vida (e de suas coações), que se realiza pela negação do urbano. No plano do local e da vida cotidiana e sob o signo das metamorfoses do processo de produção material, a vida se reorganiza, as relações sociais se restabelecem submetidas, cada vez mais, à normatização e à organização segundo uma ordem fortemente burocratizada e preenchida por repressões e coações imperceptíveis. Neste nível também se entrecruza uma ordem invadida pelo global que se impõe de forma violenta.

Portanto, a cidade produzida como segregação e renovada constantemente pela destruição dos lugares promovidos pelo planejamento pontual no processo de expansão da centralidade na metrópole se opõe ao indivíduo enquanto objeto estranho e potência independente. Trata-se da negação do urbano imposta pela mercantilização do mundo que se desdobra na reprodução do espaço urbano e reorienta a prática social submetendo a vida pela mediação do urbanismo (como forma de pensar o urbano) e do planejamento (como esfera de ação). Ambos sob a lógica da acumulação. Assim, enquanto as políticas de renovação urbana induzem à abertura de grandes avenidas – deixando cicatrizes que dividem grupos, destruindo bairros e arrasando referencias que sustentam a vida – e a um modelo de política que separa e isola os indivíduos, um saber técnico sustenta o discurso que reduz o cidadão à condição de trabalhador/usuário da cidade, justificando as ações do Estado e de suas alianças corporativas.

SOBRE A PRÁTICA SOCIOESPACIAL

A cidade é um espaço apropriável para a realização da vida, o que envolve o uso do espaço pelo corpo. Através do corpo, e de todos os sentidos, o cidadão usa os lugares necessários à efetivação da vida em suas relações mais finas como indivíduo e como membro da sociedade através de relações sociais que englobam desde as relações familiares mais próximas no lugar de moradia, as relações de vizinhança, de trocas comerciais e de serviços, a circulação no bairro e na cidade, os encontros, as reuniões, os jogos etc. Trata-se de um conjunto de atos e de situações que ocorrem num espaço e num tempo de apropriação marcados pelos usos e percursos reconhecidos de uma prática vivida e construída concretamente nas pequenas situações corriqueiras e, aparentemente, sem sentido, que se constituem criando laços profundos entre as pessoas e destas com os lugares. Neste movimento espaço-temporal, os lugares são marcados pela presença e, por isso, ganham significado recriando possibilidades e impondo limites à realização da vida. Como espaço palpável, os lugares da vida real e concreta (espaços-tempos apropriáveis) são a extensão exterior, o que está fora de cada um, e, ao mesmo tempo, revelam-se ao cidadão como elementos de suas referências, que não são específicas de uma função ou de uma forma, mas produzidas por uma série de sentidos impressos pelo movimento do uso e definidos através das propriedades do tempo vivido, no conjunto da sociedade. Nesse contexto, a relação do indivíduo com o mundo é construída a partir de um ponto no qual ele se reconhece e a partir do qual tece uma teia de relações com o outro e, através deste, com o mundo que o cerca (como duração e continuidade no tempo e em sua simultaneidade espacial). Nesse sentido, a escala do lugar e o plano do cotidiano se revelam, fundamentalmente, pela construção real e ativa de uma identidade forjada na prática. Logo, a memória social construída é produto da relação que liga o tempo da ação ao seu lugar, o uso ao ritmo. Espaço e tempo, uso e ritmo se revelam em sua indissociabilidade através da ação produtora da identidade que sustenta a memória. É a história particular realizando-se numa história coletiva, na qual se insere e ganha significado a história particular de cada membro da sociedade pela associação de tempos (passado e futuro) que reúne a identidade e a utopia contida no presente exigindo um espaço-tempo redefinido. Assim, enquanto a memória se apoia nas virtualidades realizadas, a utopia reúne desejos que se vislumbram no horizonte da construção do humano. Assim, a produção social do espaço permite desvendar o sentido do termo "apropriação" a partir do habitar enquanto prática sócio-espaço-temporal que ganha objetividade nos atos e nas ações da vida cotidiana – lugar onde se estabelece o vínculo com os outros indivíduos.

A esfera do cotidiano sublinha, portanto, entrecruzamentos de escalas espaciais e temporais: a) o que se passa no âmbito do processo de trabalho e fora dele; b) na produção de relações mais amplas ligando-se às relações que ocorrem no e a partir do lugar do morar; c) nas atividades de trabalho e de lazer; d) na esfera da vida privada. Esse conjunto de relações guarda o sentido do dinamismo das situações pontuadas por necessidades e desejos, coações e ações que fogem ou se rebelam ao "poder estabelecido". Portanto, a relação entre cidadão e cidade é atravessada por modos de apropriação que marcam os usos envolvendo uma multiplicidade de possibilidades.

Essas ações evidenciam as contradições. Para Lefebvre,[6] a cotidianidade comportaria a cisão da vida real em setores definidos e separados em suas funções e organizados como momentos referentes: aquele do trabalho, o da vida privada e o dos lazeres. A separação desses três domínios pode ser observada claramente no urbano pelo afastamento do cidadão do conjunto dos espaços-tempos da metrópole, como espaços-tempos fragmentados, autônomos e separados, em que o espaço partido e valorizado pela ação do poder político (e pelo mercado imobiliário) penetra na vida cotidiana desestabilizando-a, e redefine o papel de cada cidadão nos lugares da cidade ao limitar o uso do espaço e confinar a prática criativa e a instantaneidade da vida à dominação. Ao mesmo tempo, os cidadãos se veem unidos pela tecnologia, como a rede de computadores, e pela televisão; objetos que permitem cada vez mais uma maior amplitude espacial (um momento em que o tempo parece ter sido "domado" e a velocidade dos contatos, aumentada pela eficiência das comunicações). Mas, contraditoriamente, o cidadão se move num espaço concreto e prático cada vez mais reduzido, onde o uso se esvazia e se limita e onde os novos objetos entram na vida cotidiana realizando a alienação.

A vida cotidiana se estrutura nessa condição e a prática social alienada se situa concretamente. O caminho da reprodução da metrópole, tornada valor de troca, se efetiva fazendo *tabula rasa* da prática socioespacial. Os sentidos da vida se esvaziam com a negação do passado subsumido à nova ordem estabelecida pela lógica da acumulação capitalista. Desse modo, ao se realizar, o processo de reprodução do espaço urbano aponta contradições que explodem em conflitos no plano da vida cotidiana e no plano do lugar onde as contradições são vividas. A reprodução do espaço urbano, sob a lógica da acumulação capitalista, repõe a desigualdade dos indivíduos na sociedade, vivida concretamente através dos modos de apropriação diferenciados. Portanto, é no cotidiano que serão constituídas as formas de luta contra a alienação sob a forma de movimentos sociais e manifestações públicas. Em sua dimensão real, os corpos reunidos manifestam sua força indiscutível: inicialmente, mostram a indignação e o descontentamento com a vida na metrópole e o modo como se constrói o espaço urbano, que separa e exclui uma parcela significativa da sociedade pela imposição de direitos diferenciados; e, em outras ocasiões, exigem mudanças concretas.

Assim, se no plano do vivido revelam-se as opressões que assediam a vida urbana regularizando, ordenando, direcionando as ações, é justamente neste plano que vai se situar a reunião das forças diferenciadoras. O espaço público da metrópole será o lugar de expressão dos conflitos, afrontamentos e confrontações. Esse nível é aquele da prática socioespacial que evidencia as formas de controle realizadas através e pelo espaço (de sua apropriação). Aqui se descobre a injustiça, posto que ela é vivida. Evidencia-se o questionamento sobre o modo como o direito à propriedade se torna instrumento de privilégio e fonte de penalização. Assim, o contrato formal do direito jurídico – a sociedade civil fundada sobre a generalização das relações contratuais[7] – confronta-se com o uso marcado por práticas de direito costumeiras, como forma de direito à existência. Desse modo, as cisões vividas constituem-se também em aprendizado na prática, apresentando a necessidade da transformação da vida e da mudança na vida urbana e na orientação do processo de reprodução do espaço urbano.

AS LUTAS NO ESPAÇO, PELO ESPAÇO

Como já assinalamos, nos fundamentos do processo de construção da cidade como exterioridade frente à sociedade, encontramos a produção do espaço enquanto mercadoria como momento constitutivo do processo de acumulação do capital. No seu movimento de reprodução, o capital domina as relações sociais através da generalização da troca que se desdobra para toda a sociedade como necessidade da extensão da base de consumo. Nesse processo, o cotidiano passa a ser o lugar da reprodução expandida do capital e o lugar da realização das alienações impostas pelo desenvolvimento da lógica da valorização que precisa dominar todos os espaços-tempos da vida. Essa racionalidade impõe a presença do "mundo da mercadoria" com sua lógica, sua linguagem e seus signos em todos os lugares (sob controle direto ou indireto) através da ação da mídia, da norma e da vigilância, objetivando assegurar a reprodução das relações capitalistas na totalidade do espaço. Em seu processo de produção/reprodução, o espaço torna-se um meio e um poder nas mãos de uma classe dominante que, usando como meio as políticas públicas, centraliza, valoriza e desvaloriza os lugares da vida, aprofundando as desigualdades como decorrência das necessidades da acumulação ampliada. Numa luta constante pela sobrevivência, o cidadão se confronta com o outro do humano – a deterioração das condições de vida, a ausência do direito, as situações de exclusão, o aprofundamento da realidade mercantil que molda comportamentos, a abstração concreta do mundo da mercadoria e de suas formas arbitrárias. Por sua vez, na consciência da alienação, na submissão ao mundo da mercadoria, na privação vivida, está posta a perspectiva da luta. Desse modo, a tomada de consciência dos limites impostos à vida urbana vai mover os conflitos que se desenvolvem sob a forma de lutas pelo espaço em torno do "direito à cidade". A consciência da privação sinaliza, portanto, um movimento em direção ao devir que, mais do que acentuar o possível, traz a exigência de construção de um novo projeto de sociedade. Portanto, a aposta no movimento inerente ao real apela à reflexão e à ação situada em direção ao futuro; o que significa que há sempre um resíduo incapaz de ser absorvido pela lógica capitalista e que se sustenta face à irredutibilidade do humano à passividade.

Assim, se a reprodução do espaço repõe constantemente a questão da propriedade privada da riqueza (sob a forma da terra ou do solo urbano, e de sua realização como contradição valor de uso/valor de troca), e o momento da globalização econômica como a concentração sem limites da riqueza como privatização privada da riqueza gerada na sociedade (informação, intercâmbio, decisão, investimento, coerção etc.), ela também aponta para a persistência dos resíduos neste processo. Desse modo, o cotidiano, como lembra Lefebvre, é igualmente o campo da espontaneidade, daquilo que escapa e se contrapõe a este mundo de mercadorias e imagens. Através de seus resíduos, o cotidiano é o lugar onde está posta a superação das alienações que o envolvem. Portanto, as manifestações eclodem na vida cotidiana, apontando para a existência dos resíduos existentes de forma latente nesta sociedade. O mundo da mercadoria deixa entrever suas brechas.

JUNHO DE 2013: SERIAM AS CIDADES REBELDES?

Ultrapassando as análises que compreendem a metrópole como palco da realização das atividades humanas, ou como sujeito de ação capaz de decidir sobre seu futuro (em substituição ao sujeito social), assinalamos a necessidade de pensá-la em seu movimento contínuo de reprodução subsumida à acumulação do capital financeiro que, em seu movimento de acumulação, produz a metrópole enquanto negócio, dominando a vida através da expansão desmesurada do processo de mercantilização.

Nessa orientação, as manifestações vividas no espaço urbano, tendo junho de 2013 como momento paradigmático, demonstram que as ações do sujeito se localizam nos espaços-tempos de realização do cotidiano no seio do urbano, no plano do lugar, iluminando o plano do vivido. Portanto, na consciência ainda incipiente da exterioridade que marca a vida urbana na metrópole, as manifestações revelam o arbitrário; as falsas necessidades produzidas pela abundância que escapa da maioria; e a opressão e a normatização que evocam a passividade, em que o "legal" simboliza o monopólio da violência do Estado e da lógica do mercado orientada pela existência da concentração da propriedade, a qual aponta para a concentração de mando e consequente controle da esfera política através da dominação sobre o processo de reprodução do espaço. À questão de como se realizam, a resposta é: ocupando os espaços públicos e, neste processo, revitalizando seu uso segundo o sentido da centralidade inerente ao urbano e à vida.

Em 2013, os cidadãos invadiram as ruas, tomaram os espaços públicos tendo por mote um conjunto de questionamentos que iam desde a contestação da ação política do Estado e as alianças que o sustentam, passando pela composição do orçamento público (voltado às necessidades dos setores produtivos e privados do mercado imobiliário) até o modo como se exerce a democracia representativa. As manifestações públicas foram, assim, revelando a situação do cidadão reduzido às condições de sobrevivência em sua posição de não sujeito. As manifestações também iluminaram o fato de que há novas contradições produzidas no seio de uma sociedade que deixa de ser industrial para tornar-se urbana. Certamente, o que primeiro ganhou centralidade nas batalhas travadas nas ruas no ano de 2013 foi o aumento do preço do transporte público, focando sua atenção na mobilidade urbana. Esta evoca uma dimensão espaçotemporal da vida cotidiana, envolve um percurso no espaço, um deslocamento no tempo e o direito de ir e vir. O aumento do tempo e da distância do percurso casa-trabalho/casa-lazer revela uma sociedade urbana em mudança a partir das metamorfoses do espaço urbano que impôs transformações radicais na vida urbana.

A mobilidade aparece como problema decorrente da extensão do tecido urbano que separou lugar de trabalho/lugar de moradia, mas também da necessidade de o cidadão acessar a metrópole como espaço-tempo da vida que se mantém através das relações entre os lugares no espaço urbano e dos cidadãos entre si e com a metrópole. Dessa maneira, a mobilidade impõe o debate sobre a segregação e as orientações definidoras das políticas públicas de investimento que atuam diretamente na construção de infraestrutura em determinadas regiões da metrópole em detrimento de outras. Portanto, o mote das manifestações se desdobra em conteúdos mais complexos.

Assim se formula uma questão: o que se pode depreender das manifestações? O que elas iluminam? Num esboço de resposta, podemos afirmar:

a) que as manifestações ocorridas naquele ano não aconteceram nos espaços de produção nem foram organizadas por sindicatos expressando a lógica de uma sociedade que é, agora, urbana. O urbano em constituição ultrapassou o espaço limitado da fábrica (o lugar do processo de trabalho industrial) como aquele das lutas contra o modo como se realiza a acumulação (sob a forma da exploração do trabalho), o que significa que o capitalismo se expandiu para tomar toda a vida e toda a metrópole como momento de realização e de sua reprodução, propondo novas questões, associadas a um novo estágio da urbanização submetido ao desenvolvimento do capital financeiro;
b) que uma sociedade urbana se gesta onde a representação dos sindicatos perde força mobilizadora em meio a uma crise da sociedade industrial, o que demonstra a possibilidade de se encontrar novos caminhos de participação com outras formas organizativas coerentes com uma sociedade urbana e não mais tipicamente industrial;
c) o caráter nacional das manifestações com bandeiras diversas, sem líderes, mobilizadas pelas redes sociais e que se realizaram a partir de identidades forjadas por comunidades agrupadas por interesses diversos (numa diversidade de identidades). Certamente a ausência de uma liderança e de um partido – o que parece apontar para a crise de representação tradicional – tornou a mobilização fluida, ocorrendo em vários lugares da cidade de São Paulo ao mesmo tempo e com bandeiras diversas, reunindo classes distintas e fragmentos de classes num mesmo tempo e lugar. Talvez seja esse o motivo que explica a pauta diferenciada das reivindicações. Assim, as várias bandeiras indicariam a complexidade da crise urbana vivida por todos (evidentemente de formas diferentes em função de seu pertencimento à uma classe social);
d) as manifestações sinalizam uma luta pelo espaço urbano (cidade ou metrópole) como o lugar onde se realiza a vida e são reveladoras de uma situação de crise urbana;

e) o lugar e o sentido daquilo que resiste aos processos hegemônicos e à lógica do capital revelando a existência dos poderes diferenciadores diante da potência homogeneizante do capital e do Estado;
f) que o espaço público tem por sentido ser o lugar da reunião, do encontro, construído pela proximidade dos membros de uma determinada sociedade sem a qual o discurso e a ação – como momentos de decisão em conjunto – não seriam possíveis. Desse modo, o espaço público realiza um tipo de centralidade urbana;
g) um plano que é político, onde a reunião nos espaços públicos centrais das cidades brasileiras demonstra a necessidade de mudança da política atual do governo em direção à consolidação da democracia através do fim da corrupção, do redirecionamento do orçamento público comprometido com a saúde e a educação públicas de qualidade em contraponto aos gastos excessivos com os chamados megaeventos;
h) a existência de poderosos *lobbies* que tomam conta do cenário político e a atuação dos partidos com suas alianças que se realizam contra o interesse social;
i) uma demanda pela democracia, reunindo um conjunto de pessoas que, nos termos de Reis,[8] queria justiça e aplicação igualitária da lei, iluminando um Brasil invisível que vem atuando há tempos e provocando mudança em nossa cultura, com uma consciência social crítica que desperta para a necessidade de conquista plena de direitos;
j) não partiram do nada, são fruto da construção de uma consciência gestada ao longo do tempo e constituem lugares de resistência que questionam de várias formas o modo como se reproduz o urbano.

Portanto, o conjunto das lutas vai demonstrando que, em meio à alienação vivida concretamente, se constitui a necessidade de "mudar a vida" a partir do questionamento "desta vida". Desenvolve-se como ato e "exercício de cidadania", forma de expressão política que se volta à contestação do que é e deveria ser a participação de todos nas escolhas dos destinos de uma vida urbana em sociedade. Em sua concretização, as manifestações iluminam a irredutibilidade do corpo (metaforicamente) que, como resíduo no processo de produção da cidade, retoma seus direitos apropriando-se do espaço público. Nessa ação, o espaço público retoma seu sentido: aquele da reunião com os conteúdos da centralidade. A forma espacial da centralidade como o acesso de todos aos direitos existentes, bem como na criação de novos direitos, portanto, o lugar de visibilidade dos sujeitos políticos. Reconstrói-se, assim, a ideia de comunidade expressa em opiniões divergentes sobre os vários planos que envolvem a vida em sociedade marcada pelos relacionamentos constituidores de identidades e diferenças que se gestam no seio de uma sociedade urbana. Portanto, as resistências indicam um significado que reúne várias perspectivas (passíveis de serem lidas através das diferentes bandeiras empunhadas pelos manifestantes), nas quais se realizam a desigualdade e a privação constituidoras da vida urbana. Desse modo, introduzem e exigem práticas democráticas colocando na mesa de negociações os interesses da sociedade em sua totalidade contra os interesses dos empresários que reconstroem a metrópole objetivando a realização do lucro.

As manifestações mostram uma relação espaço-temporal em sua centralidade/simultaneidade. Uma concentração/centralização no espaço e uma simultaneidade no tempo/espaço dando potência à expressão dos desejos de uma sociedade em reivindicação por uma outra vida numa metrópole renovada. Portanto, a reunião de todas as lutas que vêm se constituindo ao longo do tempo explodiu com maior intensidade em 2013, em diversos lugares, explicitando a rua como lugar da rebeldia no espaço urbano, retomada em sua dimensão de espaço público, logo, político,[9] onde, em tese, a "reunião de todas as bandeiras de luta" apontaria para a possibilidade de se pensar o "direito à cidade".

Os movimentos sociais (diferentemente das manifestações realizadas em 2013, por sua coerência, duração e estruturação) e as manifestações (mesmo em espaçostempos e ritmos diferenciados, com formas de organização diversas e construídos com outra lógica e duração) sinalizam, em sua reunião, a consciência da "privação" e propõem uma nova leitura da realidade na qual a vida não se restringe à esfera dos bens necessários à sua efetivação, ultrapassando a escala do ter que, presa ao universo do consumo, questiona a ideologia da busca pela qualidade de vida (presa ao universo do consumo de bens e lugares sob o discurso de outra vida que na realidade é nova fonte de alienação). Ambos apresentam a consciência da privação (em seus vários planos) como o motor das lutas, demarcando a exigência de um direito a "uma outra vida" aberta à criação e à criatividade. Aqui estão postos os conteúdos do direito à cidade, tais quais propostos por Lefebvre, na contramão do que aparece no debate acadêmico majoritário.

OS DISCURSOS SOBRE O DIREITO À CIDADE

Na análise urbana,[10] chama atenção a confusão entre sujeito (da ação que transforma a natureza em espaço social) e objeto (a obra que sintetiza esse processo). Nesse movimento, a cidade se transforma em sujeito de sua própria produção e, assim, com vontade própria, encobre a sociedade de classes – produtora do espaço e o espaço como obra social, criando um campo cego. O apagamento do sujeito produtor e do processo de produção contraditória do espaço promove o encobrimento do jogo político, numa sociedade de classes, bem como os fundamentos de sua desigualdade. Nesse caminho, é a própria sociedade como sujeito ativo produtor da cidade e de sua existência que desaparece na análise. Essa perspectiva esvazia até fazer desaparecer a história e seus conteúdos, isto é, a cidade como produto sócio-histórico, criada e recriada ao longo do processo civilizatório. Uma história que revela um espaço e um tempo como produtos de relações sociais determinadas (espaços e tempos elaborados pela prática social que definem a reprodução do eu (consciência) e do outro (mundo)). Como consequência, a cidade é dotada de poderes de ação e de pensamento. É ela quem decide seus rumos. Sujeito ignorado, objeto que se transmuta em sujeito, a confusão teórica mergulha numa ação ideológica, ou seja, essa perspectiva sob a qual se analisa a cidade reforça a possibilidade da constituição do urbanismo como ideologia que serve à reprodução do capital nas mãos de uma classe que detém o poder político. Encobrindo-se os verdadeiros sentidos da ação estatal em sua firme e prolongada associação com o poder econômico, constrói-se, pelo discurso da participação de todos os membros da sociedade nas formas de gestão, a ideia de que a desigualdade seria resolvida pelo exercício da democracia representativa através de políticas públicas (e do assistencialismo).

No plano da prática, a vida urbana revela as contradições sob a forma de conflitos urbanos, colocando para os pesquisadores muitos impasses que exigem uma análise crítica e uma proposta de solução. Todavia, não raro, os problemas urbanos se explicam pela necessidade de um planejamento em função da constatação ilusória de que haveria uma "falta de planejamento da cidade", no centro da crise urbana. Neste cenário, dois discursos pretendem orientar o futuro da cidade em direção à superação de sua fase crítica, com pontos de vista muito diferenciados. De um lado, o "empreendedorismo urbano" pretende propor políticas capazes de resolver a crise urbana através da construção de uma vantagem competitiva para a cidade, objetivando-se sua inserção no mercado mundial. Nessa perspectiva, o planejamento estratégico associa a problemática urbana àquela da gestão do espaço da cidade. Visa-se restituir a coerência do processo de crescimento tendo como consequência imediata o esvaziamento do sentido do político na medida em que sua realização requer a transformação do prefeito em administrador da cidade capaz de encontrar para ela um "lugar no mundo globalizado". No seio do Estado que controla, organiza e orienta o processo da acumulação, situa-se a prática dos planejadores que constroem seus modelos harmoniosos de crescimento. Isso porque, como revela a história, o capitalismo e o crescimento se mantêm expandindo-se no espaço, reproduzindo-o, fundado numa forte aliança entre o econômico e o político. No entanto, essa aliança necessita de um saber que a justifique. Aqui a produção do saber técnico sustenta as ações e a utopia se degenera no estetismo. Os arquitetos querem construir cidades na escala humana aprisionando-se aos formalismos, que não têm nem sentido nem conteúdo. São os cirurgiões que vão "dar vida às cidades" através da imposição de seus próprios egos. Para Jean Novel, por exemplo, a utopia morreu porque não podemos mais desenhar a cidade. Esta se tornou um "fenômeno geográfico" e, nesse sentido,

> [...] para mim a verdadeira utopia é construir qualquer coisa que mude o sentido de seu entorno próximo [...] mudando a claridade do sítio dando-lhe sentido para esquematizar e acrescentar valor a alguma coisa que existe [...] a exclusão é um problema essencialmente cultural e político.[11]

Mais explícito, Candido Malta Campos vai propor, para uma operação urbana em São Paulo, que se realize um concurso público para a construção do que chama de "duas torres-símbolo, que se destacarão na paisagem urbana, conferindo prestígio ímpar aos seus realizadores".[12] Produtores de formas exuberantes e estranhas, os arquitetos aparecem como as grandes estrelas, erigindo (e, mais do que isso, impondo) aquilo que acham que seria a utopia urbana. Na realidade, constroem os signos vazios que o progresso, sob o signo da "pós-modernidade", pretende instituir como modelo hegemônico e promovem as cidades no mercado turístico, reforçando o caráter produtivo das intervenções urbanas num urbanismo que programa a cotidianidade, destrói a história e, consequentemente, a memória e a identidade acumuladas na produção do espaço.

De outro lado, e contrário a esta tendência, deparamo-nos com a ideia de que a solução da crise passaria pela "gestão democrática da cidade" com o estabelecimento de sua função social a partir da participação popular na gestão. Aqui a utopia também se degenera em urbanismo e a solução da crise urbana se coloca politicamente. Nesse caminho, a política pública abriria brecha para realização de uma cidade equitativa, justa e sustentável, naturalizando "o sistema liberal-democrático". Evidentemente, esse direcionamento faz a maior diferença na construção de estratégias espaciais para "diminuir as desigualdades". Entretanto, o discurso da "cidade democrática e includente" se revela, por exemplo, na defesa das Operações Urbanas que teriam

> [...] efeito progressista dependendo da capacidade de mobilização da sociedade civil para garantir sua regulamentação de forma a assegurar uma implementação segundo os interesses de uma maioria e não apenas das classes dominantes, permitindo o controle efetivo do Estado. Todavia, a aplicação destes mecanismos se efetiva na criação de infraestruturas, de mudanças nas leis de zoneamento (mudança de gabarito de uso do terreno, remembramento de terrenos) com a consequente desapropriação de moradias e expulsão de seus moradores em nome do bem público e da modernização da cidade.[13]

A cidade, não raro, é programada pela lógica da circulação, que acompanha as intervenções. Na prática, as Operações Urbanas arrasam partes da cidade através da abertura de verdadeiras cicatrizes urbanas sob a forma de vias expressas, com a construção de bulevares e criação de altos edifícios, os quais trazem, como consequência, a fragmentação da cidade pela criação de barreias ao uso em nome da funcionalização do espaço urbano. Os moradores não compatíveis com o processo de valorização que a ação do Estado promove são sumariamente enviados à periferia da mancha urbana, destituídos de seus empregos, identidade e memória.

Esta vertente pretende traçar o horizonte de realização do direito à cidade situado no campo das políticas públicas. Tal prática encobre a necessária crítica ao Estado sob o capitalismo e às lógicas que fundamentam a política pública subjugada a uma racionalidade que produzirá a infraestrutura capaz de permitir a migração do capital dos setores em crise de acumulação, agora sob a égide do capital financeiro (em que os ativos financeiros se voltam à produção do espaço), para outros setores. Acompanhado de uma dose excessiva de pragmatismo, constitui-se um discurso de caráter ideológico que inviabiliza a construção de um projeto social que oriente o futuro numa outra direção: a negatividade da utopia que se impõe pela apropriação da totalidade do urbano.

Mascara-se, portanto, o fato de que a sociedade como um todo é destituída de sua condição de sujeito histórico dando ao legislativo o poder transformador. Escreve Santos Jr:

> [...] o enfrentamento do quadro das desigualdades sociais tem encontrado na lei que define o município como entidade política e institucional autônoma, construir suas próprias políticas urbanas ampliando direitos [...] e concretamente percebemos que os municípios brasileiros têm-se diferenciado no enfrentamento de problemas da pobreza, miséria por meio de políticas públicas redistributivas de renda e de riqueza produzidas no espaço das cidades, da inversão de prioridades na alocação de recursos públicos.[14]

Nos discursos em nome da democracia participativa, as possibilidades de mudança têm como pedra angular o dispositivo constitucional "da função social da propriedade privada da terra", explicitada no capítulo III do Plano Diretor (art. 39.), no qual a

> [...] propriedade urbana cumpre sua função social quando atende às exigências fundamentais de ordenação da cidade expressas no Plano Diretor, assegurando o atendimento das necessidades dos cidadãos quanto à qualidade de vida, à justiça social e ao desenvolvimento das atividades econômicas, respeitadas as diretrizes previstas no art. 2º desta Lei.[15]

O estatuto da cidade, aclamado pelo reconhecimento "da função social da propriedade", é a base deste tipo de discurso transformador. Nas palavras de Queiroz Ribeiro,

> [...] oferece uma oportunidade para que os governos locais possam retirar a dinâmica de organização urbana dos circuitos da acumulação privada de renda e riqueza geradas pela ação do poder público. A espoliação urbana pode ser combatida pelo reconhecimento das necessidades de reprodução das camadas populares na forma de um direito à cidade.[16]

Em outro artigo, Queiroz Ribeiro e Santos Jr. asseveravam que

> [...] a cidade brasileira contemporânea resulta da combinação de dois mecanismos complementares: a livre mercantilização e a perversa política de tolerância com todas as formas de apropriação do solo urbano [...]. A questão democrática se traduz na capacidade da cidadania ativa de substituir a coalizão de interesses que sustentou o processo de acumulação urbana recente, por um regime político republicano capaz de assegurar a todos o *direito à cidade*, isto é, o direito à participação nos processos deliberativos que dizem respeito à cidade, à coletividade urbana e seus destinos [...]. A atualização da agenda da reforma urbana, expressando o ideário do direito à cidade, deve propor mecanismos de um novo tipo de coesão social baseado na negação da segregação social, na promoção da função social da cidade e da propriedade, na gestão democrática, e na difusão de uma nova cultura social, territorial e ambiental que promova padrões de sociabilidade com base na solidariedade, na construção de identidades e na representação de interesses coletivos.[17]

Dessa análise, surge uma posição diante do direito à cidade na qual a ação vira discurso em si, fundamentado no saber técnico que coordena o ato de planejar. O Observatório das Metrópoles, em sua página na internet, por exemplo, traz a seguinte observação de Luiz Cesar Queiroz Ribeiro:

> [...] ao considerar que o Brasil se transformou, em definitivo, numa sociedade urbana, a nossa rede coloca o tema do direito à cidade como condição fundamental para construção de uma sociedade menos desigual, baseada na ampliação da cidadania e cada vez mais democrática. E mais: entende que o desenvolvimento nacional vincula-se ao desenvolvimento urbano, e ao avanço do bem-estar urbano, da sustentabilidade ambiental e da superação das desigualdades sociais.[18]

Desse modo, um direito ideologizado direciona a pesquisa que ganha potência produtiva. Esse mesmo discurso, que se pretende hegemônico, reproduz-se nas entidades de luta do Fórum Nacional de Reforma Urbana,[19] no qual o "direito à cidade" é aquele que consiste no direito de todos à moradia digna, aos meios de subsistência, ao saneamento ambiental, à saúde, à educação, ao transporte público, à alimentação, ao trabalho, ao lazer e à informação. Imersa no pragmatismo, essa postura se pauta na "fé cega" no planejamento e numa hipotética "gestão democrática das cidades" concretizada pela participação dos cidadãos nas decisões através da abertura do diálogo com a sociedade pelas prefeituras e câmaras de vereadores antes de decidir os destinos da cidade. Tal ideia se apoia na realização da "função social da cidade e da propriedade". Esse discurso (em sua função ideológica) sinaliza a impossibilidade utópica em nome de um pragmatismo promovido pelos "urbanistas de boa vontade". Nessa perspectiva, o "direito à cidade" obstrui a possibilidade de mudanças profundas reformulando o que existe para diminuir conflitos, sem jamais chegar ao seu fim.

Esses foros de debate têm aparecido na cena brasileira como os portadores do conhecimento, da consciência e do saber que se pretendem hegemônicos. Tal procedimento envolve perigos: a) o empobrecimento do sentido de futuro; b) a desconfiança na ação que transforma; c) a descrença na base da pirâmide social em suas possibilidades de superação da condição de sua alienação; d) a naturalização da despossessão através do discurso da função social da propriedade; e) o discurso do crescimento travestido de desenvolvimento urbano; f) a naturalização da forma mercantil.

Todavia, há positividade nesta análise, e ela repousa na possibilidade de pensar a mudança posta no presente; insuficiente, porém necessária, uma vez que o urbano se reproduz tanto como possibilidade de realização do ciclo do capital de produção da mercadoria quanto como matéria-prima para efetivação do capital financeiro através do consumo produtivo do espaço, o que requer que o Estado crie as condições de realização da acumulação através de políticas públicas capazes de superar momentos críticos. Nesse sentido, a elaboração de políticas visando à diminuição da desigualdade ganha importância, apesar de relativa.

O dispositivo da função social da propriedade e a bandeira do direito à cidade como política pública se fez acompanhar pelas remoções de favelas com o consequente deslocamento dos moradores que ficaram no caminho do processo de valorização promovido pela urbanização contemporânea. Faz-se também acompanhar pelo recrudescimento dos conflitos (com, por exemplo, a construção de coletivos de luta, do poder mobilizador dos movimentos de moradia), pontuando formas renovadas de resistência contra a ação do mercado imobiliário e de uma justiça que se faz priorizando interesses de classe. As políticas de intervenção urbana associadas à realização de megaeventos de todos os tipos (a nova mercadoria desta fase do capitalismo) têm aberto perspectivas de realização de um novo ciclo de acumulação através da produção do espaço urbano, gerando pela ação de valorização o deslocamento de parcela significativa para a periferia que se estende cada vez mais em zonas distantes e precárias para a realização da vida. Boulos nos informa que entre 2013/2014 houve setecentas ocupações espontâneas na periferia de São Paulo, "praticamente o triplo do que havia sido registrado nos dois anos anteriores".[20]

A possível centralidade da luta de moradia no conjunto das lutas aponta diretamente para o papel da propriedade privada da terra urbana e das relações contratuais que ela dissemina na sociedade, iluminando estratégias da acumulação através de articulação entre o público e o privado. Essa situação aponta caminho radicalmente inverso dos discursos sobre a cidade, mostrando que a desigualdade se reproduz, aprofundando-se, pois as políticas públicas realizam estratégias de classe. Desse modo, o debate em torno da importância do papel da função social da propriedade compõe um "campo cego" na análise. A ausência do pensamento crítico acaba por fazer o elogio à propriedade, estreitando o horizonte da mudança social.

Por sua vez, o elogio à propriedade estreita o horizonte, já que ela, através de seu mecanismo contratual, rege a sociedade e as relações sociais (formas, linguagem, representações), permitindo e justificando a apropriação privada do tempo de trabalho social acumulado ao longo da história da cidade. A história demonstra que a propriedade confere direitos a quem a detém, permitindo com isso a realização consentida da dominação e da expropriação. O discurso da função social da propriedade encobre: a) o processo que tornou a propriedade uma potência estranha – autonomizando a obra social da existência humana; b) o fetiche que transforma os homens em coisas através da expropriação consentida; c) a condição da força de trabalho tornada mercadoria e sua posição de consumidora de bens e serviços; d) a função ideológica da propriedade como mecanismo que mantém o mundo tal qual é, portanto, invertido: o mundo no qual as coisas dominam os homens. Desse modo, há nestas análises um bloqueio ao pensamento crítico capaz de revelar o conteúdo que suporta as relações entre possuidores, trazendo como decorrência o acesso diferencial à cidade e à vida urbana. O saber técnico torna-se força produtiva. E o "direito à cidade" se transforma em ideologia.

Algumas questões se colocam para análise: até que ponto este discurso não promoveria a naturalização da propriedade, com suas representações, justificando a despossessão (apropriação privada do trabalho social produtor da cidade sob o capitalismo através da cidade)?[21] Até que ponto esse discurso não legitimaria a ordem burguesa, na qual a propriedade privada da riqueza social produzida apaga o fundamento que apoia sua existência, isto é, o processo no qual o homem é destituído de sua obra reforçando os mecanismos constitucionais da sociedade burguesa?

O DIREITO À CIDADE DE HENRI LEFEBVRE NA *ERA DOS DIREITOS*

A obra de Henri Lefebvre adentra o século XXI a partir da centralidade, que ganha na vida moderna a construção do direito à cidade. Nossa tese é que o "direito a cidade" tal qual desenvolvido por Lefebvre se situa no momento da história em que a cidade se revela como o negativo da vida urbana imersa na prática alienada. É, portanto, um movimento do pensamento que, ao analisar a realidade como totalidade social aberta e contraditória, real e virtual, se depara com a exigência de superação dessa realidade impeditiva da realização do humano. Portanto, em sua submissão à lógica do capital, a sociedade traz em si a resistência aos poderes e lógicas hegemônicas abrindo caminho para pensar e sonhar com a utopia que, como sabemos, não se localiza na teoria do direito,[22] nem se constrói nos termos jurídicos dos direitos do homem ou da sociedade.

Mas, se como escreve Bobbio, "os direitos do homem, por mais fundamentais que sejam, são direitos históricos, ou seja, nascidos em certas circunstâncias, caracterizados por lutas em defesa de novas liberdades contra velhos poderes, e nascidos de modo gradual",[23] resta saber qual o momento histórico que permitiu pensar a necessidade do estabelecimento de um direito à cidade passível de ser reconhecido como uma nova esfera de proteção através de um direito estabelecido juridicamente.

Retomando o que já foi apontado aqui, o debate sobre o direito à cidade se situaria num momento em que a sociedade urbana se constitui enquanto tal deslocando as contradições (nas quais se realizam as relações sociais) da esfera do trabalho para a esfera urbana, entrando na prática da vida cotidiana, mudando-a radicalmente. Como já assinalamos, a cidade, obra civilizatória, se constitui ao longo do tempo mundializando-se como modo de vida e destino do homem, no mundo contemporâneo, ao tornar-se um produto capitalista (mercadoria) constitui-se, ao mesmo tempo, como condição e meio de sua realização. Presa ao universo da lógica do capital, a vida se transforma em seu outro, isto é, a cidade se reproduz objetivando a realização da acumulação – o que, no Brasil, se realiza contra o social. O direito à cidade surge assim das situações de conflito que permeiam a vida urbana desestabilizando-a pela extensão do processo de alienação. O direito à cidade surge, assim, na esteira dos "novos carecimentos"[24] em função da mudança das condições sociais e do sentido da história.

O direito nasce, assim, da prática em suas determinações históricas. O capitalismo, ao se desenvolver, foi estabelecendo um conjunto deles. Dessa forma, "desde que as relações humanas têm como base as relações entre sujeitos, surgem as condições para o desenvolvimento de uma superestrutura jurídica, com suas leis formais, seus processos, seus advogados etc.".[25] No capitalismo as relações sociais concretas apoiadas nas relações sociais de troca ocupam um lugar específico no todo da vida social. Neste momento "inaugura-se um mundo de instituições que sustentam práticas específicas de exploração".[26] Como aponta Pachukanis, o princípio da subjetividade jurídica (o princípio formal da liberdade e da igualdade, por exemplo) não é

> [..] apenas e tão somente, um processo ideológico [mas antes], um processo real de transformação jurídica das relações humanas, que acompanha o desenvolvimento da economia mercantil e monetária e que engendra profundas e múltiplas modificações da natureza objetiva. Esse conjunto de fenômenos compreende o surgimento e consolidação da propriedade privada, a sua extensão universal tanto aos sujeitos como a todos os objetos possíveis.[27]

Como ressalta Mascaro, o "núcleo duro do direito fala sobre a propriedade, os contratos, as relações mercantis".[28] A centralidade da propriedade privada na organização e estruturação da sociedade capitalista é ponto relevante sobre o qual repousa nossa crítica aos discursos sobre o papel da "função social da propriedade", exposta neste capítulo.

A necessidade de um "direito à cidade" se situaria, hoje, na esfera de criação de novos direitos, no movimento de reprodução da sociedade capitalista. Em Bobbio, a criação de novos direitos humanos, apesar de coisas desejáveis, e nesta situação, fins que merecem ser perseguidos em si, não justificam sua existência. Importante é definir as circunstâncias em que nascem. No caso em tela podemos dizer que seria o produto das lutas que se desenvolvem com e a partir do movimento pela reforma urbana dos anos 1980, conquistando espaço no cenário nacional e promovendo mudanças no contexto do processo brasileiro de redemocratização. Uma de suas conquistas foi a Lei Federal n. 10.257 – o estatuto da cidade –, criando uma nova base jurídica para o desenvolvimento urbano com mudanças sobre o direito à propriedade (que passa a incorporar a noção de direitos urbanos e a sustentabilidade), mas, sobretudo, impondo limites ao livre e pleno desenvolvimento da propriedade privada do solo. Mas a luta e as ações em nome do direito à cidade objetivando a diminuição da desigualdade se encerra no campo jurídico, na esfera da criação de um novo direito dentro do conjunto dos direitos sociais enquanto no plano da prática da vida cotidiana urbana, a segregação se aprofunda e a concentração da riqueza segue seu curso.

Certamente trata-se de uma luta que merece ser travada. Todavia, a construção do direito à cidade é de importância inegável nos avanços para a efetivação da democracia. Sua importância reside em criar os mecanismos capazes de impor limites à propriedade privada através da regulamentação do acesso diferenciado à cidade e ao urbano. Esta é a grande importância na atualidade, da obra de Lefebvre. Foi sua obra que permitiu levantar a bandeira de luta que esclarece as contradições da sociedade capitalista, iluminando um plano que é espacial.

Os argumentos apresentados por Lefebvre discordam das argumentações alegadas por Bobbio sobre os novos direitos. Para este, mais importante do que justificar estes direitos é a necessidade de protegê-los na medida em que apontam um problema político em que os fins não podem ser dissociados do problema dos meios.[29] Ao focar o plano do político, perde-se as contradições sociais que promovem a luta, inaugurando a crise urbana. Nesta inversão se situa a necessidade de encontrar o que fundamenta a necessidade de um direito à cidade. A existência da propriedade privada é premissa incontestável em nossa sociedade e, assim, entra no debate acadêmico. Mas é através do movimento do pensamento crítico que chegamos aos conteúdos e determinações históricas que fundamentam e determinam a existência do direito à propriedade, regendo todas as relações sociais. Esse caminho situa a privação que ilumina as novas formas da alienação.

O "DIREITO À CIDADE" COMO PROJETO UTÓPICO

A análise urbana vem incorporando e dando atenção aos movimentos sociais enfocando o tema do direito à cidade e da justiça espacial. Com certa frequência, o conceito de direito à cidade faz menção ou apela à análise de Lefebvre, principalmente no livro escrito em 1968. Em nome dele, modeliza-se a dialética, justifica-se a elaboração de políticas públicas, planeja-se a participação de todos na "gestão democrática" da cidade contra o empreendedorismo urbano. Todavia, em Henri Lefebvre, a ideia de direito à cidade se constitui num movimento triádico que envolve os planos do real-possível-impossível: a realidade como uma totalidade aberta e que se move em função das contradições do processo histórico vivido no urbano pela constituição de uma condição inumana: aquela que separa a civilização de sua obra, o indivíduo de sua criação. Nessa direção, a obra de Lefebvre permite atualizar a alienação no mundo moderno, ignorada pelas análises que pretendem construir no presente, pragmaticamente, um meio de ação para diminuir as desigualdades sociais. A perspectiva teórica aberta por Lefebvre implica um modo de pensar e compreender o mundo contemporâneo visando à transformação profunda da sociedade e exigindo a crítica radical que rompe com a tradição cartesiana que reduz o vivido ao pensamento e sua depreciação em relação ao concebido; ou a prisão ao mundo da prática sem teoria – no qual os movimentos sociais teriam a última palavra – e a teoria sem prática presa ao universo político/programático. A consciência não conteria um critério de verdade, exigindo a reunião de conhecimento e a criação prática, em que a vida permitiria a descoberta do sentido da história, de maneira prática. Desse modo, a tomada de consciência não pode assumir o lugar da teoria e do conceito. A relação indissociável teoria-prática está no fundamento da compreensão do mundo, e somente assim caminhar-se-ia em direção ao possível/impossível, como movimento até o devir, abrindo "o pensamento à ação em direção às possibilidades mostrando o horizonte e o caminho".[30]

A ideia de que o processo histórico se realiza no possível encerraria a contradição eventual de sua não realização. Portanto, o deslocamento da produção do conhecimento dos planos epistemológico ou ontológico para a compreensão da prática social em seu movimento real e virtual, construindo uma filosofia da práxis, aparece como exigência para Lefebvre. Ao pensamento que tende ao formalismo, o autor propõe "a abertura que leva ao combate". Portanto, não há pensamento sem utopia, ou seja, sem a exploração do possível-impossível, dialeticamente concebido.[31]

No mundo atual, a consciência da privação manifesta um movimento em direção ao devir que, mais do que acentuar o possível, traz a exigência de construção de um novo projeto de sociedade. O plano subjetivo da consciência se mantém vivo em meio à passividade como resíduo que é, na realidade, a potência presente/ausente, um movimento contra-hegemônico de contestação à lógica imposta à vida urbana em todos os seus sentidos. Isso porque, como assinala Lefebvre,[32] o espaço mental, aquele das reduções, pressões e opressões, não consegue reabsorver seu adversário íntimo, o que significa que há sempre um resíduo incapaz de ser absorvido pela lógica capitalista e que se sustenta face à irredutibilidade do humano à passividade e à generalização do mundo da mercadoria. As situações concretas revelam o inacabamento (da teoria e da realidade) e, desse modo, o pensamento metafilosófico se interroga sobre o possível. Neste plano, situa-se a possibilidade de apropriação que hoje só se realiza residualmente. Daí a construção dos termos do direito à cidade como consequência da inversão: o virtual no lugar do real.[33] O cotidiano, como o lugar das opressões – redução do espaço cotidiano ao homogêneo representado pelo terrorismo que desde a infância destrói a espontaneidade –, é, contraditoriamente, o lugar do desejo que entra em choque com o mundo manipulado das necessidades. Portanto, no urbano e no cotidiano, localizam-se as lutas sociais em direção ao devir.

Aqui se situa a abertura para a realização de uma sociedade urbana, como projeto, na qual a noção de direito à cidade desvelaria um caminho para sua realização. No plano do conhecimento, coloca-se a advertência de Lefebvre sobre a necessidade de se "quebrar o sistema, abrir o pensamento e a ação em direção às possibilidades, mostrando o horizonte".[34] Não se trata, portanto, de uma proposta pragmática, mas da elaboração de um projeto social de mudança radical. Nos termos destacados por Marx, a exigência de mudança apontaria para a construção de um projeto ético/estético fundado numa teoria social que se apoiaria num conhecimento crítico e radical. Mas como nos aproximarmos dessa totalidade pensada-vivida, aberta e contraditória?

O caminho percorrido pela reflexão trazida neste capítulo pretendeu ser uma proposta incorporando a ideia de movimento do pensamento que compreende o mundo como real e virtual e que, portanto, entende a utopia como parte do movimento do ato de conhecer. A partir da perspectiva metageográfica,[35] considera-se a realidade como uma totalidade aberta e contraditória, tal qual anunciada por Marx, o que requer, em cada momento da história, uma teoria nova. No caso da segunda metade do século XX, delineia-se como uma problemática urbana. Esta guarda uma dimensão espacial, isto é, a problemática urbana envolve a problemática espacial e orienta a pesquisa que pretende compreender o mundo atual. A reprodução do espaço urbano (a cidade e sua extensão) e do cotidiano (o consumo programado numa sociedade normatizada) ultrapassa a problemática da industrialização. O problema novo é o fato de que vivemos numa sociedade urbana. Aqui se coloca a necessidade da diferenciação dos termos "cidade" e "urbano", abandonando o campo semântico para referir-se à superação da análise que trata a cidade como conjunto de fragmentos analíticos. O urbano, como horizonte, revela a universalidade do fenômeno, bem como sua orientação, iluminando um projeto de transformação como totalidade aberta e dialética em direção ao mundial. Portanto, o desafio da pesquisa é encontrar teórica e praticamente o lugar da subversão que se situa na práxis sócio-espaço-temporal, transformando a vida. Nesse processo estão as estratégias da acumulação (analisadas anteriormente) em confronto com as necessidades da realização da vida urbana. As lutas pelo "direito à cidade", que ganham lugar na metrópole, se realizam como direito à vida urbana, revalorizando assim o sentido da produção do espaço urbano como criação do homem e colocando fim às cisões e às alienações vividas; e, logo, como crítica radical do cotidiano. Aqui também se constrói o conceito de projeto (aquele do possível-impossível) como elemento capaz de orientar as estratégias, permitindo pensar o conjunto de possibilidades posto diante da sociedade.

Nesta direção, os termos do direito à cidade se encontram no caminho do método (que dá centralidade à noção de totalidade aberta e contraditória), buscando o possível antes de alojar-se no real enquanto realidade inacabada. Permite prolongar a utopia presente na obra de Marx, situando-a num outro momento da história em que a luta de classes se transforma no seio da constituição do urbano. Assim, a luta não desapareceu, mas deixou o lugar do trabalho, generalizando-se.

O direito à cidade enquanto momento do projeto do possível-impossível (utopia) permite pensar e agir, o "impossível nasce e mostra-se no coração do possível".[36] Neste sentido, o "direito à cidade" superaria a sociedade de consumo através da construção de um projeto social que teria por conteúdo a "negação do mundo invertido", propondo a superação: a) das separações dos elementos necessários à realização da vida, marcada por relações sociais definidas pela identidade abstrata, povoada pela indiferença que permeia as relações entre os homens; b) de um modo de vida constituído como imitação de um modelo de felicidade forjado pela posse de bens, delimitado pela esfera do mercado e subsumido à acumulação; c) da instituição e da lógica do mercado; d) da redução do espaço cotidiano ao homogêneo destruidor da espontaneidade e do desejo; e) da propriedade privada que delimita os acessos aos espaçostempos da realização da vida e, consequentemente, da segregação nela fundada; f) de todas as formas de submissão e opressão como fronteiras para realização de uma nova humanidade, como o negativo do que vivemos; g) do uso dependente das condições econômicas independente da vontade do homem; h) do urbanismo como solução para a crise urbana no plano social das políticas públicas desenhadas nas pranchetas. Mudar a prática é reinverter o sentido do urbanismo e de seu braço pragmático, o planejamento produtor/indutor da lógica capitalista que produz o espaço abstrato através da produção do habitat e contra o habitar; i) da imposição da forma arquitetônica e da política assistencialista que contribuem para a construção de um espaço geométrico medido e quantificado, reafirmado na vida cotidiana pelas coações impostas pela gestão.

A transgressão tem tempo e lugar – o público – que trazem em si as possibilidades de um grupo, superando o banal, invertendo o projeto que visa ao crescimento em detrimento do desenvolvimento social, e sobrepondo a produtividade pela criatividade. Como escreve Lefebvre, na prática social se encontram a influência dos modelos, a importância das instituições e o poder repressivo, sujeitos reduzidos à passividade imitando modelos.[37] No urbano (e no plano do cotidiano), localiza-se a transgressão no uso que se rebela contra a lógica do espaço abstrato realizado como opressão advinda das ações que o limitam ao geométrico. Vai na direção contrária à análise lógica, que, sob a ideia da coerência, coesão, equilíbrio e regulação, acaba restringindo-se ao espaço puramente formal no qual a visibilidade se confunde com a inteligibilidade lógico-matemática. No horizonte aberto por Lefebvre, o direito à cidade é, portanto, a subversão do instituído pela produção de um outro espaço e a possibilidade de constituição de uma outra sociedade. Todavia, à busca de um direito à cidade, Lefebvre incorpora um outro direito importante. Se o mundo moderno, segundo ele, ilumina a vitória do valor de troca sobre o valor de uso, efetiva também outra contradição importante que se refere à luta entre as forças homogeneizantes – associadas ao processo de reprodução ampliada do capital – e as que diferem – e se contrapõem a esta lógica. A instituição do diferente contra o homogêneo aponta para o direito à diferença.

O projeto do impossível orienta a via. Portanto, sem ideia de uma revolução total – projeto possível/impossível – não há ideia de movimento. E só é revolução quando visa ao fim do Estado, dos aparelhos políticos e da política. Fora deste projeto, para Lefebvre, só há reforma.

FINALIZANDO: O RESGATE DA UTOPIA

A crise urbana revela seu conteúdo social, mais do que política ou econômica, e aponta para a condição da vida urbana como o outro daquela que realiza o humano. Os fundamentos do processo de reprodução da metrópole no século XXI repõem, num outro patamar, as contradições que fundamentam a existência da sociedade capitalista sob novas determinações. Todavia, o cotidiano – como lugar da imposição do poder da riqueza e da ordem planificada do espaço e do tempo – contempla resíduos e é também o campo da espontaneidade daquilo que escapa e se contrapõe ao mundo da mercadoria e das imagens impostas pela sociedade de consumo, exigindo o debate em torno dos direitos. Os movimentos sociais são a consciência de nossa sociedade e, como tais, demonstram uma capacidade de questionamento sobre o mundo em que vivemos – as contradições naturalizadas.

O debate sobre o direito à cidade tal qual proposto por Lefebvre tem a potência de revelar os fundamentos contraditórios da sociedade urbana em sua forma mundial. Mais do que efetivar a mudança, os conteúdos do conceito sinalizam o escondido sob a forma da segregação socioespacial e, com isso, permitem-nos dar um salto à frente na compreensão da crise urbana atual. Permite pensar na positividade dos movimentos sociais e das políticas públicas construídas que objetivam a diminuição das desigualdades. Seu pensamento também torna-se ideologia, momento em que o discurso transforma o conceito desenvolvido por Lefebvre no saber técnico que sustenta a política urbana e a ação programática do planejamento orientado pelo Estado. Envolto na lógica neoliberal, o "direito à cidade" acha-se esvaziado de sua *potência utópica*, e com ela a possibilidade de construção de um projeto social que oriente as ações em direção ao futuro da sociedade urbana, como o negativo da realidade em que vivemos.

Lefebvre pensa nas condições de construção de um projeto de mudança radical da sociedade neoliberal; mas que se mostra impossível hoje. Todavia ele é necessário para orientar o caminho da ação que não se fecha num projeto realizável por dentro do Estado, mas contra sua lógica e seus acordos, prolongando assim o projeto utópico de Marx. Urge, portanto, retomar a utopia.

A utopia ao longo da história liga-se ao desejo humano de realização prática de uma vida não alienada. Trata-se do desejo de superação de todas as condições de privação na qual se encontra o indivíduo: situações que privam o homem de sua humanidade. A utopia nos situa no futuro, todavia, ela nasce no seio de uma determinada sociedade a partir de uma condição histórica real no tempo presente. Assim o pensamento utópico contempla vestígios e persistências no seio desta própria sociedade que lhe serve de abrigo; localiza-se na existência das forças criativas latentes em todas as sociedades, surge da consciência da existência da alienação, posta-se em direção à realização do humano, o que requer a consciência da totalidade do mundo. Surge, portanto, da exigência da crítica à sociedade como consciência da barreira que se coloca entre a sociedade e os produtos de sua atividade. Assim, o debate sobre a utopia, surgida no movimento dos limites postos à realização do humano que se depara com a alienação vivida, se abre para o futuro sem abster-se de uma análise das contradições vividas no tempo presente. Como escreve Bloch,

> [...] o amanhã vive no hoje e sempre se está perguntando por ele. Os rostos que se voltaram na direção da utopia foram, é verdade, diferentes em cada época, exatamente como aquilo que imaginaram [...] em contrapartida a direção é parecida em toda parte, ela se manifesta como a única coisa inalterável na história [...] felicidade, liberdade, não alienação.[38]

Uma das hipóteses, aqui trabalhada, é que uma das condições que barra o caminho da desalienação é a existência da propriedade, uma barreira que se coloca entre o homem e a realização de sua humanidade, pois afasta-o de sua obra. Recorremos aqui a três considerações que julgamos, esclarecedoras. No livro *Utopia*, escrito em 1518, Tomás Morus adverte que, enquanto o direito de propriedade for o fundamental do edifício social, a classe mais numerosa e mais estimável só terá, para partilhar, "miséria tormentos e desespero".[39]

Em 1905, no livro *O homem e a terra*, escreve Reclus: "um fato domina toda a civilização moderna; o fato de que a propriedade de um único indivíduo pode aumentar indefinidamente e até mesmo em virtude do consentimento quase universal, abarcar o mundo inteiro".[40]

Ao debater com Proudhon, Marx[41] afirma que a propriedade nada tem de misteriosa, mas é produto da relação própria da produção com a distribuição na sociedade, definindo todas as relações sociais. Esta liga-se, portanto, às condições objetivas na qual o homem se confronta no processo de sua própria produção enquanto ser destituído da propriedade da terra e dos meios de produção, tendo apenas a força de trabalho que como propriedade só pode se realizar enquanto tal no processo de produção dominado pelo capital.

A propriedade dos meios de produção e da terra atravessa a história tornando-se abstrata no capitalismo através de sua forma jurídica (a propriedade privada) e, nesta condição, naturalizada (a propriedade aparece para todos em sua existência inquestionável, quando na realidade trata-se de uma conquista histórica da burguesia), dominando e diferenciando os indivíduos e expandindo-se através da subordinação de todas as relações sociais à sua lógica, em diferentes formas. O desdobramento da propriedade no mundo moderno realiza-se muito além do mundo dos objetos criados no processo produtivo, dominando todas as formas de produção humana, dentre elas a cidade. Como obra civilizatória objetiva-se como realização do humano, posto que a humanidade, através da história, cria objetos e obras (matérias e espirituais). Cada objeto produzido resume o processo de sua produção. Sob o capitalismo, a obra torna-se mercadoria apropriada de forma diferencial, produto do desenvolvimento das elações de propriedade que, ao se desenvolverem, criam os limites do uso e produzem a fragmentação dos espaços da vida urbana. Nesta perspectiva, a sociedade urbana vive a cidade como exterioridade – fonte de privação –, o que atualiza os termos da alienação gerando lutas no espaço, isto é, pelo espaço da vida, na cidade. A propriedade recria, constantemente, aquilo que a fundamenta: a existência de uma sociedade de desiguais em que os usos e os acessos à cidade se submetem a um complexo conjunto de mediações que tendem a naturalizar a desigualdade – como desenvolvemos neste capítulo.

Do espaço público (e do público), uma voz se espalha pelo mundo, focando a racionalidade da acumulação e da ação do Estado neoliberal e questionando o capitalismo como modelo civilizatório. Essa ação convoca à reflexão. Obriga-nos a repensar a realidade, compreender os conteúdos da crise urbana. Os gritos, que são insistentemente ignorados, sinalizam a necessidade de construção de um projeto capaz de pensar um "outro mundo". Este é o desafio deste século que a obra de Henri Lefebvre nos coloca. E, com ela, o desafio de pensar "o impossível".

NOTAS

1 Este capítulo traz uma síntese das investigações realizadas sobre o tema do "direito à cidade" tendo por fundamento a obra de Henri Lefebvre e que se acham publicadas em várias revistas: Carlos, 2014a, 2014b, 2016.

2 O sentido da cidade como obra da civilização não é o sentido da construção física da cidade, mas da humanidade do homem através de sua obra. Por isso, a cidade permite a leitura da história e de nossa condição no mundo moderno. A construção do humano envolve apropriações, encontros, reuniões, a festa – a construção da dimensão

lúdica da cidade –, os quais transcendem o espaço privado e se assenhoram do espaço público. Desse modo, a cidade dá o sentido da vida e de como ela se realiza, revelando a dimensão do homem.

3 A expansão do tecido urbano como concentração-dispersão generaliza a segregação, iluminando as contradições do processo de produção do espaço urbano.

4 Lefebvre, 1973, p. 116.

5 Lefebvre, 1968b, p. 387.

6 Lefebvre, s/d.

7 Que garante juridicamente as relações de troca, iluminando a propriedade.

8 Reis, 2013.

9 No dia 1º de junho, Medida Provisória do governo federal desonera o setor de transporte de contribuir para a Receita Federal e é acompanhada, no dia 2, com o aumento da tarifa, em São Paulo, e com a convocação de manifestações pelo Movimento do Passe Livre (MPL). Manifestações ocorrem em São Paulo nos dias 6, 7 e 11 de junho marcadas por forte repressão. No dia 13 de junho, novas manifestações em várias capitais com redobrada repressão policial. Dias 17 de junho até 21 de junho aconteceram manifestações diárias sendo o ápice no dia 20, provocando a redução em massa dos preços dos transportes públicos municipais.

10 Este item foi integralmente transcrito do artigo de Carlos, 2016, pp. 1-15.

11 Moncan, 2003, p. 307.

12 Campos, 1994, mimeografado, p. 7.

13 Ferreira e Maricato, 2002, p. 217.

14 Santos Jr. e Wahl, 2004, p. 131.

15 Lei n. 10.257, de 10 de julho de 2001, que regulamenta os arts. 182 e 183 da Constituição Federal [...]. Art. 20: "A política urbana tem por objetivo ordenar o pleno desenvolvimento das funções sociais da cidade e da propriedade urbana, mediante as seguintes diretrizes gerais: I – garantia do direito a cidades sustentáveis, entendido como o direito à terra urbana, à moradia, ao saneamento ambiental, à infraestrutura urbana, ao transporte e aos serviços públicos, ao trabalho e ao lazer, para as presentes e futuras gerações; II – gestão democrática por meio da participação da população e de associações representativas dos vários segmentos da comunidade na formulação, execução e acompanhamento de planos, programas e projetos de desenvolvimento urbano; III – cooperação entre os governos, a iniciativa privada e os demais setores da sociedade no processo de urbanização, em atendimento ao interesse social."

16 Ribeiro 2004, p. 210.

17 Ribeiro e Santos Jr., 2011, p. 10.

18 Observatório das Metrópoles. Disponível em: <http://www.observatoriodasmetropoles.net/>. Acesso em: 3 mar. 2016.

19 Fórum Nacional da Reforma Urbana. Disponível em: <http://www.forumreformaurbana.org.br/>. Acesso em: 3 mar. 2016.

20 Boulos, 2015, p. 20.

21 Art. 1.228. O proprietário tem a faculdade de usar, gozar e dispor da coisa, e o direito de reavê-la do poder de quem quer que injustamente a possua ou detenha. § 1º O direito de propriedade deve ser exercido em consonância com as suas finalidades econômicas e sociais e de modo que sejam preservados, de conformidade com o estabelecido em lei especial, a flora, a fauna, as belezas naturais, o equilíbrio ecológico e o patrimônio histórico e artístico, bem como evitada a poluição do ar e das águas. § 2º São defesos os atos que não trazem ao proprietário qualquer comodidade, ou utilidade, e sejam animados pela intenção de prejudicar outrem.
Tais preceitos são consequências do princípio constitucional da função social da propriedade.

22 Referência ao livro de Norberto Bobbio, 2004.

23 Idem, p. 5.

24 Idem, op. cit., p. 6.

25 Pachukanis, 1988, p. 10.

26 Mascaro, 2013, p. 4.

27 Pachukanis, op. cit., p. 10.

28 Mascaro, op. cit., p. 9.

29 Bobbio, 2004, p. 24.

30 Lefebvre, 1968b, p. 9.

31 Lefebvre, 2001, p. 298.

32 Lefebvre, 1968b, p. 409.

33 Lefebvre, 2001, p. 182.

34 Lefebvre, 1968b, p. 68.

35 Apresentada em Carlos, 2015a.

[36] Lefebvre, 2001, p. 196.
[37] Lefebvre, 1970b, p. 148.
[38] Bloch, 2006, p. 461.
[39] Morus, 1998, p. 63.
[40] Reclus, 2010, p. 43.
[41] Marx, 1982, p. 144.

BIBLIOGRAFIA

BENSAÏD, Daniel. *Cambiar el mundo*. Madrid: Catarata, 2004.

______. *Les dépossédés*. Paris: La Fabrique Éditions, 2007.

BIHR, Alain. *La novlangue néolibérale*. Lausanne: Éditions Page Deux, 2007.

BOBBIO, Norberto. *A era dos diretos*. Trad. Carlos Nelson Coutinho. Rio de Janeiro: Elsevier, 2004.

BOULOS, Guilherme. *Por que ocupamos?* Uma introdução à luta dos sem-teto. 3. ed. São Paulo: Autonomia Literária, 2015.

BLOCH, Ernest. *O princípio de esperança*. v. 3. Trad. Nélio Schneider. Rio de Janeiro: Contraponto/UERJ, 2006.

CAMPOS, Candido Malta. *Planos diretores de bairros*. São Paulo: 1994. (mimeografado)

CARLOS, Ana Fani Alessandri. "A 'ilusão' da transparência do espaço e a 'fé cega' no planejamento urbano: os desafios de uma geografia urbana crítica". *Revista Cidades*. São Paulo, Grupo de Estudos Urbanos, v. 6, n. 10, 2009, pp. 289-306.

______. "La ciudad como privación y la reapropiación de lo urbano como ejercicio de la ciudadanía". *Actas*... XIII Coloquio Internacional de Geocrítica: el control del espacio y los espacios de control, Barcelona, maio de 2014a, pp. 1-15. Disponível em: <http://www.ub.edu/geocrit/coloquio2014/Ana%20Fani%20Alessandri%20 Carlos.pdf>. Acesso em: 13 ago. 2016.

______. "O poder do 'corpo' no espaço público: o urbano como privação e o direito à cidade". *Geousp* (on-line). São Paulo, v. 18, n. 3, set/dez 2014b, pp. 472-86. Disponível em: <http://www.revistas.usp.br/geousp/article/view/89588>. Acesso em: 13 ago. 2106.

______. "La producción contradictoria del espacio urbano y las luchas por derechos". *Revista Cidades*. São Paulo, Grupo de Estudos Urbanos, v. 11 n. 19, 2014c, pp. 130-63.

______. Metageografia. In: ______. *Crise urbana*. São Paulo: Contexto, 2015a.

______. (org.). *A cidade como negócio*. São Paulo: Contexto. 2015b.

______. Em nome da cidade (e da propriedade). In: BENACH, Nuria; ZAAR, Miriam Hermi; VASCONCELOS P. JUNIOR, Magno (eds.). *Actas*... XIV Coloquio Internacional de Geocrítica Las utopías y la construcción de la sociedad del futuro. Barcelona, Universidad de Barcelona, 2016, pp. 1-15. Disponível em: <http://www.ub.edu/geocrit/xiv_anafani.pdf>. Acesso em: 13 ago. 2016.

FERREIRA, João Sette Whitaker; MARICATO, Erminia. Operação urbana consorciada: diversificação urbanística ou aprofundamento da desigualdade?. In: OSÓRIO, Leticia Marques (org.). *Estatuto da Cidade*. 1. ed. Porto Alegre/São Paulo: Sergio Antonio Fabris Editor, 2002, pp. 215-50.

FILLIEULE, Olivier; TARTAKOWSKY, Danielle. *La manifestation*. Paris: Presses de Sciences Po, 2008.

FÓRUM NACIONAL DA REFORMA URBANA. Disponível em: <http://www.forumreformaurbana.org.br/>. Acesso em: mar. 2016.

HELLER, Agnes. *Para mudar a vida*. Trad. Carlos Nelson Coutinho. São Paulo: Editora Brasiliense, 1982.

INSTITUTO PÓLIS. Estudos, formação e assessoria em políticas sociais. Disponível em: <http://polis.org.br/>. Acesso em: mar. 2016.

LEFEBVRE, Henri. *Le droit à la ville*. Paris: Antropos, 1968a.

______. *La production de l'espace*. 2. ed. Paris: Anthropos, 1968b.

______. *La revolution urbaine*. Paris: Éditions Gallimard, 1970a.

______. *Le manifeste différentialiste*. Paris: Galimard, 1970b.

______. *La survie du capitalisme*. Paris: Anthropos, 1973.

______. *Le retour de la dialectique*: 12 mots clés pour le monde moderne. Paris: Messidor/Editions Sociales, 1986.

______. *La fin de l'histoire*. Paris: Anthropos/Económica, 2001.

______. *Métaphilosophie*. Paris: Syllepse, s/d.

MARCUSE, Pieter. "Spatial Justice: Derivative but Causal of Social Injustice". Trad. Sonia Lehman-Frisch. *Justice spatiale | Spacial Justice*, n. 1, Paris, sept. 2009, pp. 1-6. Disponível em: <http://www.jssj.org/wp-content/uploads/ 2012/12/JSSJ1-4en2.pdf>. Acesso em: 13 ago. 2016.

MARX, Karl. *Miséria da filosofia*. Trad. José Paulo Netto. São Paulo: Livraria Editora Ciências Humanas, 1982.

______. *A questão judaica*. São Paulo: Centauro, 2005.

MASCARO, Alysson. *Introdução ao estudo do direto.* São Paulo: Atlas, 2013.

MONCAN, Patrice de. *Villes utopiques, villes rêvées.* Paris: Les Éditions de Mécène, 2003.

MORUS, Tomás. *A utopia.* 11. ed. Lisboa: Guimarães Editores, 1998.

OBSERVATÓRIO DAS METRÓPOLES. Disponível em: <http://www.observatoriodasmetropoles.net/>. Acesso em: mar. 2016.

PACHUKANIS, Eugeny. *Teoria geral do direito e marxismo.* Trad. Silvio Donizete Chagas. São Paulo: Acadêmica, 1988.

RECLUS, Élisée. *O homem e a terra*: a cultura e a propriedade. São Paulo: Editora Imaginário, 2010.

REIS, Márlon. *O gigante acordado.* Rio de Janeiro: LeYa, 2013.

REVUE JUSTICE SPATIALE/SPATIAL JUSTICE. Université de Paris Ouest Nanterre. Disponível em: <http://www.jssj.org/>. Acesso em: 13 ago. 2016.

RIBEIRO. Luiz Cesar de Queiroz (org.). *Metrópoles*: entre a coesão e a fragmentação, a cooperação e o conflito. Rio de Janeiro: Perseu Abramo, 2004.

RIBEIRO, Luiz Cesar Queiroz; SANTOS JR., Orlando. Desafios da questão urbana. In: SANTOS JR., Orlando; CHRISTOVÃO, Ana Carolina; NOVAES, Patrícia Ramos (orgs.). *Políticas públicas e direito à cidade:* programa interdisciplinar de formação de agentes sociais e conselheiros municipais. Rio de Janeiro: Letra Capital, Observatório das Metrópoles, IPPUR/UFRJ, 2011, pp. 7-15.

SANTOS JR., Orlando; WAHL, Joachim. *Cidade, democracia e justiça social.* Rio de Janeiro: Fase, Fundação Rosa Luxemburgo, 2004.

SOJA, Edward W. *Psstmetrópolis:* estudios críticos sobre las ciudades y las regiones. Madrid: Traficantes de Sueños, 2008.

______. *Seeking Spatial Justice.* Minneapolis: University of Minnesota Press, 2010.

______. "The City and Spacial Justice". Trad. Sophie Didier e Frédéric Dufaux. *Justice Spatiale/Spacial Justice.* n. 1, Paris sept. 2009. Disponível em: <http://www.jssj.org/wp-content/uploads/2012/12/JSSJ1-1en4.pdf>. Acesso em: 13 ago. 2016.

TELLES, Vera da Silva. *Pobreza e cidadania.* São Paulo: Editora 34, 2001.

ZIZEK, Slavoj. *Après la tragédie, la farce!:* ou comment l'histoire se répète. Paris: Flammarion, 2010.

PRODUÇÃO DO ESPAÇO EM TEMPOS DE CRISE

Isabel Pinto Alvarez

Nas últimas décadas, mais acentuadamente a partir de 2008, as grandes cidades e metrópoles, enquanto um nível intermediário de realidade e análise, revelam mais claramente as dimensões da crise por serem o *locus* onde as relações mais abstratas da reprodução capitalista (e aqui se inclui o Estado) se realizam e, ao mesmo tempo, por comportarem a vida cotidiana, sobre a qual pairam todas as coações, mas também possiblidades de negação desse universo abstrato.

A observação do caso extremo de Detroit, com fechamento das fábricas e perda brutal de população; ou de Nova York, com o aumento da pobreza, dos sem-teto e do encarceramento; ou de Madri, com o aumento de casas vazias e famílias sem-teto; do Rio de Janeiro com a violência das intervenções (de natureza urbana ou policial), realizadas para comportar os megaeventos; ou de São Paulo, cuja reestruturação produtiva e imobiliária coloca os mais pobres cada vez mais distantes dos centros, mostra dois traços centrais e articulados que permeiam as referidas cidades, apesar das especificidades do modo pelo qual a crise se manifesta em cada uma delas: o crescimento da precariedade das condições de vida (não diz respeito apenas à redução das rendas, mas à restrição ao uso de serviços e à moradia, ao espaço público) e da violência do Estado, seja pela implantação de normas coercitivas de uso do espaço urbano, seja pelo uso do aparato institucional e policial contra a população. A elevação dos níveis de exploração do trabalho e de espoliação aprofunda a segregação socioespacial e impõe a negação da vida urbana e da cidade para muitos. Por isso as lutas pelo espaço têm se acirrado e colocado em pauta a discussão sobre as vias possíveis para superação dessas condições. A tensão do debate parece estar no papel do Estado no processo, de modo que é importante refletir sobre as possibilidades da regulação estatal como mediação para construção de uma outra sociedade e de outra vida urbana, mais igualitária para todos.

As ideias aqui apresentadas partem da produção do espaço para compreender seus nexos com o Estado, o planejamento e a crise atual. Para tanto recorre-se a uma reflexão sobre o papel da produção do espaço na reprodução do capital no momento atual de uma economia financeirizada. É preciso abordar o papel do Estado e do planejamento no período atual e no imediatamente anterior, o fordismo, para trazer alguns elementos que possam contribuir para a discussão sobre os termos da justiça espacial e do direito à cidade como categorias que iluminam a reflexão em torno das possibilidades de construção de outra cidade e de outra sociedade.

As ideias centrais de Soja[1] permitem compreender a justiça espacial como a ação política dos movimentos – muito valorizados, nessa perspectiva, pelo autor – e do Estado sobre uma determinada área ou cidade, que levem à redução das desigualdades socioespaciais; e a proposição de políticas que partam de análises e diagnósticos do espaço, sendo, por isso, mais eficazes para revelar as diferentes dimensões das desigualdades. Ela é uma via possível, que pode conduzir a conquistas importantes, mas que não tem como horizonte uma crítica radical às determinações que fundam a produção da sociedade e do espaço. Por isso, a justiça espacial é aqui entendida nos marcos da ação do Estado e do planejamento.

O direito à cidade, segundo Lefebvre,[2] pressupõe uma ruptura com o poder do Estado e do capital, o questionamento da propriedade privada. Ou seja, direito à cidade contempla a utopia da transformação radical dos termos da produção do espaço urbano em direção ao uso, à apropriação, à centralidade para todos.

Não é objetivo deste artigo aprofundar a discussão sobre os conteúdos desses conceitos e tampouco hierarquizá-los; apenas situá-los nos marcos dos embates (teórico e prático) travados diante da crise e do papel da reprodução do espaço no momento atual.

FORDISMO, ESTADO E PRODUÇÃO DO ESPAÇO

Entende-se o espaço como produção social e histórica, como parte e produto da reprodução social. Não é, portanto, um vazio, apenas suporte de objetos, formas e volumes. O seu conteúdo diz respeito às relações sociais, ao modo como concretamente a sociedade se reproduz. Para Carlos,[3] buscar a compreensão do mundo a partir da noção de produção do espaço envolve ampliar o sentido do conceito de produção desenvolvido por Marx, concebendo-o não apenas como os momentos de produção e realização das mercadorias, mas com uma dimensão filosófica, na medida em que diz respeito à produção do próprio homem nas suas diferentes dimensões e contradições. Por outro lado, as proposições de Lefebvre[4] levam ao reconhecimento, no plano histórico, da produção do espaço como o momento no qual o capitalismo, para se expandir, busca totalizar os diferentes momentos de realização da vida, através da reprodução das relações sociais de produção e da própria produção do espaço, abrangendo o domínio do cotidiano, a partir de ampla ação do Estado.

Ao desenvolvimento do capitalismo, sobretudo a partir da Revolução Industrial, corresponde a produção de um espaço desigual, que tem na urbanização a centralidade do seu desenvolvimento. O pleno desenvolvimento da forma mercadoria transformou mesmo bens não produzidos pelo homem em mercadorias. A mundialização, que se descortina na segunda metade do século XX, absorvendo desigual e diferencialmente tempos e espaços ainda não integrados à lógica da reprodução capitalista, também se realiza como a sociedade urbana em escala planetária, estendendo cada vez mais para além da fábrica a reprodução das relações de produção, configurando espaçostempos da vida cotidiana na lógica da mercadoria. Trata-se do momento em que o capitalismo, para se desenvolver, extrapola a produção de mercadorias, capturando outros segmentos e momentos da vida: o espaço, o lazer, o turismo, a cultura, as relações familiares e de vizinhança, vinculando-as diretamente à produção e circulação do valor. A formação da sociedade urbana, portanto, vincula-se ao movimento da reprodução, que abarca o espaço e efetua-se no plano das relações gerais de desenvolvimento do capitalismo e das estratégias e alianças entre o econômico e o político, que emergem no plano do cotidiano. Assim, o tempo do não trabalho virou o tempo do consumo e do lazer (sendo esse momento também produzido como consumo). As grandes cidades e metrópoles centralizam e concentram capitais; a própria produção da urbanização se insere como condição para reprodução do capital e, nesse processo, o espaço produzido sob a égide da propriedade privada se fragmenta e hierarquiza; o uso é subsumido pela mediação da troca e do valor de troca. O Estado apresenta-se como fundamental, impondo a troca, normatizando-a, instituindo e conservando a propriedade privada da terra.

No plano histórico, a segunda metade do século XX corresponde à absorção dos excedentes gerados no pré-guerra e à produção da sociedade de produção e consumo de massas (desigualmente nos países centrais e periféricos). Segundo Harvey,[5] esse período corresponde a um intenso processo de urbanização que ganha conteúdos novos com a consolidação e expansão do fordismo, entendido como um regime de acumulação, envolvendo uma articulação fundamental entre o Estado e as corporações, com a participação de grandes sindicatos, nos países centrais, para garantir a expansão da produção e do consumo. Partindo de outra formulação, a dos ciclos longos e sistêmicos do capital, Arrighi[6] caracteriza o período como o de uma intensa produção material, que pressupôs a expansão do proletariado como motriz da expansão capitalista.

O papel do Estado nesse processo foi marcante, seja com políticas fiscais e de crédito, seja como investidor ou indutor de investimentos em infraestrutura (na qual se notabilizou o sistema de transportes e de comunicação), seja com políticas de coação e coerção internas ou externas,[7] com vistas a ampliar o horizonte de expansão das grandes corporações. Um outro escopo de ações do Estado, que adquire relevância no período, é o da criação de um sistema legal de direitos humanos, a partir de normativas da ONU,[8] assinadas por muitos Estados nacionais, que se comprometeram com esses direitos. A pressão dos movimentos sociais e de sindicatos foi fundamental para consolidar conquistas em torno de serviços básicos de saúde, educação, bem como salários mais elevados, nos países centrais. Não se pretende aqui elaborar uma discussão sobre esse sistema e tampouco afirmar sua formulação como oposição ao desenvolvimento do capital. Apenas se quer assinalar que, nesse período, a expansão do capitalismo incluía a presença de um Estado que, capitalista, absorvia a formulação de uma lógica de direitos mínimos para todos, o que implicava a necessária (mas nem sempre existente) ação política para garantia dos direitos.[9] Essa condição parece importante para refletir, mais adiante, sobre as perspectivas do direito à cidade à luz das políticas públicas ou do planejamento do território como soluções para a crise, no momento atual.

Foi também no contexto contraditório de garantir a amplificação do capital com a inclusão de políticas regulatórias ou indutoras de crescimento que o planejamento do espaço (em diferentes escalas) se consolidou como uma das razões de ser do Estado. A partir das obras de Perroux e Boudeville,[10] a indústria e as cidades foram vistas como motores do crescimento regional, e o Estado poderia viabilizar a diminuição dos chamados desequilíbrios (na visão dualista, hegemônica naquele momento) na distribuição desses elementos, supostamente promovendo o crescimento e o progresso social,[11] mas abrindo novas fronteiras à expansão do capital.

Mas a expressão dessa ação estatal ocorre de forma cabal na produção do espaço urbano. As crises de reprodução do capital das primeiras décadas do século XX anunciaram um gargalo nas possibilidades de expansão do capital, ao mesmo tempo em que o desenvolvimento das forças produtivas alcançava um novo patamar. Nesse contexto, tratava-se, segundo Granou,[12] de estender a divisão social do trabalho, de ampliar a produção de mercadorias. A sobrevivência e expansão do capitalismo no Pós-guerra pode ser compreendida a partir de dois planos: de um lado, pela necessidade de maior integração dos países periféricos ao circuito geral da acumulação centralizada nos EUA, conforme demonstra Harvey (o novo imperialismo); de outro lado, o processo visava, sobretudo, viabilizar a redução ampliada do excedente de capital acumulado nos países centrais. Porém, essa dimensão esteve diretamente associada com a perspectiva de domínio e racionalidade do Estado e das corporações na produção do espaço urbano e de um cotidiano disciplinado pelo tempo de trabalho e pelo consumo, coagido pelas ideologias e representações.

Lefebvre[13] localizou, já nas primeiras décadas do século XX, a potência que o domínio sobre a produção do espaço significaria para a reprodução do capital e da vida. A sobrevivência do capitalismo se assentou não apenas na criação intensiva de mercadorias, mas também na transformação de bens comuns em mercadorias, na extensão da propriedade privada e na busca incessante pelo capital, domínio do tempo, da cultura, dos corpos, dos desejos, através da fragmentação e hierarquização intensivas, só possível pela produção de um espaço sob a mesma lógica.

Mais do que garantir as condições gerais de produção do capital, as cidades precisavam expressar a suposta racionalidade, eficiência, satisfação e beleza da sociedade de produção e consumo de massa. O urbanismo modernista ofereceu as concepções possíveis naquele momento ao conceber as cidades a partir de funções[14] que deveriam ser hierarquicamente separadas ao privilegiar a circulação de automóveis, ao buscar, através das formas e da distribuição dos volumes, a inserção da arquitetura no bojo da constituição da sociedade de consumo de massa. As razões e os sentidos da produção fordista acabaram por hegemonizar o urbanismo modernista,[15] abrindo-se a possibilidade da produção, em escala, da cidade e de seus fragmentos.

O fordismo e o urbanismo modernista expressam uma totalidade social, constituída a partir da força de expansão do mundo da mercadoria. A produção em massa se direcionava a um tipo de homem e de cidade, fragmentada, assentada na circulação e na separação dos tempos-espaços de reprodução da vida. Nos desenhos de Le Corbusier estão presentes os bairros operários na cidade. Ainda que reafirmando a divisão social e espacial do trabalho, essa presença expressa um momento do desenvolvimento do capitalismo em que o operário se apresentava como parte necessária à acumulação do capital. Mas ele precisava ser disciplinado, condenado a aceitar a transformação de seus desejos em consumo e da solução de sua vida coletiva pelo automóvel e edifícios funcionais, que deveriam, na visão de Le Corbusier, ser iguais em todos os lugares. As unidades/conjuntos de habitação criadas no Pós-guerra, ainda que se enquadrassem no âmbito das políticas de universalização de direitos, foram expressões dessa condição. O Estado seria o aparato que articularia, diretamente, as necessidades econômicas do regime de acumulação e as possibilidades de sua reprodução através da produção do espaço e da imposição de um cotidiano fragmentado e mediado pelo valor de troca. Não à toa, observa-se também nas proposições de Le Corbusier que o Estado se concentraria em edifícios monumentais na área central, representando, de certa forma, o seu papel de controle sobre um amplo espaço urbano funcionalizado.

As proposições do urbanismo modernista se efetivaram por planos de matizes diferenciados e se realizaram de maneira muito desigual no tempo e no espaço, mesmo porque não se autonomizam das demais mediações de reprodução da sociedade. No entanto, a planificação do urbano era um atributo do Estado e se inseriu num contexto mais amplo de expansão do capitalismo. Nos países centrais se realizou, por vezes, a partir da perspectiva da produção de direitos, como o direito à moradia, por exemplo. Mas, como alerta Garnier,[16] mesmo na França a planificação não foi capaz de conter a crise urbana e servia, sobremaneira, aos interesses de expansão capitalista, porque não rompia com os interesses de classe, especialmente as detentoras do capital monopolista.

No Brasil, conforme assinala Villaça,[17] os planos urbanos, a partir da década de 1930, serviram apenas para mascarar os reais interesses das classes dominantes, que é o de produzir áreas desprovidas de infraestrutura para os mais pobres e áreas exclusivas, valorizadas, com todos os benefícios aos mais ricos. As especificidades de sua urbanização, marcada pela grande presença de moradias precárias como cortiços, loteamentos irregulares ou favelas, estão relacionadas à especulação com a terra que conduziu o crescimento extensivo da mancha urbana.

A metrópole de São Paulo centralizou e concentrou o processo de acumulação no Brasil, absorvendo grandes quantidades de capitais e força de trabalho. As contradições entre as necessidades de reprodução do capital e as de reprodução da vida se acentuaram, formando-se verdadeiras "ilhas" de concentração de empregos, serviços, equipamentos públicos e culturais e circulação de riqueza, em meio a um mar de carências e impossibilidades. Como já assinalado,[18] a segregação socioespacial constitui um dos elementos fundantes do processo de produção do espaço urbano no capitalismo.

A propriedade privada é a mediação que funda as possibilidades de acesso ou não à cidade, constituindo-se o fundamento da segregação socioespacial. Para Martins,[19] a especificidade da inserção do Brasil no capitalismo é a sua forma rentista, ou seja, o modo como os ganhos com a renda advinda da propriedade imobiliária compõem a acumulação interna e permitem a reprodução das relações de dominação e exploração. Essa especificidade aponta para a importância da propriedade privada da terra na produção do espaço urbano e no processo de acumulação no Brasil, a partir da Lei de Hipotecas e da formação de um mercado imobiliário em São Paulo, no final do século XIX, tal como demonstra Brito.[20]

Uma investigação mais acurada seria necessária para avaliar o papel da renda derivada da propriedade imobiliária urbana no processo geral e acumulação, mas ela ultrapassaria os marcos deste artigo. A seguir será apenas explorada a hipótese de que a reprodução do capital se dá pela reprodução do espaço, porque entre seus conteúdos se encontra o processo de valorização e a possibilidade de ganhos rentistas.

CRISE E REPRODUÇÃO DO ECONÔMICO PELA REPRODUÇÃO DO ESPAÇO URBANO

Muitos autores têm compreendido as sucessivas crises, desde os anos 1980, no âmbito de um processo de mundialização do capital como parte de uma crise estrutural mais evidente nas últimas décadas: Chesnais,[21] Harvey,[22] Fiori[23] e Paulani.[24] Em que pesem as diferenças de perspectiva, há o consenso de que essa crise se revela pela a hegemonia do capital financeiro e fictício sobre o produtivo. Para Paulani,[25] a crise capitalista atual revela uma dominação quantitativa e qualitativa da esfera financeira sobre a produtiva, uma vez que a produção real passa a ser balizada pela lógica e velocidade da valorização financeira, o que leva os administradores dos grandes grupos a buscar a rentabilidade e a liquidez do mercado financeiro na esfera produtiva. Chesnais[26] afirma tratar-se de uma crise de superacumulação e que as investidas a partir da década de 1970 (maior exploração do trabalho, reestruturação tecnológica, desregulamentação de capitais, neoliberalismo, endividamento generalizado da sociedade) afirmaram o poder das finanças na reprodução, revelando a profundidade da crise, bem como os impasses de sua superação. Nas palavras de Chesnais,[27]

> Depois de 30 anos, a "riqueza abstrata" tomou cada vez mais a forma de massas de capital dinheiro à busca de valorização, colocadas nas mãos de instituições cuja função é valorizar seus haveres de maneira puramente financeira, sem sair da esfera dos mercados de títulos fictícios, "derivados" de títulos, sem passar pela produção.[28]

Paulani[29] busca, na teoria da renda formulada por Marx, elementos para refletir sobre as relações entre rentismo e as finanças globais no momento atual. Afirma que o rentismo é constitutivo do processo de acumulação, e pontua as diferentes categorias de rendimento proporcionadas no capitalismo separando-as em dois grandes conjuntos: os rendimentos derivados da produção e os rendimentos derivados da propriedade. Conforme a autora,

> De nosso ponto de vista, a divisão que importa fazer entre eles é aquela que coloca, de um lado, as categorias que derivam do processo de produção em si e que têm sua magnitude determinada pela forma de sua condução, e, de outro, as categorias que derivam da mera propriedade e que têm sua magnitude determinada por variáveis que são, na maior parte dos casos, externas a esse processo. No primeiro caso temos o salário, o lucro e o sobrelucro; no segundo, o juro e todas as categorias de renda.[30]

No capitalismo contemporâneo, os rendimentos derivados da propriedade estariam se sobrepondo aos derivados da produção, o que, segundo a autora, revelaria o seu caráter rentista. A propriedade privada da terra (cuja realização no capitalismo dá-se, a princípio, pela renda) é um campo aberto ao capital portador de juros que viabiliza a associação entre a busca do lucro e da renda. Nesse sentido, é possível entender o lugar estratégico da produção do espaço neste período de crise contemporânea.

Lefebvre[31] ajuda a refletir sobre a questão no plano da produção do espaço. Ao desenvolver a hipótese de que "o capitalismo só se manteve estendendo-se ao espaço inteiro", mostra que o setor imobiliário talvez ganhe centralidade no neocapitalismo por ainda proporcionar lucros superiores à média em função da composição orgânica do capital no setor. Mas o autor também indica os ganhos rentistas que a produção do espaço comporta:

> No entanto, esse setor privilegiado tem talvez uma função essencial: a luta contra a tendência à baixa de lucro médio. A construção, (privada ou pública) proporcionou e ainda proporciona lucros superiores à média. A especulação não entra nesse cálculo, mas superpõe-se a ele; nela e por ela, através de uma mediação – o espaço – o dinheiro produz dinheiro.[32]

Essa proposição permite refletir sobre a produção do espaço como um setor que remunera os capitalistas tanto pela produção como pelos ganhos derivados da propriedade, o que potencializa a sua centralidade na reprodução capitalista no momento atual.

A forma jurídica, o título de propriedade, permite a capitalização de parte da mais-valia geral como renda, o que confere aos seus detentores a possibilidade de absorção de parte da riqueza social através da troca, de forma que o capital, inicialmente imobilizado na propriedade, possa entrar no circuito geral de valorização do capital. Permitindo, ainda, ganhos atuais e futuros derivados do monopólio, a propriedade é patrimônio capaz de garantir empréstimos e crédito, inserindo-se, portanto, no empenho do trabalho futuro. Conforme assevera Harvey,[33] o que importa não é a terra em si, porque esta não produz renda ou valor, mas sua inserção no circuito geral da produção capitalista lhe confere a capacidade de deter rendas e inclusive de especular com os ganhos advindos do trabalho futuro:

> O comprador adquire um direito sobre ganhos futuros previstos, um direito sobre os frutos futuros do trabalho. Em poucas palavras, o direito à terra se converte em uma forma de capital fictício.[34]

As considerações do autor apontam para o papel estratégico da propriedade da terra no processo de capitalização, bem como na especulação, de tal modo que a reprodução e atualização da propriedade não são processos constitutivos apenas da acumulação primitiva, mas inerentes ao desenvolvimento e continuidade do capitalismo.

Carlos,[35] buscando compreender e atualizar o papel da renda da terra na produção do espaço urbano, observa que, na produção do urbano, a terra não é meio de produção, e sim condição de produção, e que a generalização da produção do espaço como mercadoria aponta para a generalização da produção de valor (através do trabalho), e que, portanto, não haveria sentido em transpor a teoria de Marx da renda da terra para o entendimento da produção do espaço urbano. A hipótese discutida leva em conta a consideração do espaço como condição, meio e produto da reprodução social. Desse modo, a cidade não é concebida apenas como condição geral de produção, mas como parte constitutiva do processo de valorização. Nesse sentido, para a autora, mais do que renda, trata-se de processo de valorização do espaço:

> [...] o que significa que a propriedade do solo urbano como monopólio permite não só a realização do valor de um fragmento, mas também a apropriação do conjunto do trabalho que se sintetiza na produção da cidade (provenientes do capital fixo incorporado ao seu espaço físico em sua totalidade, como movimento intrínseco a sua produção histórica).[36]

Essas reflexões permitem compreender o papel da produção do espaço no período contemporâneo, quando, como assinalado, verifica-se o duplo da crise: a tendência de queda das taxas de lucro, o rentismo e o capital fictício no comando do processo de acumulação. Evidentemente, a produção do espaço não resolve a crise, apenas a desloca. Chesnais,[37] questionando a natureza da crise atual como crise de superprodução, assinala que:

> Essa superprodução e superacumulação são "relativas"; o ponto de referência é a taxa de lucro mínima para os quais os capitalistas continuam a investir e produzir. A amplitude da superacumulação hoje se deve a que condições específicas que conduziram à crise e que a prolongam, mascaram, durante um tempo, o movimento subjacente da queda da taxa de lucro.[38]

Vê-se que a centralidade da crise está na tendência da queda da taxa de lucro e a produção do espaço emerge como um setor que pode melhor remunerar o capital, seja pela produção, seja pelos ganhos derivados da propriedade. Aqui se encontra o caráter mais perverso do processo, porque, para se ter acesso ao espaço, à cidade, impõe-se a mediação da propriedade privada e a maior parte da população não pode pagar os rendimentos exigidos pelas diferentes frações do capital na sua realização. Acentua-se, então, o caráter mercantil e capitalista da produção do espaço, agora regulados pela liquidez do mercado financeiro, em detrimento do uso e da apropriação.

Levando-se em conta a especificidade do monopólio da propriedade da terra na cidade capitalista, enquanto um capital fictício, como assinalado anteriormente, ganha sentido nas últimas décadas o aumento dos investimentos relacionados ao setor imobiliário e as normas legais que ampliam a mobilização da propriedade da terra e imobiliária como um ativo financeiro, por exemplo, os Certificados de Recebíveis Imobiliários, as Letras Hipotecárias, os Fundos de Investimento Imobiliários e os Certificados de Potencial Adicional de Construção (Cepac).

Desse modo, o espaço urbano, ao mesmo tempo que se apresenta como rigidez (porque vinculado às condições de reprodução de um momento anterior) é também, pela grande quantidade de valor que agrega, potência capaz de ser mobilizada no mercado financeiro no momento atual. A lógica abstrata da produção da cidade e do espaço como mercadoria se revela em sua plenitude. A partir do trabalho nela cristalizado, contendo em si valor de uso e de troca (só possíveis a partir da reprodução da vida que se realiza por e através dela), projetam-se os ganhos futuros, negociáveis no mercado financeiro.

Entender a produção do espaço urbano nessa perspectiva implica considerar as estruturas rígidas e fixas incorporadas ao solo urbano, configurando morfologias determinadas, a partir e através das quais a produção e/ou a circulação de mercadorias se realiza. Por outro lado, a realização da vida impõe um sentido aos lugares, permitindo a construção de sociabilidades e identidades, conferindo-lhes determinadas especificidades.

A crise das últimas décadas colocou em xeque, novamente, as possibilidades da reprodução ampliada, intensificando os momentos de desvalorização e destruição de ativos, nos quais a expropriação e a exploração se intensificam para viabilizar a posterior revalorização. As grandes cidades e metrópoles contemporâneas revelam esse movimento com suas consequências sociais profundas. As lutas pelo espaço colocam em evidência o sentido de sua produção para o domínio, para viabilizar os ganhos do capital em detrimento da apropriação.

A desvalorização, enquanto fenômeno urbano, aparece como degradação e deterioração, acentuada em momentos de crise, mas que contém em si o momento da revalorização a ser alcançado posteriormente. Em geral, esse movimento assenta-se sobre a produção de um novo uso, que se realiza pela produção de um novo lugar – com morfologia e estética diferenciada do anterior, com novas condições de acessibilidade – que potencializa a especulação e é destinado às classes sociais de maiores rendimentos, bem como a atividades econômicas de maior rentabilidade. Esse parece ser o conteúdo dos inúmeros projetos de expansão e/ou de reestruturação urbana, das transformações impostas pela realização de megaeventos esportivos, de criação de novas cidades e de processos de urbanização que, por vezes, incorporam até setores sociais de rendimentos baixos. Para Lefebvre,[39]

> O capitalismo parece esgotar-se. Ele encontrou um novo alento na conquista do espaço, em termos triviais na especulação imobiliária, nas grandes obras (dentro e fora das cidades), na compra e na venda do espaço. E isso à escala mundial.[40]

A produção do espaço torna-se cada vez mais um setor, dominado pela lógica abstrata de reprodução dos capitais produtivos e/ou financeiros, que frequentemente circulam em escala global. No entanto, a efetivação se dá na escala local, atingindo brutalmente a vida cotidiana ao colocar em xeque a reprodução da vida, as práticas e tempos sociais, as possibilidades de sociabilidade e politização, de apropriação coletiva de lugares, de produção e conquista de desejos, de criação e de identidade. Esse processo requer uma reflexão sobre o sentido do planejamento urbano como regulação possível da produção do espaço, com vistas a dirimir as desigualdades. No pós-Segunda Guerra, o planejamento urbano e a urbanização conduzida pelo Estado viabilizaram a expansão material capitalista, ao mesmo tempo em que consolidaram a produção do espaço como um negócio. No momento atual, no qual a volatilidade dos capitais se acentuou, a utilização da propriedade da terra como capital portador de juros se estendeu e se universalizou. Cabe, portanto, refletir e indagar sobre o papel do Estado na produção do espaço, via planejamento, como possibilidade dessa regulação.

CRISE, LIMITES DO PLANEJAMENTO E A NECESSIDADE DA UTOPIA

No contexto de mundialização do capital e de reprodução hegemonizada pelas finanças, há uma reestruturação do papel do Estado e o planejamento se realizando, cada vez mais, em direção à produção instrumental do espaço.

Se se admite como válida a tese de Harvey[41] de que o Estado se reproduz por uma lógica que envolve o domínio sobre o território e que o capital é capaz de se expandir pela sua própria lógica, voltada à acumulação ampliada, pode-se considerar momentos de dissonâncias entre interesses específicos do Estado e interesses do capital, ou de frações do capital. No entanto, nas últimas décadas, as necessidades apontadas pela crise de sobreacumulação e desdobramentos dela decorrentes, como a reestruturação produtiva em escala global, o neoliberalismo, a ascensão do capital portador de juros e a mundialização, parecem interferir sobremaneira na capacidade do Estado (no plano nacional) de definir políticas que não aquelas voltadas aos interesses das finanças em escala global.

Chesnais[42] afirma que, dada a situação de profunda crise de sobreacumulação, a centralização e concentração de capitais e as condições de entrelaçamento das finanças mundiais, o poder dos Estados de criar alternativas à reprodução da lógica financeirizada de reprodução é cada vez menor. Santos,[43] refletindo sobre o poder do dinheiro, apontou a fragilidade dos Estados na definição de políticas sobre o território, quando as grandes corporações ganham fluidez não apenas para usufruir do território, mas para hegemonizá-lo segundo suas necessidades.

Bauman e Bordoni[44] questionam a capacidade do Estado nacional de implementar saídas para a crise atual. Se no pós-crise de 1929 foi através dos Estados nacionais que a economia capitalista se estabilizou e cresceu, agora questiona-se a possibilidade de os Estados atuarem como mecanismos de controle e regulação para a superação da crise atual. Segundo os autores:

> Se devemos [retornar], esta é obviamente uma questão discutível. O que é quase certo, porém, é que *não podemos* – qualquer que seja a resposta que escolhamos para a pergunta anterior. Nós não podemos porque o Estado já não é mais o que era a cem anos atrás nem o que então se esperava que ele se tornasse. Em sua condição presente, o Estado não dispõe dos meios e recursos para realizar tarefas que exigem a supervisão e o controle efetivo dos mercados, para não falar de sua regulação e administração.[45]

Por outro lado, a crise atual revela que as contradições do processo de acumulação capitalista se aprofundam e que as tentativas do capital para superá-la se assentam na superexploração do trabalho e dos recursos naturais e da adoção de medidas de austeridade e privatizações realizadas pelos Estados, o que tem significado a retirada de recursos e investimentos de proteção social e perda de direitos conquistados, mesmo nos países centrais.

Na avaliação de Bauman e Bordoni,[46] há uma crise do Estado, enquanto *locus* efetivo da política, derivada da incapacidade de gerar e tomar decisões de cunho econômico que abram caminho à superação (momentânea) das contradições do capital e, também, da incapacidade de manter os serviços e direitos sociais. Segundo Chesnais

> Para um capital onde a finança está nos postos de comando, a busca da valorização sem fim e sem limite deve ser levada impiedosamente se o sistema está em crise [...]. É por isso que, entre os trabalhadores, aqueles que o capital ainda consegue empregar [...] a reação do capital como um todo é a exploração de "duas forças de onde jorra toda riqueza: a terra e o trabalhador" (Ib., vol. I, tomo 2, 182-3), e isso sem limites, até seu esgotamento, quaisquer que sejam as consequências.[47]

As reflexões desses autores permitem afirmar que, no momento atual, o Estado está voltado para a lógica de remuneração das finanças no âmbito de uma economia mundializada e que sua capacidade de regulação, de produção e conservação de políticas sociais se esvai, com intensificação das lutas urbanas.

Essas assertivas iluminam as políticas de planejamento urbano no momento atual, como já mencionado: a centralidade do processo de produção do espaço leva à mobilização do imobiliário como estratégia de acumulação, aprofundando a segregação socioespacial. Observa-se, então, o abandono dos chamados grandes planos urbanos, orientados e/ou produzidos pela tecnocracia estatal, como instrumentos de racionalização e domínio do espaço, tanto em países centrais como nos periféricos. Por esse processo também se dissipa a concepção de totalidade, característica do urbanismo modernista, que pressupunha a existência do trabalhador (empregado) como porção necessária à própria produção do capital. Na era do domínio das finanças, essa totalidade desvanece, e o sentido das intervenções e projetos urbanos passa a ser exclusivamente o de colocar capitais em movimento e realizá-los na escala das finanças. Em outras oportunidades já se apontaram (Alvarez)[48] os conteúdos e operacionalização dessa concepção de planejamento que, no Brasil, vem sendo chamado de estratégico e/ou mercadológico, em que se sobrepõem os interesses dos grupos privados, chamados de parceiros. Harvey[49] aponta para o enfraquecimento do Estado como regulador no planejamento, indicando a presença de um empreendedorismo urbano calcado nas parcerias público-privadas. Garnier[50] critica o planejamento urbano como ideologia e afirma que seus interesses sempre levaram em conta os interesses das classes dominantes. Porém, a partir dos anos 1970, na sua visão, é insuficiente afirmar que o Estado serve aos interesses da classe dominante, pois ele visa assegurar a hegemonia do capital financeiro sobre o espaço urbano.

Dessa maneira, estão colocados os limites das políticas espaciais locais na promoção e expansão de maior justiça espacial urbana, aqui entendida como distribuição dos recursos do Estado para reduzir as desigualdades socioespaciais. No Brasil, a Lei Federal n. 10.257, conhecida como Estatuto da Cidade, que segue as premissas da Constituição Federal de 1988, assegura a função social da propriedade e estabelece um conjunto de instrumentos urbanísticos que, supostamente, conduziriam à garantia do pressuposto na lei, como o reconhecimento da posse por usucapião, o estabelecimento de Zonas Especiais de Interesse Social (Zeis) e o imposto sobre a propriedade territorial progressivo no tempo, para o caso de imóveis não edificados ou subutilizados. Já o Artigo 39, da referida Lei, revela que sequer a regulação da propriedade seria legalmente efetiva, uma vez que cabe aos Planos Diretores Municipais a definição do que venha a ser o cumprimento da função social da propriedade. Do mesmo modo, o artigo que versa sobre o imposto progressivo no tempo remete à legislação municipal específica; além disso, não conjuga a aplicação do instrumento com a destinação do imóvel para fins realmente sociais, como moradia à população de baixos rendimentos, o que pode apenas levar o proprietário do imóvel inutilizado ou subutilizado a decidir sobre a implantação do que lhe convier, de modo que o instrumento legal pode servir apenas para colocar no mercado a propriedade, sem se levar em conta sua "função social".

Em São Paulo, é possível observar como a regulação sobre a produção do espaço urbano foi se transferindo cada vez mais do Estado para os grupos econômicos privados. Como já mencionado,[51] em meados da década de 1980, a operação urbana aparece como instrumento pautado na flexibilização de normas urbanísticas existentes, associada à geração de investimentos seletivos. Mas, em meados da década de 1990, com a criação e a venda dos Certificados de Potencial Construtivo (Cepac) na bolsa de valores, aceleraram-se os interesses do setor imobiliário e financeiro na produção de fragmentos específicos do espaço urbano da metrópole, especialmente no setor sul-sudoeste.

Já em 2009, o poder público municipal regulamentou outro instrumento urbanístico, previsto no plano diretor vigente, para conduzir um amplo projeto de transformação urbana em área central. Tratou-se da concessão urbanística que previa a concessão para consórcio privado de empresas de 45 quarteirões, no centro da metrópole, e que deveriam passar por um processo de intervenção urbana, segundo um plano urbanístico pré-aprovado. O projeto foi chamado de Nova Luz. O plano urbanístico chegou a ser elaborado, mas a sua execução foi interrompida, primeiro por ampla movimentação política e por ação judicial impetrada por moradores e comerciantes locais, que não participaram das decisões e elaboração do projeto e perceberam que seu direito de permanência não estava resguardado. Posteriormente, em janeiro de 2013, a execução foi novamente interrompida, agora pelo prefeito recém-empossado (Fernando Haddad).

Mas, como observa Silva,[52] o projeto Arco Tietê, iniciado em 2013, aprofunda ainda mais a delegação de poder regulador do Estado aos grupos privados, no âmbito do planejamento urbano em São Paulo. Conforme analisa a autora, trata-se de um projeto de renovação de ampla área da metrópole, concebido como uma parceria público-privada (PPP). Para a discussão aqui realizada, importa considerar que, nesse caso, sequer a elaboração das diretrizes urbanísticas e dos instrumentos urbanísticos utilizados foram efetivados pelo Estado. No edital inicial de chamamento já estava definido que o instrumento seria uma PPP e que os grupos interessados deveriam conceber e apresentar o modelo urbanístico e jurídico do projeto. Ou seja, até mesmo a prerrogativa de conceber e planejar uma grande área da cidade, que não é vazia, com grandes diferenças morfológicas, de uso e fundiária, foram remetidas aos grupos privados.

Nesse sentido, o que parece estar posto é que o horizonte de ampliação das lutas e organização dos movimentos sociais é o caminho para fazer construir uma sociedade pautada em outro marco de sociabilidade, em que o espaço seja, sobretudo, a possibilidade de apropriação e uso por todos e a centralidade urbana se realize como lugar do encontro, da reunião, conforme apontou Lefebvre.[53]

Essa perspectiva não coloca de lado, no entanto, lutas atuais (no plano político) em torno da defesa de direitos e a perspectiva de que, através dos movimentos ativistas, seria possível a realização de políticas espaciais que produzissem maior *justiça espacial*. Contudo, como atenta Wallerstein,[54] a crise capitalista atual sinaliza para sua derrocada em algumas décadas, o que impõe a necessidade de uma reorganização na base da sociedade, com construção de alianças a partir dessa base, e não do Estado. Porém, taticamente, são desejáveis e necessárias:

> Alianças de curto prazo, para minimizar o mal que os orçamentos restritos fazem aos mais pobres. Oposição duríssima ao controle do poder de Estado pelos movimentos anti*establishment* de direita. Constante organização política pela base. Isso é muito difícil e exige constante clareza de análise, opções morais sólidas sobre o tipo de outro mundo possível que queremos e sabedoria tática.[55]

As palavras do autor permitem concluir, no plano da produção do espaço, que há sinalização para os limites que as políticas de espaço têm como ruptura em direção a uma nova sociedade e a outra cidade. No entanto, mesmo essas políticas, aqui entendidas como caminho para promoção de justiça espacial, hoje estão ameaçadas e devem ser objeto de luta. Mas torna-se fundamental colocar no horizonte a utopia de construção do direito à cidade, que pressupõe o fim das determinações que regem a reprodução da sociedade atual e, portanto, do espaço. Como afirma Lefebvre

> A revolução total deveria pôr fim a esse poder abstrato que passa por utilizar meios objetivando um fim desconhecido, ao passo que se converteu em seu próprio fim. [...] Observando detidamente, o primeiro objetivo assinalável, é antes de tudo a *limitação* do poder. Para alcançá-lo a ameaça de sua total destruição é indispensável.[56]

Assim, não se trata de dirimir as lutas e conquistas dos movimentos sociais em torno da realização e/ou manutenção, pelo Estado, de investimentos e políticas espaciais que possam levar a melhor distribuição espacial e universalização de serviços (saneamento, educação, saúde). Como salientou Ribeiro (2015), essas lutas são processos de resistência, que se manifestam de diferentes maneiras: desde transgressões, até movimentos organizados, e têm a possibilidade de levar à desalienação em relação à produção da cidade, à desnaturalização da sua produção.

Porém, se essas lutas são a base necessária e fundamental de uma justiça distributiva pelo Estado (que é uma das prerrogativas do planejamento), é preciso ter clareza de seus inúmeros limites e contradições, tendo em vista o papel que o Estado ocupa nas condições de reprodução capitalista e, ainda mais, no momento atual. Segundo Chesnais e Harvey,[57] diferentes movimentos sociais urbanos pelo mundo, hoje, revelam esta compreensão e, por isso, são fundamentais na construção de uma nova sociedade mais justa e igualitária.

A utopia do direito à cidade não se realiza pelo Estado, mas pela destruição de seu poder, que é também e necessariamente a destruição do poder do capital. Nas condições atuais de reprodução, ameaçar a destruição desse poder é fundamental para lhe impor limites. Em outros termos: não há conquistas efetivas e amplas em torno da justiça espacial se não houver a busca e luta pelo direito à cidade.

NOTAS

1 Soja, 2009.
2 Lefebvre, 2016.
3 Carlos, 2011.
4 Lefebvre, op. cit.
5 Harvey, 1990.
6 Arrighi, 1996.
7 Os EUA, com a repressão interna, por exemplo, pelo Macarthismo e a política ostensiva em relação à América Latina, no que tange ao alinhamento político e econômico no Pós-Guerra.
8 A partir da Resolução n. 217, da Assembleia Geral das Nações Unidas, e outros tratados e resoluções decorrentes.

[9] A inserção desses direitos não questionava ou questiona as determinações gerais que fundamentam a reprodução da sociedade, isto é, a expropriação, a exploração do trabalho e a valorização do capital. Ao contrário, aparecem como um pacto sob a qual essas determinações devem se manter. Exatamente por isto, nos países periféricos, esse pacto não se consuma e a luta por direitos, via ação do Estado, se torna um eixo central de ação dos movimentos sociais.

[10] Perroux, 1967 e Boudeville, 1970.

[11] Ver, por exemplo, Manoel Correia de Andrade, 1973.

[12] Granou, 1975.

[13] Lefebvre, op. cit.

[14] Vide Carta de Atenas, documento aprovado no Ciam (Congresso Internacional de Arquitetura) de 1933, considerado um documento-chave do urbanismo modernista.

[15] É importante lembrar que a arquitetura moderna emerge no bojo dos movimentos de vanguarda das primeiras décadas do século XX e, embora tenha se expressado de formas diferenciadas, guarda a gênese comum de buscar a massificação das construções funcionais, que pudessem ser acessíveis ao operariado.

[16] Garnier, 1976.

[17] Villaça, 2004.

[18] Alvarez, 2013.

[19] Martins, 1989

[20] Brito, 2006.

[21] Chesnais, 1999, 2013.

[22] Harvey, 1990, 2014.

[23] Fiori, 1995.

[24] Paulani, 2009, 2016.

[25] Paulani, 2009.

[26] Chesnais, 2013.

[27] Idem.

[28] Idem, pp. 26-7.

[29] Paulani, 2016.

[30] Idem, p. 10.

[31] Lefebvre, 2016.

[32] Idem, p.107.

[33] Harvey, 1990.

[34] Idem, p. 370, tradução nossa.

[35] Carlos, 1994, 2011.

[36] Carlos, 2011, p. 99.

[37] Chesnais, op. cit.

[38] Idem, p. 30.

[39] Lefebvre, 2004.

[40] Idem, p. 143.

[41] Harvey, 2004.

[42] Chesnais, 2013.

[43] Santos, 2000.

[44] Bauman e Bornoni, 2014.

[45] Idem, p. 21.

[46] Idem.

[47] Chesnais, op. cit., p. 27. (A citação interna provém de Karl Marx, *Le Capital*, Paris, Éditions Sociales, 1978.)

[48] Alvarez, 2012, 2013.

[49] Harvey, 2006.

[50] Garnier, 1976.

[51] Alvarez, 2015.

[52] Silva, 2016.

[53] Lefebvre, 2016.

[54] Wallerstein, 2016.

[55] Idem, s/p.

[56] Lefebvre, 2016, p. 23.

[57] Chesnais, op. cit.; Harvey, 2014.

BIBLIOGRAFIA

Alvarez, I. P. "As políticas espaciais contemporâneas e a reprodução do capital de do urbano". *Cidades*. 2012, v. 9, n. 16. Presidente Prudente: GEU. Disponível em: <http://revista.fct.unesp.br/index.php/revistacidades/issue/view/189>. Acesso em: 14 dez. 2016.

______. A segregação como conteúdo da produção do espaço urbano. In: Vasconcelos; Correa; Pintaudi (orgs.) *A cidade contemporânea:* segregação espacial. São Paulo: Contexto, 2013.

______. A produção e reprodução da cidade como negócio e segregação. In: Carlos; Volochko; Alvarez (orgs.) *A cidade como negócio*. São Paulo: Contexto, 2015.

Andrade, Manoel Correia de. *Geografia econômica*. São Paulo: Atlas, 1973.

Arrighi, G. *O longo século XX*. São Paulo: Editora Contraponto/Unesp, 1996.

Bauman, Z; Bordoni, C. *Estado de crise*. Rio de Janeiro: Zahar Ed., 2014.

Boudeville, J.R. *Les spaces économiques*. Paris: Press Universitaires de France, 1970.

Brito, M. *A participação da iniciativa privada na produção do espaço urbano:* São Paulo, 1890-1911. São Paulo, 2006. Dissertação (mestrado em Geografia) – Departamento de Geografia/USP.

Carlos, A. F. A. *A (re)produção do espaço urbano*. São Paulo: Edusp, 1994.

______. A reprodução da cidade como "negócio". In: carlos, A. F. A.; carreras, C. *Urbanização e mundialização:* estudos sobre a metrópole. São Paulo: Contexto, 2005.

______. *A condição espacial.* São Paulo: Contexto, 2011.

Chesnais, F. *A mundialização financeira*. São Paulo: Xamã, 1999.

______. "As raízes da crise econômica mundial". *Revista em Pauta*. Fac. de Serviço Social da UERJ, n. 31, v. 11, Rio de Janeiro, 2013, pp. 21-37.

Fiori, J. L. Para uma economia política do Estado brasileiro. In: fiori, J. L. *Em busca do dissenso perdido*. Rio de Janeiro: Insight, 1995.

Garnier, J.P. "Planificación y neocapitalismo". *Geocrítica*. ano I, n. 6, Barcelona, 1976.

Granou, A. *Capitalismo e modo de vida*. Porto: Ed. Afrontamento, 1975.

Harvey, D. *Los limites del capitalismo y la teroria marxista*. México: Fondo de Cultura Econômica, 1990.

______. *Condição pós-moderna*. 5. ed. São Paulo: Edições Loyola, 1992.

______. *O novo imperialismo*. São Paulo: Edições Loyola, 2004.

______. *A produção capitalista do espaço*. São Paulo: Annablume, 2006.

______. *Cidades rebeldes*. São Paulo: Martins Fontes, 2014.

Lefebvre, H. *O direito à cidade*. São Paulo: Centauro, 2001.

______. *A revolução urbana*. Belo Horizonte, Ed. UFMG, 2004.

______. *Espaço e política*. 2. ed. Belo Horizonte: Ed. UFMG, 2016.

Martins, José de Souza. *O poder do atraso*: ensaios de sociologia da história lenta. São Paulo: Hucitec, 1994.

Paulani, L. M. "A crise do regime de acumulação com dominância da valorização financeira e a situação do Brasil". *Estudos Avançados* [on-line]. n. 66, v. 23, pp. 25-39.

______. "Acumulação e rentismo: resgatando a teoria da renda de Marx para pensar o capitalismo contemporâneo". *Revista de Economia Política* [on-line]. n. 3, v. 36, 2016. Disponível em: <http://dx.doi.org/10.1590/0101-31572016v36n03a04>. Acesso em: 14 dez. 2016.

Perroux, F. *A economia do século XX*. Porto: Herder, 1967.

Santos, M. *Por uma outra globalização:* do pensamento único à consciência universal. São Paulo/Rio de Janeiro: Record, 2000.

Silva, F. P. "Arco Tietê: um território estratégico nos contornos entre o Estado e o mercado". *Geousp – Espaço e Tempo* [on-line]. v. 20, n. 1, 2016, pp. 97-114.

Soja, E. "The City and the Spatial Justice". *Justice Spatiale, Spatial Justice* [on-line]. n. 1, 2009.

Villaça, Flavio. Uma contribuição para a história do planejamento urbano no Brasil. In: Déak; Schiffer. (orgs.) *O processo de urbanização no Brasil.* São Paulo: Fupam/Edusp, 2004.

Wallerstein, I. "Como deter a virada a direita". *Outras Palavras* [blog]. Disponível em: <http://outraspalavras.net/destaques/wallerstein-como-deter-a-virada-a-direita/>. Acesso em: 14 dez. 2016.

LUTAS URBANAS, COTIDIANO E EMANCIPAÇÃO

Rafael Faleiros de Padua

Uma realidade social complexa se impõe com todo o seu peso de sistematização à vida cotidiana, que vai sendo enredada por mecanismos que a controlam, propondo e concretizando abstrações em um cotidiano programado. No urbano, a todo momento, o indivíduo está diante da programação e de um controle sistemático dos espaços-tempos da vida, em que o ritmo se acelera, o tempo se torna raro e o espaço especializado, funcionalizado. O tempo-sistema se impõe sobre o tempo-duração e o espaço se fragmenta e se aprofunda em sua condição de mercadoria. O espaço e o tempo se tornam raros, capturados pela lógica da mercadoria em um processo de reprodução social cada vez mais socializado, que homogeneíza as relações sociais e os lugares e dificulta a criação do novo sem, todavia, impedi-lo, já que os resíduos estão presentes, apontando para as possibilidades de transformação, mesmo em uma realidade envolta pela violência, pela negação da esfera pública, pela subtração do outro e pela indiferença generalizada em um mundo em que se vive de migalhas.

Deparando-se com algumas dessas questões, o filósofo Henri Lefebvre escreveu um manifesto pela busca das diferenças, contra as indiferenças, na prática e na teoria.[1] Trata-se de um desafio de pensar o movimento concreto da reprodução da vida no processo mesmo da reprodução como repetição, como imitação, homogeneização promovidas pela expansão da lógica da mercadoria em todos os espaços-tempos da vida. É necessário, portanto, buscar as possibilidades de emancipação social no imenso descompasso (e mesmo abismo) entre a reprodução econômica (e política) e a reprodução da sociedade, buscando os conflitos que manifestam a luta contra a redução do homem social ao mercado, ao nível do econômico.

> O primeiro cuidado é, pois, de reconstruir a ideia do movimento. Tal como Marx a concebeu: negação, crítica radical do existente na sua totalidade, aberturas, objetivos balizando a via, salto anterior de uma restituição do qualitativo. Sem a ideia da revolução total, sem o *possível-impossível*, não há o menor movimento, e a ideia do movimento se perde.[2]

A vida do homem social não se reduz, necessariamente, à sistematização fechada dos processos calculistas do econômico; ela se rebela como condição mesma da própria reprodução humana, que não é somente repetição, imitação, que não se contenta com a homogeneidade das relações reificadas mediadas pelo Estado. As subversões estão localizadas no nível do social, naquilo que escapa à reprodução estrita do econômico, e que desloca o econômico, retirando-o, ao menos momentaneamente, do posto privilegiado de hegemonia irrestrita sobre os destinos da sociedade. As necessidades de moradia, de alimentação, de educação, de mobilidade etc., mas, sobretudo, de vivência plena da cidade (que engloba as outras necessidades e as amplifica em seu conteúdo na perspectiva da totalidade), não garantidas totalmente pela reprodução econômica, ao se insurgirem, trazem para o primeiro plano as contradições vividas no urbano. As necessidades e insurgências se realizam na vida cotidiana, que é onde se vivem concretamente as privações de toda ordem, mas também as possibilidades, as subversões da ordem econômica pelas exigências da reprodução da vida.

É urgente, hoje, buscar as possibilidades do urbano num momento em que surgem as impossibilidades, reveladas mesmo no espaço da cidade. O espaço público, lugar por excelência da vida urbana, é desvalorizado, atrelado à violência, à pobreza, à sujeira. Expandem-se formas de moradia que negam absolutamente o espaço público: as dos condomínios fechados, com sua imensa gama de atrações internas e uma segurança (violenta) contra o diferente. Os espaços da cidade são vividos aos pedaços, entre iguais (os de mesmo estrato de renda), e a rua se torna mero lugar de passagem. Grande parcela da população vive a cidade como privação, nas dificuldades do ir e vir do trabalho, na dupla jornada dos serviços domésticos e da construção e manutenção da própria moradia, na escassez de divertimento, nas dificuldades de acesso à educação, à saúde, à cultura. Evidencia-se, assim, a expansão da indiferença, que se realiza concretamente na cidade como segregação, desencontro, às vezes trágico, entre os diferentes sujeitos e grupos sociais que compartilham (de maneira segmentada, separada) o espaço da cidade.

Os mecanismos estatais, nesse contexto, regulam, controlam a realização desse mundo da impossibilidade. As audiências públicas, por exemplo, que teoricamente aparecem como intimação para que a sociedade participe das decisões estatais, manifestam as estratégias (dos agentes que hegemonizam a produção do espaço urbano – o setor privado e o Estado) evidentes no urbano, regulam o uso da terra urbana segundo a lógica da mercadoria e da propriedade privada. Ou seja, o que pode aparecer, em um primeiro momento, como possibilidade de transformação, de participação, realiza-se concretamente como impossibilidade, já que assentada na suposta neutralidade da técnica (cujo discurso mascara as estratégias hegemônicas envolvidas), que legitima a segregação.

Diante desse quadro, onde estão as possibilidades de emancipação? Parece necessário, mais que nunca, trazer para o primeiro plano da análise os movimentos sociais em toda a sua complexidade, o seu significado no urbano contemporâneo. Então, é preciso buscar na sociedade as formas (e conteúdos) em que concretamente se vislumbram momentos de emancipação. Fica evidente, assim, que a luta central é a luta pelo espaço, que entrou definitivamente nos mecanismos da reprodução econômica.

O espaço social, envolvendo os espaços-tempos da vida, que é aquele da moradia, da rua, da escola, do trabalho, da diversão, da luta, coloca-se como necessidade a ser disputada, revelando conflitos que não se resolvem nos mecanismos das instâncias da alta política e da regulação econômica do mercado. A luta pelo espaço se revela como necessidade radical a partir do cotidiano. Assim, o espaço concreto vivido no lugar e no cotidiano das pessoas na metrópole são noções fundamentais para reflexão sobre os movimentos sociais e as possibilidades de emancipação no urbano.

A partir da constatação inicial da necessidade premente de considerar o social, serão analisados textos que podem ajudar, metodologicamente, a construir uma compreensão sobre os movimentos sociais e as resistências (que podem se revelar como processos de emancipação), que se aparecem no (infra)cotidiano das classes que vivem o urbano como privação. Com a consciência da privação no cotidiano, grupos oprimidos da sociedade se tornam sujeitos que lutam por direitos.[3]

O URBANO COMO LUGAR DE CONFLITOS

O espaço é aqui compreendido como uma dimensão social, como materialização das relações sociais de uma determinada sociedade num determinado momento histórico. A reflexão sobre o espaço urbano, na atualidade, evidencia as transformações no processo produtivo, que ocorrem em escala mundial, no qual o espaço ganha importância como ativo econômico. Nesse contexto de transformações, o espaço da metrópole é, sobretudo, um espaço de conflitos, de disputas entre diferentes sujeitos sociais. De um lado existe a ação de grandes grupos, associações do grande capital (nacional e multinacional), amparado por um grande poder de barganha no Estado, produzindo a cidade como mercadoria com a finalidade específica de reprodução de seus capitais. Para esses grandes grupos, a cidade é estratégica, ou melhor, é um campo de estratégias voltadas para a valorização. De outro lado, há os movimentos sociais, que se confrontam com a dominação do Estado e atuam contra a produção da cidade como mercadoria, lutando por elementos concretos da vida cotidiana na cidade. Pensar a produção do espaço implica, necessariamente, pensar as relações contraditórias entre os diversos grupos e o seu amplo leque de interesses convergentes e divergentes. Chama ainda atenção os agentes do mercado imobiliário que enxergam as transformações na urbanização atual como negócio pela antecipação de tendências que o mercado exige para ampliação dos ganho – produzem o espaço através dos produtos imobiliários.

Os movimentos sociais, por sua vez, lutam pelo acesso à cidade para além da mediação da mercadoria ainda que com o discurso difuso em relação ao setor imobiliário. Difuso por lidar, ao mesmo tempo, com estratégias concretas e com questões utópicas. O discurso dos empresários é muito mais centrado porque tem um fim específico a ser alcançado: a reprodução ampliada do capital. Nos movimentos sociais urbanos os meios são tão importantes quantos os fins. Eles se colocam como grupos da sociedade civil que aspiram a ser produtores do espaço (e são efetivamente produtores do espaço), que almejam construir uma cidade mais justa, fazer valer concretamente o direito à cidade, enquanto os empreendedores imobiliários se colocam como produtores do espaço, produtores de "qualidade de vida", agentes do bem-estar da sociedade; o desenvolvimento do mercado aparece com o poder de diminuir a desigualdade entre ricos e pobres. Outro ponto a ser ressaltado é a relação ambígua e conflituosa dos movimentos sociais com o Estado e deste com os empresários (esta, muito mais tranquila), dada a dominação do econômico e sua imbricação com o político.

"QUANDO NOVOS PERSONAGENS ENTRARAM EM CENA"

O livro de Sader traz importantes contribuições metodológicas para o estudo dos movimentos sociais, a partir da análise realizada no final da década de 1970 e começo da de 1980 na periferia de São Paulo. Nossa hipótese é que há saídas emancipatórias nesses movimentos, analisados pelo autor. Nas experiências relatadas os membros vão se transformando em atores através de alguma experiência coletiva, que se liga diretamente com o cotidiano, como o movimento do Clube de Mães da Periferia Sul, em que o processo de formação de uma consciência social (em mulheres, donas de casa) surge da vida que se revela como nível privilegiado da análise, com seu conformismo e resistência. Esse estudo levanta uma questão fundamental: a da conscientização, não através de partidos ou sindicatos, mas a partir do cotidiano da periferia, realizando uma crítica profunda das interpretações estruturalistas.

O caráter metodológico do trabalho de Eder Sader evidencia o percurso de uma pesquisa aberta, em busca do novo, que consiste na revalorização do cotidiano pelas classes trabalhadoras e as novas formas de luta para criação de um novo espaço político. Para atingir esses objetivos, o autor elaborou novas categorias explicativas para dar conta da nova realidade. Cabe destacar também que o próprio texto traz o movimento de uma pesquisa teórica muito próxima da prática, alicerçada, em grande parte, em relatos dos membros dos movimentos sociais e a conjuntura em que esses movimentos estavam inseridos e superando os "modos dominantes de caracterização dos processos de reprodução social",[4] deslocando a análise centrada nas estruturas para uma centrada nas experiências. Em sua crítica, a reprodução social aparecia ora assegurada pela coerção do Estado, ora pelos mecanismos da acumulação capitalista, ora pela alienação produzida pelas classes dominantes em que as ações de classe eram sempre consideradas como "simples atualizações de estruturas dadas",[5] ou seja, apareciam como "simplesmente passivas ante os mecanismos de reiteração da ordem",[6] e as alterações da ordem tinham de ser explicadas pelas alterações nos mecanismos estruturais. A partir dessas posições, não fazia muito sentido pensar nos sujeitos coletivos desempenhando algum papel histórico.

Sader se remete a Touraine (*O retorno do ator*), que identifica uma crise da Sociologia ao lidar com a ação dos atores (sujeitos) sempre ligados a grandes conjuntos históricos portadores de sentido neles mesmos, enquanto a Sociologia da Ação, em vez de pensar o ator através do sistema, pensa-o através das relações entre atores, que envolve orientações, referências culturais diversas, conflitos. Em relação aos movimentos da década de 1970, Eder Sader ressalta que dificilmente eles poderiam ser explicados pelas condições dadas pelo sistema social. Escreve que

> Diante das condições do chamado "milagre brasileiro", com suas fatias de superexploração para tantos e vantagens para outros, não se consegue deduzir nem as mudanças no comportamento sindical, nem as motivações presentes em mobilizações de bairro do modo como o fizeram, nem, aliás, qualquer uma das tendências presentes na ação das classes sociais.[7]

Estava claro que havia uma impossibilidade de apreensão dos movimentos sociais pelas determinações estruturais. Importante observar, também, a impossibilidade de estudar os movimentos somente através das condições objetivas perdendo-se, com isso, o caráter singular dos movimentos sociais, isto é, as suas diferenças. Por essas razões, o autor recorre ao estudo dos processos de atribuição de significados, buscando vislumbrar as mediações entre as estruturas dadas e as ações sociais desenvolvidas. As lutas dos diversos movimentos poderiam ser entendidas como uma busca por satisfazer as necessidades de reprodução.

> Ainda assim, o *modo* como o fazem (que tipo de ações para alcançar seus objetivos), tanto quanto a importância relativa atribuída aos diferentes bens, materiais e simbólicos, que reivindicam, depende de uma constelação de significados que orientam suas ações; em primeiro lugar, do significado daquilo que define um determinado grupo enquanto grupo, quer dizer, sua identidade.[8]

Apesar das estruturas constituídas, as classes sociais vão surgir historicamente das experiências concretas, portanto das condições dadas. Segundo Sader, "é na elaboração dessas experiências que se identificam interesses, constituindo-se então coletividades políticas, sujeitos coletivos, movimentos sociais".[9] Os homens devem ser considerados como produtos históricos que carregam as condições socialmente dadas, mas deve-se considerar também o peso que tem o indeterminado, a capacidade criadora que produz novos significados. Para o autor deve-se considerar a "reelaboração do imaginário constituído, através de novas experiências, em que se produzem alterações de fala e deslocamentos de significados".[10]

Uma das categorias que precisavam ser repensadas naquele contexto era a de classe social. Para o autor, a classe social é "uma condição vivida e continuamente reelaborada",[11] podendo ser definida de duas maneiras: objetivamente dada pelas condições de existência ou dependendo da elaboração subjetiva dos sujeitos envolvidos. No estudo dos novos movimentos sociais, os contornos classistas se diluem pelo modo como vivem e elaboram a própria condição proletária. A classe social é mais um ponto de partida do que uma categoria central para o estudo desses movimentos. Para Eder Sader, "o que desafiou a inteligência dos que se interessaram pelo fenômeno foi a emergência de uma nova configuração dos trabalhadores, uma outra identidade social, nova forma de representação coletiva".[12] Assim, ele não nega a existência das classes sociais, mas ressalta que elas são continuamente reelaboradas pelos movimentos sociais.

Sader também se depara, inevitavelmente, com a noção de sujeito, que, para ele, é ambígua e cheia de mal-entendidos, podendo significar a soberania do ator, assim como a sua sujeição. Dessa forma era necessário trabalhar melhor essa noção, já que os agentes dos movimentos sociais estudados por ele expressavam "uma insistente preocupação na elaboração das identidades coletivas, como forma do exercício de suas autonomias",[13] e o termo sujeito começava a aparecer nas falas desses agentes fazendo com que muitos autores, a partir desse fato, passassem a elaborá-lo teoricamente, construindo noções como "novo sujeito coletivo", "sujeito popular", "novo sujeito histórico", "sujeito político", "novo sujeito político histórico", "sujeitos de sua própria história". Outra ideia ligada à noção de sujeito é a de "autonomia, como elaboração da própria identidade e de projetos coletivos de mudança social a partir das próprias experiências".[14] No entanto, é preciso ressaltar que a noção de sujeito não se liga diretamente à de autonomia, pois pode haver a criação de sujeitos a partir de identidades a eles atribuídas de cima para baixo. Há, assim, uma reconsideração da noção de sujeito para além das conotações sistêmicas, num movimento que atribui outro sentido a essa noção, assim como às noções de ator e de agente, como propunha Touraine ao retomar a noção de ator "como um elemento dotado de autonomia".[15] Nos movimentos sociais no Brasil, a noção de sujeito ganha força como a de um sujeito coletivo, que se constitui através das práticas de lutas, ao mesmo tempo em que constitui uma identidade. O autor enfatiza que não se trata do sujeito histórico privilegiado das concepções marxistas (estruturalistas), "trata-se, sim, de uma pluralidade de sujeitos, cujas identidades são resultado de suas interações em processos de reconhecimentos recíprocos, e cujas composições são mutáveis e intercambiáveis".[16] O sujeito não pode ser dado de antemão, mas constrói-se no enfrentamento, no processo de luta.

Eder Sader recorre, ainda, a Castoriadis, cuja ideia de constituição do sujeito e sua autonomia não tem caráter passivo, pois há "uma inerência recíproca de sujeito e objeto na própria constituição do sujeito".[17] Escreve o autor:

> [...] nessa concepção, sujeito autônomo não é aquele (pura criação voluntarista) que seria livre de todas as determinações externas, mas aquele que é capaz de reelaborá-las em função daquilo que define como sua vontade. Se a noção de sujeito está associada à possibilidade de autonomia, é pela dimensão do imaginário como capacidade de dar-se algo além daquilo que está dado.[18]

Diante da necessidade do entendimento da noção de sujeito, o autor chega à constatação de que tanto sujeito quanto identidade se constituem através do discurso sobre a prática concreta. A linguagem tem, assim, uma importância central na nomeação dos desejos, vontades que antes estavam ocultas. Ela não é um instrumento neutro, pois carrega significados culturais imprescindíveis à socialização dos indivíduos, inscrevendo-os "num sistema já dado"[19] e constituindo "um meio para alcançarmos outras realidades, ainda não dadas".[20] Remetendo a Merleau-Ponty, para quem a linguagem se apresenta como a mediação entre as intenções mudas e as palavras, o autor salienta que, ao exprimir-se, "o sujeito não apenas comunica algo aos outros, mas também para si mesmo".[21]

> Recorrendo à linguagem, enquanto estrutura dada, para poder expressar-se, o sujeito se inscreve na tradição de toda sua cultura. Mas, nesse mesmo ato de expressar-se, operando um novo arranjo das significações instituídas, ele suscita novos significados. [22]

Antes do discurso, as necessidades permanecem "em estado de existência virtual",[23] pois é através do discurso que elas são nomeadas e objetivadas. "É através dos discursos que a carência virtual de bens materiais se atualiza numa carência de casa própria ou de barraco"[24] etc. Por meio dos discursos constitui-se a demanda do reconhecimento da própria dignidade e das necessidades que isso requer. Aqui o autor aponta para a questão das diversas falas que podem ser remetidas a matrizes discursivas e que se constituem historicamente, criando possibilidades de expressão de problemas, valores, objetivos. Para Eder Sader,

> Aquilo que é dito e o que é escondido, aquilo que é louvado e o que é censurado, compõem o imaginário de uma sociedade, através do qual seus membros experimentam suas condições de existência.[25]
>
> [...]
>
> É assim que, formados no campo comum do imaginário de uma sociedade, emergem matrizes discursivas que expressam as divisões e os antagonismos dessa sociedade.[26]

Dessa forma, para a compreensão das novas configurações sociais com a emergência dos novos movimentos sociais, os discursos têm um papel extremamente relevante para a nova tematização das condições de existência desses setores sociais, constituindo novos sujeitos e novas identidades.

Com o objetivo de enfocar a importância do cotidiano na formação das experiências (as possibilidades de emancipação), destacaremos, do livro de Sader, a formação dos clubes de mães como um evento significativo de formação de consciência social a partir da prática cotidiana. As mulheres de alguns bairros da zona sul de São Paulo começaram a se reunir, com o apoio de associações beneficentes, e mulheres vindas de fora daqueles bairros as ensinavam a bordar, costurar, além de cuidar da higiene, da saúde etc. (assistencialismo), ou seja, atividades ligadas ao dia a dia das mulheres, donas de casa. Depois de um tempo, as "alunas" quiseram se reunir por conta própria (embora a iniciativa de tirar as senhoras benévolas tivesse partido de agentes pastorais), dando origem aos clubes de mães. O que se chamou de a "organização por elas mesmas" é um fato central para o começo das ações coletivas de mulheres da periferia. No início dos anos 1970, com a ação dos agentes pastorais da Igreja Católica, foram incorporados temas da libertação e de estímulo à participação coletiva. A ação dos agentes pastorais foi decisiva, pois

> [...] lhes ajudaram a passar das relações informais para a formalização de objetivos e meios necessários ao seu desenvolvimento, que lhes abriram um espaço social onde a mobilização social podia se dar relativamente protegida contra a repressão política, evitando as prevenções contra os políticos e as resistências dos maridos.[27]

A "organização por elas mesmas" representa a passagem da reunião de donas de casa da periferia para clubes de mães, que aparecem como extensão do mundo feminino, extensão das relações de vizinhança, quando mulheres se reúnem para discutir o seu cotidiano. "É o cotidiano da mulher vivido como anulação, sufocamento, é a vida privada como provação. E a busca de um alargamento das experiências, do mundo".[28] As atividades iniciais – de costura, artesanato – serviam de mediação para uma sociabilidade entre participantes, e enquanto desenvolviam as atividades de costura falavam da vida, dos problemas, dos sonhos. Como estavam amparadas pela estrutura da Igreja, depois discutiam o Evangelho à luz de suas condições concretas de vida, em que aparecem noções de justiça, valores da existência, que produzem uma atitude crítica. Os clubes, assim, passavam a ter uma importância para a vida doméstica e para a vida política.

Quando o número de clubes aumentou em diferentes regiões da periferia, representantes de vários clubes passaram a se reunir para discutir as ações, fazer avaliações, trocar experiências, com uma preocupação central de fazer as mulheres despertarem para a luta. Assim, o método de trabalho dos clubes de mães era: "a) grandes encontros de reflexão; b) atividades de lazer conjunto; c) as lutas do dia a dia".[29] As lutas de cada clube giravam em torno daquilo que mais necessitavam: coleta de lixo, escola, serviço de saúde, melhorias nos bairros etc. As reuniões das representantes dos clubes permitiram o compartilhamento das histórias de cada um e a construção de um movimento unificado.

> Com a coordenação, os clubes constituem uma referência geral de onde poderiam avaliar o conjunto do trabalho feito e programar sua continuidade. [...] Ficava evidenciado, na própria prática, que – mais além das reivindicações de momento e mais além das atividades artesanais – havia o objetivo próprio de aprofundamento da organização e da mobilização das donas de casa da periferia.[30]

O desdobramento desses clubes significou ampliação das lutas por questões que diziam respeito, diretamente, ao cotidiano daquelas mulheres, como o movimento do custo de vida. Ou seja, é uma ligação entre o cotidiano e a política, com o alargamento da noção de política, com a politização das esferas do cotidiano. As mulheres dos clubes rechaçavam a ideia de política, mas passaram a viver a política no próprio cotidiano, com a reelaboração deste. Segundo Sader, os clubes de mães "implicam uma contestação dos padrões familiares vigentes",[31] pois as mulheres, antes somente donas de casa, passaram a ter uma vida fora e a lutar por seus direitos e a descobrir as injustiças vividas. À medida que avançavam na luta por dignidade, as mulheres se contrapuseram à racionalidade estatal, quando reivindicavam, por exemplo, algum serviço da Prefeitura.

> Os valores de igualdade e de solidariedade que cimentam as relações desse universo comunitário, são contrapostos à racionalidade impessoal que funda o mundo da injustiça presidido pelos governantes.[32] Assim não é, pois, de se surpreender que a forma concreta de politização que emerge dessa experiência não comporte uma participação institucional nos meandros da racionalidade política.[33]

A valorização dessa discussão sobre os clubes de mães do livro de Eder Sader deve-se ao fato de ter sido um movimento singular e, também, porque a interpretação proposta pelo autor estimula a reflexão sobre as experiências (a prática socioespacial para além das estruturas) e abre caminho para a discussão da problemática da politização do cotidiano. Logo, duas frentes de entrada serão privilegiadas a seguir: a ambiguidade do cotidiano (ele é conformismo e resistência), pensada no interior da cultura popular por Marilena Chauí, e a conceituação de cotidiano, cotidianidade, vida cotidiana, perseguindo as possibilidades emancipatórias da vida cotidiana, com a reflexão sobre a miséria e a riqueza do cotidiano de Henri Lefebvre.

A AMBIGUIDADE DO COTIDIANO: CONFORMISMO E RESISTÊNCIA

Marilena Chauí, reporta-se ao conceito gramsciano de hegemonia para pensar a cultura como um conjunto de valores: "a cultura numa sociedade de massas".[34] A ideologia é a mediação necessária para a neutralização e naturalização da exploração econômica e a dominação política na sociedade. Remetendo-se aos autores da Escola de Frankfurt, Chauí distingue cultura popular e de cultura de massa, que teriam naturezas diferentes. A cultura popular seria o

> [...] conjunto de práticas dotadas de lógica própria, mas uma lógica que se constitui durante os acontecimentos, durante a ação (como ocorre, por exemplo, no quebra-quebra ou na festa profana que rodeia a festa religiosa), definida local e temporalmente por seus sujeitos.[35]

A cultura de massa é aquela comandada pelos meios de comunicação. Essas considerações pressupõem que vivemos uma sociedade dividida em: de um lado a elite e, de outro, a massa; de um lado, os competentes, de outro, os incompetentes; de um lado, produtores, de outro, receptores de informação. Nesta sociedade, a informação tem uma capacidade enorme de intimidação, produzindo processos de invalidação cultural: por exemplo, quando migrantes do campo ou de cidades pequenas vêm para a cidade grande. É quando o cotidiano se coloca com todo o seu peso, fragmentando a vida. A informação cria um mundo de ilusões que muitos não podem atingir e que os invalida pelo estigma da incompetência.

Para Chauí, a diferença entre cultura popular e cultura de massa vem

> [...] da diferença entre uma manifestação cultural na qual os participantes se exprimem e se reconhecem mutuamente em sua humanidade e em suas condições sociais, marcando a distância e a proximidade com outras manifestações culturais, a apropriação ou a oposição a outras expressões culturais, de um lado, e, de outro, uma estrutura cultural na qual os indivíduos são convidados a participar sob pena de exclusão e invalidação sociais ou de destinação cultural.[36]

Através do discurso do "viver a modernidade", efetua-se a destituição daqueles que sofrem a segregação em todas as esferas da vida. Porém, a dominação, por mais disseminada na vida que possa ser, não é absoluta, ela sempre tem brechas. Chauí entende a dimensão cultural popular "como atividade dispersa no interior da cultura dominante, como mescla de conformismo e resistência".[37] Ou seja, no interior dos mecanismos de dominação podem surgir formas de resistência a essa mesma dominação. Para a autora há resistência no interior da lógica do sistema, e buscando uma definição para o popular, ela afirma que

> [...] talvez seja mais interessante considerá-lo ambíguo, tecido de ignorância e saber, de atraso e de desejo de emancipação, capaz de conformismo ao resistir, capaz de resistência ao se conformar. Ambiguidade que o determina radicalmente como lógica e prática que se desenvolvem sob a dominação.[38]

A reflexão sobre as esferas da vida cotidiana permite defini-la em vida privada, trabalho e lazer, numa unidade dialética dos três termos. A vida privada seria o mundo da casa, da família, que, segundo Chauí, é o principal exemplo de conformismo e resistência. A vida privada (a casa, a família) se contrapõe ao trabalho (a rua). Na rua (no trabalho), o trabalhador é um indivíduo, um número; na família ele tem uma completa identificação, podendo, nela, elaborar um conhecimento crítico da sociedade. Dessa forma, o conformismo e a resistência estão presentes no cotidiano popular com toda sua força.

> Isto é, o mais importante, no momento, é perceber que as interpretações ambíguas, paradoxais, contraditórias que coexistem no mesmo sujeito, criando a aparência de incoerência, na verdade exprimem um processo de conhecimento, a criação de uma cultura ou de um saber a partir de ambiguidades que não estão na consciência dessa população, mas na realidade em que vivem. A peculiaridade desses exemplos está no fato de que neles encontramos um trabalho intelectual, ou seja, um esforço para conferir inteligibilidade à experiência imediata.[39]

Assim, no interior da reprodução social (com seu peso, suas normas, as relações sociais reificadas) há subversões, há criação, há crítica sobre a própria vida e resistência, não somente passividade e conformismo. Nesse sentido, Martins escreve:

> Portanto, mais do que uma coleção de significados compartilhados, o senso comum decorre da partilha, entre atores, de um mesmo *método de produção de significados*. Os significados são reinventados continuamente em vez de serem continuamente copiados. As situações de anomia e desordem são resolvidas pelo próprio homem comum justamente porque ele dispõe de um meio para interpretar situações (e ações) sem sentido, podendo, em questão de segundos, remendar as fraturas da situação social.[40]

O autor ainda constata que "mesmo na rotina alienadora da fábrica e da produção há momentos de iluminação e criação, de invasão do cotidiano e do senso comum pela realidade e pelo conhecimento que revolucionam o cotidiano".[41] Para buscar, nos meandros do cotidiano, o conteúdo da sociedade, atentamos para a seguinte afirmação de Henri Lefebvre:

> Atualmente a cotidianidade comporta a cisão da vida real em setores separados, funcionais, organizados, estruturados como tais: o trabalho (na empresa ou no escritório) a vida privada (na família, no lugar de residência) os lazeres. A separação desses três domínios observa-se *in loco* nas aglomerações humanas tais quais se tornaram e tais quais se constroem [...] Hoje em dia, em sua separação, caracteres comuns os ligam constituindo assim a unidade do cotidiano. Quais são esses caracteres comuns aos setores separados por uma práxis implacavelmente analítica? No trabalho a passividade, a aceitação inevitável de decisões tomadas alhures e vindas de cima; uma vida privada, os diversos condicionamentos, a fabricação do consumidor pelo fabricante de objetos; nos lazeres a colocação em imagens e em espetáculo do "mund" em imagens e espetáculo. Em suma, em toda essa passividade, a não participação. Assim a cotidianidade se reduz cada vez mais ao repetitivo (que não é mais o dos grandes ritmos e grandes ciclos cósmicos, mas o do tempo linear, dos gestos mecânicos e dos movimentos comandados por sinais). [...] a cotidianidade se consolida, se estabelece. É sistematizada. É submetida ou

> controlada (em particular pelas redes de circulação e de comunicação e de comunicações, e por exigências técnicas). [...] o funcional e o institucional não se situam apenas nas esferas superiores do cotidiano. Entram nelas. [...] a separação da cotidianidade em setores, essa cisão moderna do humano, também é funcionalizada e institucionalizada. [...] A cotidianidade suscita problemas novos. E inicialmente este: aceitamos nós a cotidianidade em suas modalidades, a um tempo estranhas (alienadas) triviais, inumanas e familiares, desarticuladas e monótonas? Submetemo-nos a ela como a um destino ou podemos e devemos considerar o domínio do cotidiano como dimensão da liberdade, transformação radical do homem que se tornou cotidiano e definido até certo [ponto] pela cotidianidade?[42]

Aqui, a cotidianidade, como o reino da dominação, precisa ser rompido com uma prática teórica. A condição humana no mundo moderno passa, necessariamente, pela dominação imposta pela instauração do cotidiano. A cotidianidade aparece como um sistema fechado, o mundo da racionalidade controlada pelo Estado. Mas o humano não é somente racionalidade, daí a possibilidade de, no interior da dominação, surgir a subversão; no interior da vida cotidiana, surgir a crítica da vida cotidiana.

Para Lefebvre, no mundo moderno, a noção de produção não deve ser reduzida apenas à produção de coisas, de objetos, mas deve ser ampliada para a produção do ser humano. Para ele, o sentido fundamental do termo produção é a produção de sua própria vida pelo ser humano. Nesse sentido, há a produção de relações sociais, que se desdobra na reprodução de relações de produção, pois é preciso levar em conta o movimento, o processo. E onde acontece a reprodução? Na vida cotidiana, e não nas altas esferas da sociedade (Estado, ciência, alta cultura). A crítica da vida cotidiana tem por finalidade mudar a vida; a revolução passaria pela eliminação do cotidiano para realizar "o projeto revolucionário: recriar um estilo, reanimar a festa, reunir os fragmentos dispersos da cultura numa metamorfose do cotidiano".[43]

Segundo o autor, em um momento histórico determinado, principalmente a segunda metade do século XX, na expansão capitalista do período pós-Segunda Guerra, o cotidiano se instaura e constitui-se a sociedade burocrática de consumo dirigido, que representa a invasão da vida cotidiana pelo mundo da mercadoria, com a fragmentação da vida privada, trabalho e lazer. A partir de então essas esferas serão exploradas racionalmente para o consumo, com a fragmentação do tempo – o tempo obrigatório (trabalho profissional), o tempo livre (do lazer) e o tempo imposto (o das exigências diversas fora do trabalho, como transporte, formalidades burocráticas etc.). O tempo da vida passa a ser minuciosamente controlado em todas as esferas da vida do trabalhador.

> O cotidiano torna-se objeto de todos os cuidados: domínio da organização, espaço-tempo da autorregulação voluntária e planificada. Bem cuidado, ele tende a construir um sistema com bloqueio próprio (produção-consumo-produção). Ao se delinear as necessidades, procura-se prevê-las, encurrala-se o desejo.[44]

O sistema se pretende fechado, mas não se fecha, tem lacunas na prática social, fraturas.

> Se o círculo não consegue fechar-se, não é por falta de vontade nem de inteligência estratégica: é porque "alguma coisa" de irredutível se opõe. O desejo estaria aquém dessa realidade (ou abaixo dela)? Estariam além dela e abaixo a razão (dialética) ou a cidade, o urbano? Para quebrar o círculo vicioso e infernal, para impedir que se feche, é necessária nada menos que a conquista da cotidianidade, por uma série de ações – investimentos, assaltos, transformações – que também devem ser conduzidas de acordo com uma estratégia. Somente o futuro dirá se nós (os que quiserem) reencontraremos assim a unidade entre a linguagem e a vida real, entre a ação que muda a vida e o conhecimento.[45]

À crítica da vida cotidiana impõe uma crítica da linguagem, que pode ser uma forma de libertação ou de alienação. A linguagem também faz parte do instituído, mas que se transforma, de acordo com seu uso cotidiano.

> A linguagem atua como um filtro, ou como uma rede, ou como uma jaula. Capta os desejos e os impõe a forma conveniente, enquanto os símbolos estimulam obscuramente os desejos (não sem produzir uma "cristalização", com frequência inquietante por sua fixação). Quando as necessidades e desejos não encontram palavras para dar consciência de si e buscar a sua realização comunicando-se, perecem. Ou se revoltam. [...] Consequência: da vida diária nascem palavras novas, inversões (frequentemente marginais em relação à linguagem oficial: jargão, locuções familiares). Os desejos rejeitados se abrem caminho dessa maneira através de expressão indireta. Tratam de existir socialmente. A partir da vida cotidiana, mudam as línguas e a linguagem.[46]

A linguagem tem uma importância central para os movimentos sociais, quando estes conseguem verbalizar as suas reivindicações, as ansiedades, desejos, utopias do conjunto de seus participantes, momento importante inclusive para a formação da identidade do movimento, ou seja, quando conseguem criar uma gramática própria. E em relação a conquistas, as palavras reforçam, ainda, aquilo que queriam dizer, ou tomam sentidos mais profundos, constituem-se como conceitos, valores, que alcançam alguma visibilidade no conjunto da sociedade.

ÚLTIMAS CONSIDERAÇÕES

A importância da vida cotidiana para os processos de emancipação e busca pelo direito à cidade é recolocada com mais força hoje, pois a dominação da vida é muito mais acentuada. A articulação aqui estabelecida com os textos de Chauí e Lefebvre prolongam a discussão estabelecida por Sader, que é a da politização das esferas do cotidiano como motor de ações coletivas, o que permite refletir sobre as ações dos movimentos sociais, hoje, num contexto diferente daquele estudado por ele. É preciso pensar, ainda, que entre a realidade e a sua transformação radical são necessárias mediações, que podem ser as pequenas lutas do cotidiano.

Fica recolocado o caráter difuso dos movimentos sociais hoje. Na verdade, eles lutam contra a institucionalidade. A incorporação dos movimentos por instituições oficiais acarreta, necessariamente, uma perda para eles. Ao mesmo tempo, nota-se que o aumento das privações na vida urbana não traz aumento da mobilização. Onde estaria o problema? O cotidiano teria sido dominado de tal maneira a não permitir brechas para a politização, como aconteceu com as mulheres dos clubes de mães no final da década de 1970? O problema estaria no domínio da massificação através dos meios de comunicação, da expansão de um pensamento único que esvazia as possibilidades de luta? Assim é possível que as possibilidades de emancipação sejam potencializadas, mais do que nunca, no cotidiano, apesar, ou mesmo em decorrência, do aumento da dominação da vida. As considerações de Sader e as de Chauí e de Lefebvre apontam para esse sentido. A mudança qualitativa da sociedade não partirá da institucionalidade das altas esferas, mas da prática social na vida cotidiana.

Sem dúvida há um esforço que parte do interior da própria periferia de se pensar a si própria e denunciar a realidade social segregacionista. Rappers e escritores da periferia cumprem o papel de verbalizar essa tentativa de afirmação da periferia, elaborando críticas profundas ao sistema social. O rap, o hip-hop, a música feita por jovens da periferia são movimentos aglutinadores, que podem apontar saídas emancipatórias a partir da crítica do cotidiano, no interior do cotidiano. A periferia, vista sempre como o lado negativo do urbano, através da música traz uma possibilidade que vai em direção a uma maior participação, conscientização e formação de uma crítica consistente aos poderes hegemônicos, aumentando as possibilidades de construção de uma cidadania concreta, de uma nova cidadania.[47]

A reprodução social, lembrou Lefebvre mais de uma vez, é a reprodução ampliada de capital, mas é também reprodução ampliada de contradições sociais: não há reprodução de relações sociais sem uma certa produção de relações – não há repetição do velho sem uma certa criação do novo, mas não há produto sem obra, não há vida sem história. Esses momentos são momentos de anúncio do homem como criador e criatura de si mesmo.

> É no fragmento de tempo do processo repetitivo produzido pelo desenvolvimento capitalista, o tempo da rotina, da repetição e do cotidiano, que essas contradições fazem saltar fora o momento da criação e de anúncio da História – o tempo do possível. E que, justamente por se manifestar na própria vida cotidiana, parece impossível. Esse anúncio revela ao homem comum, na vida cotidiana, que é na prática que se instalam as condições de transformação do impossível em possível.[48]

A crítica de Sader às análises estruturalistas e o esforço para construir uma teoria dos novos movimentos sociais das décadas de 1970 e 1980, a partir da prática concreta dos participantes, contribui muito para a reflexão sobre as possibilidades de emancipação no urbano hoje. Martins reforça a necessidade metodológica de o pesquisador se colocar no olhar do outro, dos grupos sociais que vivem mais profundamente as contradições da sociedade.[49] Mostra-se a partir dessa perspectiva a necessidade de pensar os grupos liminares da sociedade como sujeitos sociais concretos. Segundo Martins,

> Se a vida de todo dia se tornou o refúgio dos céticos, tornou-se igualmente o ponto de referência das novas esperanças da sociedade. O novo herói da vida é o homem comum imerso no cotidiano. É que no pequeno mundo de todos os dias está também o tempo e o lugar da eficácia das vontades individuais, daquilo que faz a força da sociedade civil, dos movimentos sociais.[50]

Nesse sentido, as possibilidades de transformação se situam nessas camadas sociais que lutam cotidianamente pelo direito de viver na cidade,

> Heller disse que só quem tem necessidades radicais pode querer e fazer a transformação da vida. Essas necessidades ganham sentido na falta de sentido da vida cotidiana. Só pode desejar o impossível aquele para quem a vida cotidiana se tornou insuportável, justamente porque essa vida já não pode ser manipulada.[51]

A emancipação como busca pela realização da vida implica pensar os sujeitos sociais para além de sua realização econômica e também para além da política institucional na democracia representativa em crise. As crises da economia e da política institucional se realizam concretamente como uma crise social, crise da cidade. Por isso, mais do que nunca, há a necessidade de retomada da noção de direito à cidade como abertura para o possível, para o mundo das diferenças, subvertendo as impossibilidades postas pela reprodução do econômico e do político. A construção de uma nova cidadania passa pela realização da política como realidade concreta na vida cotidiana, o que os movimentos sociais podem revelar.

NOTAS

1 Lefebvre, 1976b.
2 Idem, p. 153. Tradução nossa.
3 O livro *Quando novos personagens entraram em cena*, de Eder Sader, mesmo tendo sido escrito na década de 1980, faz uma análise profunda dos movimentos sociais nascidos a partir da vida cotidiana dos moradores da periferia de São Paulo. Esse livro será uma das bases para as ideias que propomos nesse texto.
4 Sader, 1988, p. 37.
5 Idem, ibidem.
6 Idem, ibidem.
7 Idem, p. 38.
8 Idem, pp. 43-4.
9 Idem, p. 45.
10 Idem, p. 46.
11 Idem, p. 47.
12 Idem, p. 50.
13 Idem, p. 51.
14 Idem, p. 53.

[15] Idem, p. 55.
[16] Idem, ibidem.
[17] Idem, p. 56.
[18] Idem, ibidem.
[19] Idem, p. 57.
[20] Idem, ibidem.
[21] Idem, ibidem.
[22] Idem, p. 58.
[23] Idem, ibidem.
[24] Idem, ibidem.
[25] Idem, p. 59.
[26] Idem, p. 60.
[27] Idem, p. 204.
[28] Idem, p. 206.
[29] Idem, p. 210.
[30] Idem, p. 212.
[31] Idem, p. 223.
[32] Idem, ibidem.
[33] Idem, ibidem.
[34] Chauí, 1986, p. 21.
[35] Idem, p. 33.
[36] Idem, p. 40.
[37] Idem, p. 43.
[38] Idem, p. 124.
[39] Idem, p. 159.
[40] Martins, 2012, p. 55.
[41] Idem, p. 56.
[42] Lefebvre, 1967, pp. 171-3.
[43] Lefebvre, 1991, p. 45.
[44] Idem, p. 82.
[45] Idem, ibidem.
[46] Lefebvre, 1973, pp. 93-4. Tradução nossa.
[47] A ideia de nova cidadania foi construída por Henri Lefebvre no contexto dos debates do Groupe de Navarrenx. Armand Ajzenberg desenvolve essa noção no texto: "Nova cidadania or not cidadania", 2013.
[48] Martins, 2012, p. 57.
[49] Martins, 2002.
[50] Martins, 2012, p. 52.
[51] Idem, p. 57.

BIBLIOGRAFIA

Ajzenberg, Armand. "Nova cidadania or not cidadania". *Revista Mato-Grossense de Geografia*, n. 16, 2013.

Carlos, Ana Fani Alessandri. *A (re)produção do espaço urbano*. São Paulo: Edusp, 2008 [1. ed. 1994].

Chauí, Marilena. *Conformismo e resistência*: aspectos da cultura popular no Brasil. São Paulo: Brasiliense, 1986.

Honneth, Axel. *Luta por reconhecimento*: a gramática moral dos conflitos sociais. São Paulo: Editora 34, 2003.

Lefebvre, Henri. *Metafilosofia*. Rio de Janeiro: Civilização Brasileira, 1967.

______. *De lo rural a lo urbano*. Barcelona: Ediciones Península, 1973.

______. *Tiempos equívocos*. Barcelona: Kairos, 1976a.

______. *Le manifeste differentialiste*. Paris: Gallimard, 1976b.

______. *A vida cotidiana no mundo moderno*. São Paulo: Ática, 1991.

Martins, José de Souza. *A sociedade vista do abismo*: novos estudos sobre exclusão, pobreza e classes sociais. Petrópolis: Vozes, 2002.

______. *A sociabilidade do homem simples*. 3. ed. São Paulo: Contexto, 2012.

Marx, Karl. *Manuscritos econômicos-filosóficos*. São Paulo: Boitempo, 2004.

Mongin, Olivier. *La condition urbaine*: la ville à l'heure de la mondialisation. Paris: Seuil, 2005.

Padua, Rafael Faleiros de. "A luta pelo espaço e a esperança". *Geotextos*. v. 10, n. 1, jul. 2014.

Sader, Eder. *Quando novos personagens entraram em cena*. São Paulo: Paz e Terra, 1988.

O DIREITO À CIDADE (NAS RUAS E NA UNIVERSIDADE) E O DEVIR DA SOCIEDADE URBANA

Elisa Favaro Verdi
Denys Silva Nogueira

O termo "direito à cidade" tem aparecido como pauta política e como objeto de pesquisa de diversos movimentos sociais, manifestações públicas, seminários e debates acadêmicos. A partir de um prisma de abordagens e conteúdos, o direito à cidade se torna uma maneira de exprimir uma forma de relação com a vida e com a crise urbanas que busca os caminhos de sua transformação. Esses caminhos, entretanto, são divergentes, e o próprio entendimento de transformação da cidade também varia de acordo com as reivindicações de cada grupo e com a abordagem de cada pesquisador.

De fato, a noção de "direito à cidade" foi elaborada pelo filósofo francês Henri Lefebvre na década de 1960 e compõe um dos diversos momentos da vasta obra em que o autor se debruça sobre a questão da sociedade urbana em expansão, durante a segunda metade do século XX.[1] Sua utilização, atualmente, demonstra que este ainda é um conceito potente para a compreensão do fenômeno urbano. O objetivo deste capítulo é analisar quais são os conteúdos atribuídos ao uso contemporâneo do direito à cidade em um movimento que parte da retomada da elaboração original – lefebvriana –, visando revelar o seu caráter revolucionário para, em seguida, refletir sobre as diferentes apropriações do conceito.

Compreendemos que essa retomada deve, no entanto, começar pelo argumento da produção social do espaço. O entendimento de que o espaço é produzido socialmente direciona a análise da cidade e da crise urbana para a superação das aparências dos fenômenos – segregação, crescimento desenfreado das cidades, especulação urbana, problemas de mobilidade, entre muitas outras evidências da crise – e revela as contradições dos processos, preenchendo a reflexão sobre a sociedade urbana dos conteúdos sociais da sua produção. Nesse sentido, nosso argumento se fundamenta na compreensão de que o direito à cidade não pode ser separado da concepção de que o espaço é produzido socialmente e que a análise dessa produção é capaz de revelar as dinâmicas de reprodução do capitalismo.

De acordo com Carlos,[2] a produção do espaço se baseia, fundamentalmente, no fato de que todas as relações sociais se realizam concretamente como relações espaciais. Isso significa dizer que todas as relações sociais ocorrem tanto em um lugar específico quanto em um tempo determinado. Os homens produzem as suas vidas no espaço e nesse processo produzem um espaço que é próprio para a realização de cada uma das atividades humanas. Desse modo, as práticas sociais só se realizam porque se concretizam como práticas espaciais historicamente determinadas.

O espaço é, portanto, condição, meio e produto da realização de todas as atividades humanas, pois a satisfação das necessidades de sobrevivência do homem coloca a sua reprodução como condicionada a uma relação intrínseca com a natureza.[3] Visto que toda atividade humana é espacial e temporalmente determinada, compreendemos que todas as formas de relação entre o homem e a natureza se localizam no movimento da história como diversas formas de práticas socioespaciais. Assim, afirma-se que

> [...] o ato geral de produzir da sociedade – no sentido de permitir sua reprodução enquanto espécie, como atividade que produz a vida em todas as suas dimensões – apresentar-se-ia como ato de produção do espaço, e, ao mesmo tempo, esse espaço é condição e meio de realização das atividades humanas em sua totalidade. Trata-se da reprodução da sociedade definindo-se como processo/movimento em constituição como o da própria sociedade. Sintetizando os argumentos, é possível constatar que as relações sociais realizam-se como relações reais e práticas, como relações espaço-temporais. A produção do espaço, nesse sentido, é anterior ao capitalismo e se perde numa história de longa duração iniciada no momento em que o homem deixou de ser coletor e caçador e criou condições de, através de seu trabalho, transformar efetivamente a natureza (dominando-a) em algo que é próprio do humano. O espaço como produção emerge da história da relação do homem com a natureza, processo no qual o homem se produz enquanto ser genérico numa natureza apropriada e condição de sua produção.[4]

A relação entre o homem e a natureza é mediada pelo trabalho, sendo este a atividade que realiza a transformação da natureza de acordo com as necessidades sociais, estas últimas determinadas historicamente. Tal mediação nos coloca diante da produção social da natureza como ato de produção social da própria existência humana. É aqui que se situa a produção do espaço: na totalidade da produção social, que não é somente a produção de mercadorias, de objetos, mas sim a produção do homem em si. A produção do espaço é, assim, uma produção social, pois diz respeito ao trabalho como forma criativa da mediação entre o homem e a natureza, relação necessária para a reprodução do homem tanto individual quanto socialmente. Nessa relação, o homem não só reproduz a si mesmo, mas também produz o espaço em que habita, tornando este o elemento visível, ou a materialidade da representação das relações sociais que determinam as relações de trabalho. Dessa forma, compreendemos que a produção do espaço – uma construção social – é a condição da produção do homem, ao mesmo em que é também o seu produto.[5]

A produção do espaço é, portanto, imanente à produção da sociedade. No modo de produção capitalista, no entanto, a produção do espaço ganha especificidades e, de acordo com Lefebvre,[6] torna-se não só condição de reprodução da vida, mas também a condição de reprodução do capital. No capitalismo, é a separação entre a força de trabalho e os meios de produção que determina os novos conteúdos da produção do espaço: a mais-valia e a acumulação de capital. O espaço se torna a espinha dorsal da articulação entre os diferentes momentos da produção capitalista, os quais objetivam realizar a maisvalia e garantir a continuidade da acumulação.[7]

A extensão do capitalismo como modo de produção tomou o espaço como sua condição de reprodução ao torná-lo mercadoria. Compreendemos que uma sociedade dividida em classes sociais, cuja lógica hegemônica é a da reprodução do capital, revela uma contradição fundamental da produção do espaço: este, uma produção coletiva – porque social – é apropriado privadamente – porque mercadoria. Trata-se do movimento de alienar o produto do trabalho do seu produtor. O processo de produção do espaço, sob os marcos do capitalismo, contém em si aquilo que o nega, pois, sendo uma produção social, ao tornar-se mercadoria, o espaço se converte também em produto semelhante a todos os outros frutos do trabalho humano. Assim, o trabalho produz coisas no espaço (bens materiais e imateriais) e, simultaneamente, produz o espaço como mercadoria e capital fixo.[8]

Lefebvre explicita da seguinte maneira a importância do espaço para a reprodução do modo de produção capitalista:

> Marx pensava que as forças produtivas estão constantemente em choque com os estreitos limites das relações de produção existentes e do modo de produção capitalista; para ele, a revolução iria fazer explodir esses limites; as crises parciais transformam-se em crise geral; a classe operária, impaciente, espera a sua hora iminente e vai-se entrar no período de transição (entre o capitalismo e o comunismo) após a revolução política. Por outro lado, ele pensava que também a burguesia tem um papel histórico a cumprir: o crescimento das forças produtivas: que os limites do capitalismo lhe são internos; que um modo de produção só desaparece depois de ter desenvolvido todas as forças produtivas que contém. Acontece que o capitalismo conseguiu atenuar (sem as resolver) durante um século as suas contradições internas e, consequentemente, conseguiu realizar o crescimento durante esse século posterior ao *Capital*. Qual o preço disso? Não há números que o exprimam. Por que meios? Isso, sabemo-lo nós: *ocupando o espaço, produzindo um espaço*.[9]

Compreendemos, então, à luz de Lefebvre[10], e juntamente a Carlos,[11] Alvarez[12] e Santos,[13] que a produção do espaço não é só determinada pelas relações capitalistas de produção, mas como, ao longo dos séculos, se tornou a própria forma de manutenção do capitalismo e da sua reprodução. Compreendemos também que a produção do espaço assegura a continuidade do processo de valorização sob o marco da acumulação capitalista, ampliando-a.[14]

Nesse sentido, o modo de produção capitalista impõe diversas transformações às cidades – forma de concentração dos excedentes da produção – e à vida urbana, remodelando sua forma, função e estrutura, e alterando as relações de classe e de propriedade, as quais determinam as práticas socioespaciais.[15] Dessa forma, a produção social da cidade se preenche dos conteúdos inerentes à produção do capital, abarcando as suas contradições e, consequentemente, as suas crises.

A transformação dessa cidade capitalista passa, portanto, pela obrigação de redefinir as formas, funções e estruturas da cidade das necessidades da sociedade urbana. Aqui surge o direito à cidade como o direito à vida urbana, como direito a um novo humanismo renovado e liberto das contradições do capital: "O *direito à cidade* não pode ser concebido como um simples direito de visita ou de retorno às cidades tradicionais. Só pode ser formulado como *direito à vida urbana*, transformada, renovada".[16] A seguir, abordaremos mais detidamente a noção de direito à cidade conforme construída por Henri Lefebvre.

O DIREITO À CIDADE COMO MOMENTO DE TRANSFORMAÇÃO DA SOCIEDADE URBANA

O fenômeno da segregação é uma das chaves escolhidas por Lefebvre[17] para construir o argumento do direito à cidade. Tal fenômeno evidencia a produção desigual da cidade e abre a possibilidade de analisar o acesso ao solo urbano, mediado pela troca comercial, como o fundamento do acesso desigual à propriedade da terra. Remontando ao projeto de urbanização da cidade de Paris de meados do século XIX, o autor demonstrou que o processo de implosão-explosão das cidades se relaciona diretamente ao espaço que, quando transformado em mercadoria, revela a hegemonia do valor de troca sobre o valor de uso, determinando a expansão do tecido urbano sob tais marcos.

Contudo, a dialética do processo revela que o valor de uso permanece irredutível e se manifesta através das reivindicações dos explorados e expropriados da vida urbana. O direito à cidade seria, assim, a exigência suprema dessas reivindicações. O caminho para a sua realização, no entanto, é tortuoso e lento. Para Lefebvre,[18] o direito à cidade não deve representar a nostalgia do retorno à cidade tradicional, a um passado anterior ao modo de produção capitalista. Antes de mais nada, deve apontar para a transformação da vida urbana como "lugar de encontro, prioridade do valor de uso, inscrição no espaço de um tempo promovido à posição de supremo bem entre os bens, encontre sua base morfológica, sua realização prático-sensível".[19]

O sujeito de tal transformação radical da vida urbana seria o proletariado, responsável pela *missão histórica* atribuída por Marx para essa classe revolucionária: a transformação do mundo através da superação da sociedade de classes, da forma-mercadoria e do lucro. O direito à cidade, nesse trajeto, se constitui como a possibilidade de abertura para uma outra produção social do espaço, voltada para o valor de uso e para a satisfação das necessidades dessa classe separada – alienada – do produto do seu trabalho. Assim, o direito à cidade se estabelece como um projeto virtual, do qual alguns elementos já existem na realidade, ou seja, o direito à cidade existe em *ato e em potência*, simultaneamente.

No entanto, a existência real do direito à cidade pode assumir diferentes matizes e, inclusive, perder o seu horizonte de transformação radical da sociedade urbana. Lefebvre[20] identifica que "a introdução, no sistema contratual, ampliado, transformado, concretizado, do 'direito à cidade'" é uma *operação mistificante* que, presa às características jurídicas de concretização de tal direito, incorre na reafirmação da forma política do Estado. A perspectiva do planejamento urbano e da reforma urbana seria o grande exemplo dessa mistificação.

Lefebvre[21] reafirma que o direito à cidade aparece como utopia e como prática no momento em que a sua realização estaria diretamente vinculada à orientação do crescimento econômico, visando atender às necessidades sociais, possibilitando mudanças profundas nas relações sociais de produção e não se separando da base material da cidade. Sua dupla existência (real e virtual) evidencia também a sua própria superação, conforme já esboçado pelo autor na introdução de *Espaço e política*: "Os 'direitos' necessários, do '*habeas corpus*' ao direito à cidade, não se bastam. É preciso que o urbano se faça ameaçador."[22]

É preciso, portanto, ultrapassar a estrita compreensão jurídica da noção de direito, que aprisiona a consciência e a prática daqueles que lutam pelo direito à cidade. Isso significa dizer que toda noção de direito deve ser superada no processo de construção de uma outra sociedade urbana. O direito à cidade contém os outros direitos sociais, concretos e coletivos (à instrução e à educação, ao trabalho, à cultura, ao repouso, à habitação), e se manifesta como a forma superior de tais direitos, mas este só pode se realizar – completar o seu devir – a partir da transformação completa da produção social da cidade, ou seja, da sociedade.

Dessa forma, compreendemos que o conceito de direito à cidade é potente para se pensar a possibilidade de transformação da sociedade atual rumo à constituição de uma sociedade urbana produzida sobre novas bases. É justamente sobre os caminhos dessa construção que trataremos a seguir.

O USO CORRENTE DA EXPRESSÃO "DIREITO À CIDADE" DAS RUAS ÀS UNIVERSIDADES EM UMA VIA DE MÃO DUPLA

Visando demonstrar a potência do conceito conforme sua elaboração por Lefebvre,[23] apresentamos a seguir um levantamento de diferentes momentos em que a expressão *direito à cidade* foi empregada por movimentos sociais, organizações internacionais e pesquisas científicas. Verificamos que, nessa diversidade de usos, o direito à cidade se torna pauta, instrumento, objeto de discussão, manifestação da resistência e também da cooptação jurídica. No entanto, ele é sempre abordado como um objetivo a ser alcançado, e os caminhos para tal objetivo variam significativamente.

Nos Estados Unidos, por exemplo, a Right to the City Alliance (RTTC) surgiu em 2007 e reúne organizações de 17 estados norte-americanos que reivindicam a justiça racial, econômica e ambiental, a partir de uma pauta unificada contra a gentrificação e a remoção das populações marginalizadas. Utilizando termos como "justiça racial", "direitos humanos" e "democracia", a RTTC tem como objetivo organizar nacionalmente diferentes grupos para ampliar a luta pelo que denominam de "justiça urbana" (*urban justice*). Utilizando o conceito de Henri Lefebvre, a RTTC defende que todos os habitantes das cidades têm o direito de planejá-las, desenhá-las e, com isso, operacionalizar uma agenda de direitos humanos urbanos. O movimento reivindica também o direito ao solo urbano e à habitação livres da especulação; o direito a habitações e locais de trabalho saudáveis e sustentáveis; o direito de liberdade e proteção frente ao constante assédio da polícia; o direito à decisão comunitária sobre o planejamento e a governança das cidades; o direito à informação pública e transparente sobre os recursos públicos; entre outros. Também neste país, a Cities Alliance: Cities without Slums surgiu em 1999 com o objetivo de criar uma aliança global pela redução da pobreza urbana e pela promoção do papel das cidades no desenvolvimento sustentável. Esse grupo é composto por governos nacionais, autoridades locais, organizações não governamentais e organizações multilaterais e atua com o objetivo de criar estratégias de apoio à governança local e à cidadania a partir, principalmente, da melhora no acesso aos serviços básicos inexistentes ou ineficientes nas comunidades mais pobres das cidades.

Na Europa, o grupo libertário Reclaim the Streets começou em 1991, na Inglaterra, uma série de atividades que, no formato da chamada ação direta, reivindicava o uso do espaço público nas cidades. Sua ação enfoca os altos custos sociais e ambientais de um sistema de transporte baseado no uso do carro, essencialmente rodoviário. Utilizando referências como André Gorz, Peter Kropotkin e Guy Debord, o grupo visa reconstruir o sentido da rua como o lugar das pessoas, e não dos carros.

Com sede na França, a rede Initiatives pour un Autre Monde é composta por associações e grupos internacionais de solidariedade que lutam pelo estabelecimento de direitos fundamentais, dentre os quais consta o direito à cidade, objeto do grupo de trabalho sobre as questões urbanas da rede. Esse grupo define o direito à cidade como o direito à habitação adequada, trabalho adequadamente remunerado, à vida em uma cidade bonita, saudável e respeitosa com o meio ambiente. Trata-se também do direito à participação nas decisões de planejamento e urbanismo das cidades, constituindo-se assim como o direito político à participação dos habitantes na concepção e na organização das cidades. Ainda na França, o grupo Ensemble! Montreuil, fundado em 2013, se define como um movimento por uma alternativa ecologista e solidária de esquerda. Uma das pautas é a inserção do direito à habitação – um dos direitos relativos ao direito à cidade, segundo o grupo – na agenda política do município de Montreuil. Também com sede na França, o grupo DALVAA – Repenser le Droit à la Ville depuis les Villes du Sud, Regards Croisés Afrique Subsaharienne/Amerique Latine – é uma plataforma de difusão e intercâmbio de conhecimento sobre a temática do direito à cidade nos países do sul. Para esse grupo, a questão da justiça espacial é uma forma de renovar o debate sobre o direito à cidade, conceito formulado a partir das cidades do norte e que deve ser atualizado para se tornar pertinente como instrumento de reflexão sobre as cidades do sul.

A Fondation Droit à La Ville, sediada no Senegal, é uma fundação de utilidade pública criada por decreto federal em 1995, com o objetivo de operacionalizar a reestruturação urbana e a regularização de terrenos ocupados em algumas cidades do país. Composto majoritariamente por instituições públicas federais, diversas associações bancárias, algumas organizações não governamentais e com o apoio da Organização das Nações Unidas (ONU), a fundação organiza e implementa diversos projetos de regularização fundiária e construção de habitação popular a partir de financiamentos de Estados e bancos europeus.

Já no Brasil, a Plataforma Global pelo Direito à Cidade é um grupo que reúne desde 2014 diversas organizações da América Latina, África, Ásia e Europa com o objetivo de construir um movimento internacional pelo direito à cidade. A plataforma se insere nas pautas definidas pela ONU e visa contribuir com o desenvolvimento de políticas públicas e projetos voltados para a promoção de cidades justas, democráticas, sustentáveis e inclusivas a partir do fortalecimento das lutas sociais urbanas e sua articulação internacional. Para esse grupo, o direito à cidade é definido como um dentre os direitos humanos, sendo aquele que dá as diretrizes do que seriam condições adequadas – justas, democráticas e sustentáveis – de vida nas cidades. O Fórum Nacional de Reforma Urbana (FNRU) é também uma articulação de organizações que, desde 1987, reúne movimentos populares, associações de classe, organizações não governamentais e institutos de pesquisa que buscam promover o direito à cidade. Um dos princípios do FNRU é garantir o acesso de todos os moradores das cidades à moradia digna, aos meios de subsistência, ao saneamento ambiental, à saúde, à educação, ao transporte público, à alimentação, ao trabalho, ao lazer e à informação – ou, segundo o grupo, ao direito à cidade. A gestão democrática das cidades, com participação dos cidadãos nas decisões fundamentais da vida urbana, seria um dos caminhos para se atingir o direito à cidade. Os Comitês Populares da Copa e das Olimpíadas são grupos autônomos, articulados nacionalmente, que questionam a realização e o dito "legado social e econômico" dos megaeventos esportivos no Brasil. Trata-se da articulação e da mobilização de organizações sociais, movimentos populares, sindicatos, órgãos de defesa e controle dos recursos públicos com o objetivo de defender a transparência no acesso à informação, a publicização dos orçamentos dos megaeventos, a garantia dos direitos trabalhistas dos trabalhadores dos eventos esportivos, nenhuma remoção ou despejo forçado, a não violação dos direitos humanos, a garantia do direito à moradia e do direito à cidade.

Criada após uma Conferência da ONU em 1978, a Habitat International Coalition é uma rede global de defesa dos direitos relacionados ao habitat que reúne diferentes grupos da África, Ásia, América Latina, América do Norte, Europa e Oriente Médio. A rede apoia movimentos sociais e organizações que lutam por justiça social, igualdade de gênero, sustentabilidade ambiental e promoção de direitos humanos relacionados à habitação e ao uso do solo nas áreas urbanas. No ano de 2015, o grupo lançou um relatório que tratava do direito à cidade como instrumento para a construção de cidades democráticas e sustentáveis.

Nesse breve levantamento, percebemos que existem diferentes perspectivas de entendimento do direito à cidade e dos seus significados. De grupos autonomistas e movimentos populares até às organizações multilaterais, passando por instâncias governamentais, o direito à cidade surge como pauta e, principalmente, como objetivo a ser alcançado. Na maioria das vezes, este é compreendido como a melhoria das condições de vida nas cidades e, assim, se torna a forma sintética de reivindicação por habitação, trabalho, transporte e acesso aos serviços urbanos em geral. Compreendemos, no entanto, que esse entendimento do direito à cidade se insere em uma perspectiva reformista que reivindica, via Estado, a concretização desses direitos como uma forma de atingir maior justiça social.

Entretanto, compreendemos que existem muitos outros movimentos que, mesmo não explicitando o direito à cidade como uma de suas pautas, reivindicam o conteúdo maior de tal direito: a produção de uma outra vida urbana, de uma prática socioespacial não alienada. Dentre esses movimentos, identificamos as manifestações na periferia de Paris, na França, no ano de 2005; a ocupação da praça Puerta del Sol em Madri, na Espanha, em 2011; a ocupação do parque Zuccotti no distrito financeiro de Wall Street em Nova York, nos Estados Unidos, também em 2011; a ocupação do parque Gezi seguida de dias de manifestações na praça Taksim em Istambul, na Turquia, durante o mês de junho de 2013; a ampliação do debate sobre mobilidade urbana após as manifestações pelo transporte público que ocorreram também em junho de 2013 no Brasil. Enfim, diversos eventos – e não apenas estes mencionados, evidentemente – que, ao redor do mundo, demonstraram que o espaço público é o lugar e o objeto da reivindicação. Todos esses movimentos, no nosso entendimento, realizam então os pressupostos lefebvrianos do direito à cidade, evidenciando que a solução da crise urbana só se concretiza com a superação da reprodução das desigualdades – ou da produção capitalista do espaço.

Diversas pesquisas acadêmicas, tanto no Brasil quanto no exterior, também abordam o tema do direito à cidade sob diferentes perspectivas. Intensos debates estão sendo travados na Geografia, na Arquitetura, no Direito, na Sociologia e na Filosofia a fim de explicar ou mesmo "pôr em prática" tal direito. No entanto, percebemos que a maioria dessas pesquisas apenas dá voltas em torno da proposta elaborada por Henri Lefebvre, restringindo-se ora à uma análise formal, ora ao seu aspecto jurídico.

Em Maricato,[24] o direito à cidade aparece como a ocupação de "áreas deterioradas" nas periferias por aqueles que são expulsos dos centros das cidades. Para a autora, tal direito ganha a devida importância quando parte do *direito à moradia*. Ambos os direitos – à cidade e à moradia – se fundamentam sobre uma perspectiva perpassada pela dicotomia entre o ilegal e o legal, o que, no nosso entendimento, reifica a dimensão jurídica e estatal do direito à cidade. Nas suas palavras:

> O direito à cidade para todos passa pelo acesso à urbanização como também pelo acesso à condição habitacional legal. Embora a ocupação ilegal da terra urbana seja genérica e crescentemente tolerada, seu reconhecimento legal é raro. É evidente que estamos diante de um conflito generalizado que exigirá alguma resolução institucional à proporção que as relações democráticas se ampliem e com elas a universalização dos direitos como reza a Constituição.[25]

A produção do espaço urbano como principal processo de geração de desigualdades socioespaciais, as quais aparecem na forma da segregação entre bairros, entre centro e periferias das cidades, é apontada por Rodrigues.[26] Para a autora, a produção da habitação torna-se mercadoria quando controlada pelo mercado imobiliário. Entretanto, em sua análise, as ocupações, os cortiços e as favelas são a expressão do valor de uso do espaço, mesmo que não estejam totalmente descolados do valor de troca. Rodrigues[27] argumenta que as condições de moradia das populações mais pobres gerariam descontentamentos, fazendo com que estas se organizassem e evoluíssem para articulações de grupos de moradores ou ocupações coletivas, tornando a exploração e a espoliação fatos visíveis, constituindo assim a base dos movimentos que lutam pelo direito à cidade. Em sua concepção, os movimentos sociais "reafirmam o direito universal ao trabalho, educação, saúde, terra para plantar, terra para morar, a igualdade, a universalidade de acesso à moradia, saneamento básico, transportes coletivos, o direito à cidade".[28]

Para Trindade,[29] esses direitos citados integram a luta pelos *direitos sociais*, que estão entre as *obrigações positivas* do Estado. Nesse sentido, a busca pela cidadania se expressaria no conflito entre liberdades individuais e poderes, os quais asseguram os *mecanismos jurídico-institucionais* para a segurança e bem-estar dos "cidadãos".

Segundo Catalão,[30] a inclusão do "direito a cidades sustentáveis" no Estatuto da Cidade demonstra um avanço na legislação brasileira. Catalão,[31] Maricato[32] e Rodrigues[33] compreendem que o Estatuto da Cidade é o resultado da pressão exercida pelos movimentos sociais, que acabaram por não deixar para o Estado outra alternativa a não ser "negociar". Tais autores avaliam que a inclusão do direito à cidade em uma lei, o Estatuto da Cidade, representaria uma maior democratização da cidade. Para Catalão,[34] a busca por tal direito significa a *restituição do contrato de vida coletiva*. Assim, sua proposta culminaria na construção da justiça espacial enquanto meio para assegurar a equidade e a cidadania. Para o autor, esse caminho aparece como necessário para se alcançar o direito à cidade.

Compreendemos, no entanto, que associar direta e horizontalmente o direito à cidade a outros direitos sociais limita o seu caráter utópico, pois o insere no conjunto de direitos parciais que se restringem a uma relação necessária com o Estado para se concretizarem. O direito à cidade, se entendido como um dos caminhos rumo à revolução urbana, supera os direitos parciais, pois contém em si tanto a realização desses direitos quanto o devir da produção de uma outra sociedade urbana.

Consideramos que os trabalhos de Harvey[35] e Soja[36] são contribuições centrais para o debate sobre os limites da reivindicação por direitos parciais. Ambos os autores compreendem que a relação entre a sociedade e o espaço é dialética, princípio que traz diversas consequências para a análise geográfica, entre elas: a) o entendimento de que o espaço não é absoluto, ou seja, não é um receptáculo ou um palco de ações, e, consequentemente, a sociedade não é um grupo de atores que age sobre este espaço; b) o espaço também não é a forma aparente das desigualdades produzidas pelo modo de produção capitalista, ou seja, a paisagem em si não revela as dinâmicas de reprodução do capital. O espaço, assim, é mais do que uma qualidade física do mundo material ou um atributo filosófico em suas dimensões absolutas, relativas e relacionais.

De acordo com Soja,[37] a espacialidade da vida humana é, fundamentalmente, um produto social complexo coletivamente configurado, visto que a relação entre as dimensões sociais e espaciais da vida se influenciam mutuamente. Essa via de mão dupla entre sociedade e espaço constitui o fundamento da dialética socioespacial: a espacialidade configura as relações sociais tanto quanto os processos sociais configuram as espacialidades. Esse princípio traz como conteúdo para a análise geográfica o entendimento de que a dialética socioespacial trata da condição espacial da reprodução das sociedades, reprodução essa que no capitalismo possui especificidades que se reproduzem produzindo espaço, conforme já tratamos anteriormente.

Harvey[38] centra sua análise na relação intrínseca entre a expansão do capitalismo e o processo de urbanização. Para o autor, as cidades nascem como concentração de mais-produto e a urbanização é uma maneira de absorver a mais-valia produzida no processo de produção de capital. Dessa forma, não existiria cidade sem mais-valia e, portanto, sem classes sociais diferentes. Isso significa dizer que o capitalismo está constantemente produzindo a mais-valia necessária para a urbanização, da mesma forma que a urbanização está constantemente absorvendo a mais-valia produzida.

A urbanização capitalista, assim, com seus conteúdos específicos, produz uma cidade que polariza a distribuição de riqueza e de poder,[39] transformando a forma e a constituição espacial das cidades, aprofundando a segregação, a qual se torna o aspecto fundamental da produção e urbanização da injustiça e que, portanto, se apresenta como o principal alvo das lutas por justiça.[40] Assim sendo, o processo de urbanização capitalista periodicamente gera revoltas.

O argumento desenvolvido tanto por Harvey[41] quanto por Soja[42] é que as diversas lutas travadas pelos movimentos sociais urbanos e suas reivindicações por direitos citadinos é um dos elementos que demonstram o caráter urbano da sociedade, praticamente no mundo todo. Dessa forma, percebe-se que a condição urbana da vida está diretamente relacionada com a dimensão urbana da luta por melhores (ou outras) condições de vida nas cidades. Harvey[43] cita como exemplos de lutas travadas nas cidades desde as revoltas de 1968 em Paris, Bangkok, Cidade do México e Chicago à construção do Fórum Social Mundial nos anos 1990 e a criação da RTTC nos Estados Unidos, já mencionada aqui. Soja[44] enumera o caso da luta judicial travada em 1996 pela Bus Riders Union contra a empresa de transportes metropolitanos da cidade de Los Angeles e a criação, também nos anos 1990, da Los Angeles Alliance for a New Economy e da Strategic Action for a Just Economy.

O conceito de direito à cidade ganha centralidade nesse processo ao aparecer como reivindicação em diversos desses movimentos. A questão que se coloca para o pensamento teórico nesse momento seria compreender quais são os conteúdos dessa reivindicação contemporânea pelo direito à cidade. Para Harvey,[45] o direito à cidade se constitui claramente como uma pauta revolucionária por ser uma outra forma de produzir a cidade, de produzir o espaço. No entendimento do autor, o direito à cidade é um direito coletivo, não exclusivamente aos recursos e à infraestrutura da cidade, mas ao exercício coletivo do poder sobre o processo de urbanização. Nessa concepção, percebe-se que o direito à cidade é uma utopia, mas que contém a possibilidade da sua realização no presente, aponta o devir, e disso surge o seu caráter revolucionário.

Já para Soja,[46] a reivindicação por justiça espacial seria uma forma de atualizar o conceito de direito à cidade, fundamentando-se assim uma pauta que pode estar próxima e ser útil aos movimentos sociais que reivindicam outras condições de vida na cidade. O autor sugere que a reivindicação por justiça, no mundo atual, tende a ser mais concreta e, consequentemente, voltada para as condições atuais de quem a reivindica, pois atravessa as diferenças de classe, raça e gênero, visando criar um senso de coletividade que formaria uma consciência política generalizada.

O argumento desenvolvido por Soja[47] é que se deve dar grande importância para os movimentos sociais urbanos haja vista a condição e o contexto da vida urbana. Em outras palavras, dado que a maioria da população mundial vive atualmente em centros urbanos, a luta por um acesso mais equitativo aos recursos sociais das cidades é o significado prático da busca por justiça espacial. Dessa forma, pode-se compreender que o autor se coloca ao lado dos movimentos sociais e, de certa maneira, justifica suas lutas e marca a importância do espaço como centralidade das suas reivindicações. Assim, lutar por mais justiça espacial significaria lutar pelo fim da segregação, da formação de guetos, do *apartheid*, por maior participação nos fóruns políticos de decisão, pela ampliação dos espaços públicos e dos debates democráticos sobre as decisões que dizem respeito à vida nas cidades.[48]

Compreendemos que tanto Harvey[49] quanto Soja[50] compartilham da interpretação de Young,[51] que defende que a cidade é o lugar da realização da política da diferença, sendo o espaço público, sobretudo o lugar da política. Uma sociedade industrializada, urbanizada e que habita densamente em cidades é a condição histórica atual a partir da qual se deve pensar a transformação social. O momento presente do desenvolvimento das forças produtivas é o ponto de partida da condição revolucionária. Por esse motivo, o pensamento e a prática revolucionários não podem ignorar a condição urbana da sociedade atual e pautar uma transformação que não possua a vida nas cidades como um dos seus conteúdos.

O argumento do direito à diferença, desenvolvido por Young,[52] baseia-se, fundamentalmente, em uma crítica às concepções distributivistas de justiça, *grosso modo*, àquelas que concebem a igualdade e/ou a equidade como o fundamento de políticas sociais justas. A seguir abordaremos a crítica a essas concepções e o seu papel para a construção da noção de direito à cidade.

DIREITO OU JUSTIÇA? SOBRE OS CONTEÚDOS REFORMISTAS OU REVOLUCIONÁRIOS DA LUTA PELO DIREITO À CIDADE

Conforme evidenciamos anteriormente, a expressão direito à cidade vem sendo frequentemente empregada conjuntamente à expressão *justiça espacial.* Tal associação entre *direito* e *justiça* dispara a reflexão sobre as diferenças entre os dois conceitos e as aproximações que atualmente se desenrolam entre eles. A seguir, faremos uma breve discussão sobre tais conceitos, buscando mais adiante esclarecer a construção da noção lefebvriana de direito à cidade.

Consideramos importante iniciar o debate pontuando que a justiça espacial é diversas vezes associada à noção de equidade na distribuição de renda, serviços e bens urbanos. Essa construção teórica remonta à noção de justiça de John Rawls, que, restrita ao âmbito da individualidade, defende que uma sociedade bem ordenada – mesmo que prenhe de conflitos de interesse – deve ser pensada com vistas ao *benefício mútuo* através de um *empreendimento cooperativo*. A perspectiva *contratualista* norteia toda sua teoria, de forma que o autor elege princípios fundamentais para organizar a sociedade, selando acordos sobre as parcelas distributivas para a apropriação individual. Estes são os chamados "princípios da justiça social: são um modo de atribuir direitos e deveres nas instituições básicas da sociedade e definem a distribuição apropriada dos benefícios e dos encargos da cooperação social".[53] Assim, o argumento fundamental de Rawls[54] é que o ente responsável por tal tarefa distributiva seria o Estado, e, quando este não o faz, ocorrem situações de injustiça. Centrando, portanto, o argumento na distribuição, Rawls[55] defende que todos os indivíduos devem ter acesso a um conjunto de bens e serviços considerados básicos e que a justiça se realizaria através da equidade promovida pelas instituições estatais.

A justiça espacial, então, quando compreendida sob os marcos da equidade e da distribuição, incorre em reivindicações que necessariamente exigem do Estado a realização e a concretização dessa distribuição de bens e serviços básicos. Logo, uma distribuição "mais justa" seria responsabilidade das instituições estatais que, no entanto, reproduzem a forma jurídica da sociedade de classes.

Já a consideração que comumente se faz do direito à cidade como um fragmento dos direitos humanos repõe todos os termos da defesa dos direitos do homem e do cidadão. Para Marx,[56] esse discurso foi expresso pela Constituição francesa de 1793, a qual elegeu quatro direitos imprescindíveis da sociedade burguesa: liberdade, igualdade, segurança e propriedade privada.

A liberdade e a igualdade – ambas defendidas desde a Revolução Francesa – são apresentadas no limite da regulação jurídica da revolução política burguesa, a qual rompe com os paradigmas da organização política feudal. São, portanto, características do *homem egoísta*, separado e isolado hermeticamente como um universo em si mesmo. Isso significa que os conceitos de igualdade e liberdade não passam da igualdade e liberdade perante a lei. Para Marx:[57] "o direito humano à liberdade não se baseia na vinculação do homem com os demais homens, mas, ao contrário, na separação entre um homem e outro. Trata-se do direito a essa separação, o direito do indivíduo *limitado*, limitado a si mesmo".

A segurança é o conceito que mais agrada o homem separado, egoísta, pois eleva, através da força policial, a garantia da pessoa (jurídica), dos direitos (burgueses) e da propriedade privada. É, portanto, a segurança do egoísmo. E, por fim, o direito à propriedade privada é o centro gravitacional da sociedade burguesa. É onde a liberdade individual se realiza na prática, assegurada socialmente.

> Portanto, nenhum dos assim chamados direitos humanos transcende o homem egoísta, o homem como membro da sociedade burguesa, a saber, como indivíduo recolhido ao seu interesse privado e ao seu capricho privado e separado da

> comunidade. Muito longe de conceberem o homem como um ente genérico, esses direitos deixam transparecer a vida do gênero, a sociedade, antes como uma moldura exterior ao indivíduo, como limitação de sua autonomia original. O único laço que os une é a necessidade natural, a carência e o interesse privado, a conservação de sua propriedade e de sua pessoa egoísta.[58]

O que Marx esclarece aqui é, de fato, o conteúdo das relações jurídicas e como elas se tornaram possíveis através das condições materiais do modo de produção capitalista. Sendo o direito um fenômeno moderno, produto das relações de produção capitalistas, este só aparece como um fenômeno e uma expressão política autônoma na modernidade. Toda expressão que remeta ao direito em períodos anteriores não carrega sua dimensão total. Portanto, por mais que tenhamos conhecimento dos chamados "direito romano", "direito canônico" ou "direito natural", isso não quer dizer que eles tenham sido, de fato, direito. Essas concepções pré-modernas do direito possuem uma base teológica clara que se mistura às dimensões políticas e econômicas. É apenas na modernidade que o direito emerge com uma forma própria, intrinsecamente relacionada ao Estado, embora estes não devam ter suas formações confundidas.[59] Dessa forma, é somente a partir das constituições dos Estados nacionais e das suas respectivas Constituições Civis[60] – cuja grande referência é a francesa, fruto da revolução burguesa do final da década de 1780 – que o direito surge conforme o conhecemos atualmente.

Trindade[61] afirma que a concepção de propriedade que prevaleceu no campo jurídico foi a defesa irrestrita da propriedade privada, a qual deveria ser central – em detrimento da propriedade social, que foi negligenciada –, estimulando a especulação imobiliária. Para o autor, o usufruto das *vantagens, serviços e oportunidades* geralmente encontrados nas áreas centrais da cidade justificaria uma certa associação entre a propriedade privada e o direito à cidade. Desse modo, a garantia desse direito se daria quando o Estatuto da Cidade passasse a elaborar políticas de interesses coletivos, executando a *função social da propriedade* e a *segurança e bem-estar dos cidadãos*.

Para o autor, o Estatuto da Cidade impõe limites ao direito individual de propriedade, evitando os *vazios urbanos*, inibindo a especulação imobiliária e ampliando a forma de acesso às áreas urbanas. Esse processo se torna possível uma vez que o Estatuto tem como pauta obrigatória a participação da população, inclusive dos mais pobres, no planejamento de suas cidades, democratizando o aparelho burocrático estatal. Contudo, o autor chega a admitir que os *direitos sociais* não são o negativo do capitalismo, mas que, de alguma maneira, incomodam as classes dominantes. Nessa categoria estaria o Estatuto da Cidade, que, muito embora não se oponha à propriedade privada (no fundo, a reconhece), acaba por limitar sua utilização.

> [...] a efetivação do Estatuto da Cidade e, portanto, do direito à cidade, não implicaria de modo algum em uma ruptura com a lógica capitalista e mercantil de produção da cidade, mas por certo restringiria de forma significativa as possibilidades de

> ganhos e apropriação da renda fundiária urbana pelos agentes ligados ao mercado imobiliário, o que naturalmente suscita reações negativas destes a toda e qualquer tentativa de efetivação da referida lei, sobretudo no que tange aos instrumentos jurídico-urbanísticos de coibição da especulação imobiliária.[62]

No entanto, consideramos que a luta pela transformação da vida urbana pelo proletariado não pode se resumir nem ao "reconhecimento do direito de ter direitos" nem à ideologia da reforma urbana promulgada pelo Estatuto da Cidade, a qual pode levar a crer que exista uma aproximação entre um tal "uso social da propriedade" e o valor de uso, ou mesmo acreditar que a consolidação de uma "Carta Mundial pelo Direito à Cidade", que se pauta na regulação estatal e no reconhecimento legal,[63] sejam caminhos viáveis para a revolução da vida social na cidade. Nesse sentido, Trindade[64] esclarece que "a institucionalização jurídica do direito à cidade somente se justifica na perspectiva da função social da propriedade, ou seja, este é o princípio que define o direito à cidade em termos legais". Tal colocação, simultaneamente acertada e contraditória, ressalta novamente o caráter capitalista da forma jurídica e seu principal pilar: a propriedade.

Sob outra perspectiva, Carlos[65] evidencia o caráter de classe da produção capitalista do espaço urbano enquanto *locus* da segregação, impondo ao uso social da cidade a lei do valor de troca, sustentado e sustentando a propriedade privada e as diferenças de acesso à moradia, lazer, mobilidade e apropriação dos lugares. Para a autora, é devido a esse processo contraditório de produção social e apropriação privada da cidade que emerge *a luta pelo direito à cidade*. A existência da propriedade conduz à forma jurídica e às relações contratuais reafirmando o direito e as desigualdades de acesso à vida urbana.

Nesse sentido, a autora identifica no movimento de explosão da cidade em periferias não apenas a normatização dos usos do espaço, mas também da própria vida cotidiana, esvaziando ambos de uma diversidade de sentidos.

> Se a existência da propriedade esfacela a cidade limitando seu acesso, promovendo separações de usos e funções, restringindo a prática socioespacial, o que une e dá sentido a esses fragmentos é a existência do Estado, normatizando o cotidiano, legitimando a propriedade privada do solo como direito (no plano do jurídico), direcionando o processo de valorização/desvalorização dos lugares por meio de políticas públicas e da manipulação dos orçamentos, da cooptação do conhecimento que produz o saber técnico (o que revela o caráter utilitário da ciência produtora de informação), criando o discurso que funda a lógica do crescimento e justifica a distribuição dos recursos aplicados nos espaços produtivos visando à reprodução do lucro. O sentido da intervenção no urbano une o político e o econômico a partir de estratégias que visam permitir a realização do valor que tem o Estado como orientador dos investimentos por meio da construção de infraestrutura e de normas, viabilizando a reprodução do capital. Há, portanto, uma violência inerente a esse processo de produção do espaço urbano sob o capitalismo.[66]

As lutas *pelo* espaço (e não apenas *no* espaço) apontam para os limites da propriedade privada, emergindo justamente como o negativo desta, segundo a autora. A contestação da realidade urbana atual poderia, então, voltar-se para a possibilidade da transformação radical a partir da apropriação para o uso, vinda das relações cotidianas que passam cada dia a ter mais consciência da privação do espaço, dos bens necessários à vida e dos desejos.

Dessa forma, Carlos[67] atribui ao direito à cidade o uso pleno e a realização simultânea do *direito à obra* e do *direito à apropriação*, conforme a proposta de Lefebvre.[68] Assim, para a autora, a segregação encontraria seu limite no próprio direito à cidade, pondo em cheque a produção do espaço urbano sob a égide do capitalismo.

> O *direito à cidade*, portanto, aponta a negação do mundo invertido, aquele das cisões vividas na prática socioespacial, das representações que criam a identidade abstrata (na indiferença da constituição da vida como instituição de um modelo de felicidade forjado na posse de bens); da preponderância da instituição e do mercado sobre a vida; do poder repressivo que induz à passividade pelo desaparecimento das particularidades; da redução do espaço cotidiano ao homogêneo, destruidor da espontaneidade e do desejo. Assim, a superação da segregação socioespacial encontra seu caminho na construção do *direito à cidade*, como projeto social.[69]

Caminhando em outra direção, Harvey[70] e Soja[71] acreditam que o direito à cidade se relaciona, num primeiro plano, às demandas práticas dos movimentos sociais urbanos e, apenas em segundo plano, a uma proposta filosófica mais acabada que visaria à utopia de uma outra sociedade. Consideramos, no entanto, que a noção de direito à cidade demonstra sua potência justamente por não separar a luta atual, necessária, da luta teórica e utópica. É nesse movimento que se reafirma o direito à cidade como realidade e como devir, simultaneamente.

O DIREITO À CIDADE NA TRILHA DA APROPRIAÇÃO DO ESPAÇO

A utilização corrente da expressão *direito à cidade*, conforme vimos aparecer sob diversos matizes em movimentos sociais, manifestações, organizações internacionais, órgãos multilaterais, leis, pesquisas e intelectuais revela uma contradição intrínseca ao termo: a sua generalização é responsável, simultaneamente, pela sua banalização e consequente afastamento da formulação original – lefebvriana – e pela demonstração da sua potência explicativa e transformadora. Ao se transfigurar em reivindicação, o direito à cidade, mesmo que banalizado, revela a urgência da transformação da sociedade urbana e da vida nas cidades.

Compreendemos que o direito à cidade rompe com a duplicidade do caráter capitalista da produção da cidade enquanto *lugar de encontro* e *consumo do lugar*. Deteriorada pela lógica do valor e pela generalização da forma-mercadoria, a capacidade criadora e os produtos do trabalho são subsumidos à hegemonia da produção capitalista, gerando o estranhamento e a alienação. Sendo a produção do espaço parte do conjunto das produções sociais, tais processos demonstram explicitamente a sua espacialidade na crise urbana.

O direito à cidade, dessa forma, deve se constituir também como uma produção coletiva que, no entanto, só vai se realizar plenamente quando superada a produção capitalista do espaço. Por isso, ele é um horizonte temporário, transitório. O direito à cidade não é apenas: pode vir a ser. Essa afirmação o coloca no campo das possibilidades, do devir. Porém, esse devir já possui existência real na luta cotidiana pelo espaço, colocando-se, portanto, simultaneamente, como presença e ausência, o direito à cidade abre o caminho para a reapropriação da cidade enquanto obra, para seu *uso principal* enquanto festa.

NOTAS

1 Consideramos pertinente destacar os seguintes trabalhos, com as datas da primeira publicação, como parte desse movimento do autor: *La Vie quotidienne dans le monde moderne* (1968), *Le droit à la ville* (1968), *Du rural à l'urbain* (1970), *La Révolution urbaine* (1970), *Le Droit à la ville II: espace et politique* (1972), *La Production de l'espace* (1974).

2 Carlos, 1994. 2007, 2011, 2015.

3 Carlos, 1994.

4 Carlos, 2011, p. 33.

5 Carlos, 2011, 2015.

6 Lefebvre, 1973, 2008a, 2009.

7 Alvarez, 2008.

8 Carlos, 2015.

9 Lefebvre, 1973, p. 21.

10 Lefebvre, 1973, 2008a, 2008b, 2009.

11 Carlos, 1994, 2007 2011, 2015.

12 Alvarez, op. cit.

13 Santos, 2013.

14 Diversos autores desenvolveram pesquisas justamente sobre este assunto. Destacamos que a própria coleção Metageografia, da qual este livro faz parte, objetiva explicitar essa perspectiva de interpretação. No momento, elencamos os trabalhos de Alvarez (2008), Alves (2010), Carlos (1994; 2007; 2011; 2015), Faria (2011), Miele (2008), Padua (2008), Ribeiro (2010), Sampaio (2011), Santos (2013), Scifoni (2008) e Volochko (2008), como parte de tal perspectiva.

15 Lefebvre, 2009.

16 Idem, p. 118.

17 Idem.

18 Idem.

19 Idem, p. 118.

20 Lefebvre, 2008a, p. 135.

21 Lefebvre, 2008b.

22 Idem, p. 20.

23 Lefebvre, 2009.

24 Maricato, 2015.

25 Maricato, 1996, p. 70.

26 Rodrigues, 2007.

27 Idem.

28 Idem, p. 81.

29 Trindade, 2012.

30 Catalão, 2013.
31 Idem.
32 Maricato, 1996.
33 Rodrigues, op. cit.
34 Catalão, op. cit.
35 Harvey, 2012.
36 Soja, 2010.
37 Idem.
38 Harvey, op. cit.
39 Idem.
40 Soja, op. cit.
41 Harvey, op. cit.
42 Soja, op. cit.
43 Harvey, op. cit.
44 Soja, op. cit.
45 Harvey, op. cit.
46 Soja, op. cit.
47 Idem.
48 Idem.
49 Harvey, op. cit.
50 Soja, op. cit.
51 Trabalho publicado em 1990 pela ativista e intelectual Iris Marion Young é considerado renovador e peça fundamental de um novo debate sobre as lutas por justiça e/ou igualdade de direitos. Danielle Allen (2011) argumenta que este trabalho de Young é filosoficamente rico por fundamentar uma teoria democrática da heterogeneidade, a partir da crítica à ilusão da homogeneidade. De acordo com Edward William Soja, op. cit., a autora avança enormemente na necessidade de contextualização da justiça em termos históricos, geográficos e institucionais mais concretos, focando nas forças estruturais que geram desigualdades e injustiça.
52 Young, 1990.
53 Rawls, 2008, p. 5.
54 Idem.
55 Idem.
56 Marx, 2010.
57 Idem, p. 49.
58 Idem, p. 50.
59 O Estado também adquire uma forma própria na modernidade. Assim como o direito, este se separa do elemento teológico e econômico para ganhar uma forma política independente. Ambos, entretanto, nascem de relações materiais de produção: o direito comercial, por exemplo, surge porque há necessidade de se legitimar o comércio, e o Estado, por sua vez, precisa assegurar que os contratos de troca sejam cumpridos (Mascaro, 2013a).
60 O primeiro código jurídico da modernidade surgiu em Portugal, o primeiro Estado nacional a se unificar com o intuito de proteger seu comércio marítimo e seus produtos. No entanto, tal código tinha suas normas restritas aos limites do Absolutismo, período que marca a transição para a modernidade tanto no campo prático quanto no filosófico. No que se refere à filosofia do direito, esse período marca a passagem do pensamento kantiano para o pensamento hegeliano: o juspositivismo, a ascensão do direito intrinsecamente relacionado ao Estado, substitui o jusnaturalismo, a razão individualista que sustenta o pensamento absolutista. "O Estado já é burguês. A própria burguesia, que defendia um direito universalista, consolidava-se no poder de cada Estado nacional e se adaptava às contingências específicas valendo-se do direito positivo que agora lhe pertencia. A burguesia, que passara séculos defendendo uma filosofia do direito jusrracionalista [herança iluminista], agora era juspositivista. Sua visão filosófica, que se pretendia eterna e universal, paradoxalmente mudou." (Mascaro, 2013, p. 238).
61 Trindade, op. cit.
62 Idem, pp. 158-9.
63 Rodrigues, op. cit.
64 Trindade, op. cit., p. 140.
65 Carlos, 2013.
66 Idem, p. 104.
67 Idem.
68 Lefebvre, 2009.
69 Carlos, 2013, p. 109.
70 Harvey, op. cit.
71 Soja, op. cit.

BIBLIOGRAFIA

ALLEN, Danielle. Foreword to the 2011 Edition. In: YOUNG, Iris Marion. *Justice and the Politics of Difference*. Princeton: Princeton University Press, 2011.

ALVAREZ, Isabel Aparecida Pinto. *A reprodução da metrópole:* o projeto Eixo Tamanduatehy, 2008. Tese (doutorado em Geografia Humana) – Faculdade de Filosofia, Letras e Ciências Humanas, Universidade de São Paulo.

ALVES, Glória da Anunciação. *O uso do centro da cidade de São Paulo e sua possibilidade de apropriação*. São Paulo: FFLCH Edições, 2010. Disponível em: <http://gesp.fflch.usp.br/sites/gesp.fflch.usp.br/files/Livro_gloria.pdf>. Acesso em: 10 ago. 2015.

CARLOS, Ana Fani Alessandri. *A (re)produção do espaço urbano*. 1. ed. São Paulo: Edusp, 1994.

______. *O espaço urbano*: novos escritos sobre a cidade. São Paulo: FFLCH Edições, 2007. Disponível em: <http://gesp.fflch.usp.br/sites/gesp.fflch.usp.br/files/Espaco_urbano.pdf>. Acesso em: 20 ago. 2015.

______. *A condição espacial*. São Paulo: Contexto, 2011.

______. A prática espacial urbana como segregação e o "direito à cidade" como horizonte utópico. In: VASCONCELOS, Pedro de Almeida; CORRÊA, Roberto Lobato; PINTAUDI, Silvana Maria (orgs.). *A cidade contemporânea*: segregação espacial. São Paulo: Contexto, 2013.

______. (org.). *Crise urbana*. 1. ed. São Paulo: Contexto, 2015.

CATALÃO, Igor. Apontamentos sobre direito à cidade e justiça espacial em Curitiba e Brasília. In: *Anais*... XII Simpósio Nacional de Geografia Urbana (Simpurb). Rio de Janeiro, 2013.

FARIA, Camila Salles. *A integração precária e a resistência indígena na periferia da metrópole*. São Paulo: FFLCH Edições, 2011. Disponível em: <http://gesp.fflch.usp.br/sites/gesp.fflch.usp.br/files/Camila_Gesp.pdf>. Acesso em: 15 mar. 2015.

HARVEY, David. *Rebel Cities*: From de Right to the City to the Urban Revolution. Londres: Verso, 2012.

LEFEBVRE, Henri. *A re-produção das relações de produção*. Porto: Escorpião, 1973.

______. *A revolução urbana*. Trad. Sérgio Martins. 3. reimpressão. Belo Horizonte: Editora da UFMG, 2008a.

______. *Espaço e política*. Belo Horizonte: Editora da UFMG, 2008b.

______. *O direito à cidade*. Trad. Rubens Eduardo Frias. 5. ed. 1. reimpressão. São Paulo: Centauro, 2009.

MARICATO, Ermínia. *Metrópole na periferia do capitalismo:* elegalidade, desigualdade e violência. São Paulo: Hucitec, 1996.

______. *Para entender a crise urbana*. São Paulo: Expressão Popular, 2015.

MARX, Karl. *Sobre a questão judaica*. Trad. Nélio Shneider. São Paulo: Boitempo, 2010.

MASCARO, Alysson Leandro. *Estado e forma política*. São Paulo: Boitempo, 2013a.

______. *Filosofia do direito*. 3. ed. São Paulo: Atlas, 2013b.

MIELE, Sávio Augusto de Freitas. *O movimento da economia financeira na dinâmica imobiliária de São Paulo*. São Paulo: FFLCH Edições, 2008. Disponível em: <http://gesp.fflch.usp.br/sites/gesp.fflch.usp.br/files/movimento_economia.pdf>. Acesso em: 20 fev. 2015.

PADUA, Rafael Faleiros. *Implicações socioespaciais da desindustrialização e da reestruturação do espaço em um fragmento da metrópole de São Paulo*. São Paulo: FFLCH Edições, 2008. Disponível em: <http://gesp.fflch.usp.br/sites/gesp.fflch.usp.br/files/implicacoes_socioespaciais.pdf>. Acesso em: 20 mar. 2015.

RAWLS, John. *Uma teoria da justiça*. Trad. Jussara Simões. 3. ed. São Paulo: Martins Fontes, 2008.

RIBEIRO, Fabiana Valdoski. *A produção do lugar na periferia da metrópole paulistana*. São Paulo: FFLCH Edições, 2010. Disponível em: <http://gesp.fflch.usp.br/sites/gesp.fflch.usp.br/files/produ%C3%A7%C3%A3o_lugar.pdf>. Acesso em: 15 fev. 2015.

RODRIGUES, Arlete Moysés. "Desigualdades socioespaciais: a luta pelo direito à cidade". *Cidades*, Presidente Prudente: Grupo de Estudos Urbanos (GEU), v. 4, n. 6, 2007, pp. 73-88. Disponível em: <http://revista.fct.unesp.br/index.php/revistacidades/article/viewFile/571/602>. Acesso em: 11 ago. 2015.

SAMPAIO, Renata Alves. *Da noção de violência urbana à compreensão da violência do processo de urbanização*: apontamentos para uma inversão analítica a partir da Geografia Urbana. São Paulo, 2011. Dissertação (mestrado em Geografia Humana) – Universidade de São Paulo.

SANTOS, Cesar Ricardo Simoni. *Brasília*: do projeto hegeliano ao espaço da acumulação. São Paulo: FFLCH Edições, 2013. Disponível em: <http://gesp.fflch.usp.br/sites/gesp.fflch.usp.br/files/Livro_Brasilia_Formatado%20(1).pdf>. Acesso em: 14 mar. 2015.

SCIFONI, Simone. *A construção do patrimônio natural*. São Paulo: FFLCH Edições, 2008. Disponível em: <http://gesp.fflch.usp.br/sites/gesp.fflch.usp.br/files/Livro_simone.pdf>. Acesso em: 10 de mar. 2015.

SOJA, Edward William. *Seeking Spatial Justice*. Minneapolis: University of Minnesota Press, 2010.

TRINDADE, Thiago Aparecido. "Direitos e cidadania: reflexões sobre o direito à cidade". *Lua Nova*, São Paulo, n. 87, 2012, pp. 139-65. Disponível em: <http://www.scielo.br/pdf/ln/n87/07.pdf>. Acesso em: 24 ago. 2015.

VOLOCHKO, Danilo. A *produção do espaço urbano e as estratégias reprodutivas do capital*: negócios imobiliários e financeiros em São Paulo. São Paulo: FFLCH Edições, 2008. Disponível em: <http://gesp.fflch.usp.br/sites/gesp.fflch.usp.br/files/livro_danilo_0.pdf>. Acesso em: 14 mar. 2015.

YOUNG, Iris Marion. *Justice and the Politics of Difference*. Princeton: Princeton University Press, 1990.

PARTE II

O PLANO DA PRÁTICA SOCIAL

A JUSTIÇA ESPACIAL, EXPERIÊNCIAS E PISTAS DE PESQUISA

Philippe Gervais-Lambony

Amartya Sen abre sua obra *A ideia de justiça* com uma homenagem às crianças, porque elas são dotadas de uma capacidade de sentimento de injustiça comumente perdido pelos adultos: esse "sentimento de injustiça pode servir de ponto de partida colocando-nos em movimento".[1] Diante do crescimento, em todas as escalas, das desigualdades por um lado e das tensões "identitárias" por outro, esse é, a meu ver, um sentimento que explica a magnitude alcançada atualmente pela reflexão sobre o conceito de justiça espacial. Essa reflexão foi iniciada notadamente na França por um grupo de geógrafos, urbanistas e sociólogos em 2007. O coletivo congrega pesquisadores e professores-pesquisadores ligados a diversas instituições, francesas e estrangeiras, trabalhando a respeito dos países dos hemisférios norte e sul, unindo-se em torno da revista *Justice Spatiale-Spatial Justice* (JSSJ),[2] além de outros projetos que resultaram em um conjunto de ações científicas. Entre elas, podemos assinalar – após o colóquio de lançamento (*Justiça e injustiça espaciais*) organizado em março de 2008 na Universidade de Nanterre (com um certo número de publicações)[3] – o programa de pesquisa Jugurta,[4] como campo de aplicação da reflexão teórica elaborada.[5]

Este capítulo apresenta o resultado alcançado pelo conjunto articulado entre os trabalhos de campo (empíricos) realizados e a construção teórica que considera seriamente tanto a diversidade das definições de justiça social como aquelas de espaço, apresentando (no final) aquilo que consideramos como pistas para pesquisas futuras.

O QUE É JUSTIÇA ESPACIAL?

Estudar a justiça espacial não é julgar segundo critérios morais tal organização espacial ou tal política, mas analisar as consequências da organização do espaço em termos de justiça e de injustiça sociais ao mesmo tempo em que as consequências das injustiças sociais sobre a organização do espaço. É, portanto, refletir sobre as interações entre justiça e injustiça sociais e espaço. No entanto, qualquer que seja o tipo de espaço ao qual se aplica esse conceito, tende-se sempre a colocar em primeiro plano o político e as políticas. Não surpreende o fato de que essa posição central do político esteja sempre ligada à questão da justiça espacial. Com efeito, considerar que ela deve também ser central em toda reflexão sobre o espaço é uma convicção que se encontra em Henri Lefebvre:

> [..] o espaço foi construído, modelado, a partir de elementos históricos ou naturais, mas politicamente. O espaço é político e ideológico. [...] Há uma ideologia do espaço. Por quê? Porque este espaço que parece homogêneo, que parece dado como um bloco em sua objetividade, em sua forma pura, tal qual nós o constatamos, é um produto social.[6]

Essa ideia simples transformou profundamente o conjunto das abordagens sobre as questões espaciais nas ciências sociais e humanas. É necessário novamente partir daí e dessa formulação tirar as conclusões que se impõem. De fato, se o espaço é um produto social e político (no sentido mais amplo do termo), isso significa que há uma inter-relação direta entre o social e o espacial. Portanto, é possível agir sobre o espaço para garantir que essa sua produção seja mais ou menos favorável a todos, ou, ao contrário, que ela seja exclusiva e controlada por alguns. Assim, a produção do espaço pode ser mais ou menos justa e, reciprocamente, o espaço produzido pode ter os "efeitos" retroativos justos ou injustos sobre a sociedade. Isso legitima, fundamentalmente, uma reflexão sobre as relações entre espaço e justiça.

A partir dessa colocação, o que seria uma política territorial "justa"? Ela deveria tratar de modo idêntico todos os espaços ou colocar em prática dispositivos de regulação diferenciados para reduzir as injustiças onde elas se encontram? Contudo, antes disso, é preciso colocar outra questão: o que é a justiça social? Os debates sobre esse objeto se articulam em torno de três grandes oposições ou distinções: a) entre uma justiça concebida como "estrutural" e visando atenuar as desigualdades socioespaciais por medidas políticas ou técnicas, e uma justiça pensada como "procedimental", segundo a qual são as modalidades de tomadas de decisão que condicionam o caráter justo de uma ação; b) entre as definições "universalistas", que poderiam, por essa razão, ser aplicadas em todas as partes, e aquelas que rejeitam a própria possibilidade de uma definição universal; c) entre as injustiças que seriam ligadas às desigualdades socioeconômicas e aquelas que diriam respeito à negação de "reconhecimento", mais simplesmente ainda entre injustiças econômicas e injustiças culturais.

A mais clássica teorização sobre a justiça social é aquela de John Rawls,[7] cuja definição de justiça baseia-se na equidade, simultaneamente, procedimental e distributiva:

julga-se o caráter justo de tal ou qual decisão em função do procedimento que foi seguido para tomá-la, ao mesmo tempo que em função de seu resultado, que deve ser o mais favorável possível aos mais fracos. Segundo Rawls, é de fato o único objetivo que pode ser razoavelmente aceito como justo pelos indivíduos que seriam colocados na ignorância de sua posição na sociedade (é o famoso "véu de ignorância"). Assim, Rawls se distingue das abordagens marxistas, voltadas para as dimensões estruturais da justiça social e que partem do princípio do caráter essencialmente produtor de injustiças do sistema capitalista, mas também da abordagem dos utilitaristas que definem o justo como a busca do melhor para o maior número. Entretanto, John Rawls foi criticado por uma corrente de pensamento que se reivindicava mais procedimental e que refletia sobre as sociedades cada vez mais marcadas pelas diferenças culturais (as dimensões políticas do multiculturalismo). Nesse sentido, a proposta de Iris-Marion Young[8] busca identificar as injustiças das quais são ou se estimam que sejam vítimas certos grupos como ponto de partida para elaborar as bases de uma definição teórica da injustiça. Distanciando-se de uma abordagem centrada sobre as desigualdades socioeconômicas, a autora considera que a justiça social inclui a aceitação da alteridade e preconiza uma política territorial atenta aos direitos dos grupos. Para Young, é da negociação entre grupos sociais (e não entre indivíduos) que surge a decisão "justa", e não de um ideal abstrato de procedimento regulamentar. Não se trata, portanto, de uma questão de princípios universais.

É útil lembrar aqui as cinco formas da opressão definidas por Young,[9] todas elas causas de injustiças feitas aos grupos sociais (salientando, todavia, que um grupo pode ser vítima de várias formas de opressão ao mesmo tempo): a) da "exploração" ligada ao sistema capitalista e corresponde à opressão das classes sociais desfavorecidas, não somente porque elas não se beneficiam de uma redistribuição equitativa de riquezas, mas também porque são excluídas dos processos de tomada de decisão, das escolhas individuais de vida e do reconhecimento de sua identidade coletiva; b) da "marginalização" que afeta os excluídos da vida social (velhos, mães solteiras, moradores de rua, sem emprego e sem esperança) que perdem o respeito a si, mesmo se eles se beneficiam de uma redistribuição econômica que lhes permite sobreviver; c) da "ausência de poder" – *powerlessness* – que designa a opressão da qual são vítimas aqueles que, independentemente das questões de redistribuição econômica, são excluídos de qualquer tomada de decisão; d) do "imperialismo cultural" como o processo pelo qual um grupo torna-se invisível (ao mesmo tempo que estereotipado) pela "universalização da experiência e da cultura de um grupo dominante e sua instauração como norma";[10] e) da "violência" com uma opressão, todavia aceitável enquanto "prática social" para alguns grupos (especialmente no caso das mulheres, mas também, evidentemente, sobre minorias culturais), como consequência do pertencimento ao grupo.

Ao invés de desenvolver muito longamente um ponto de vista teórico, recorremos a um exemplo particular para mostrar a riqueza da abordagem proposta por Young, que é particularmente enriquecedora para uma compreensão do regime do *apartheid* imposto na África do Sul de 1948 a 1991, que pode ser considerado, de fato, como uma tentativa de Estado para implementar sistemática e simultaneamente essas cinco formas de opressão, mobilizando a organização do espaço em benefício da minoria branca. A exploração da mão de obra negra pela economia branca era o ponto central do sistema. Exploração no sentido marxista, porque o trabalho nas minas, na indústria, na agricultura e nos serviços era imposto a uma população negra transformada em mão de obra barata; exploração no sentido de Young, porque essa mão de obra era restringida às funções hierarquicamente subalternas, por muito tempo sem direitos sindicais e sempre sem possibilidades de participar da tomada de decisão nos locais de trabalho.

A marginalização sob o *apartheid* afetava todos aqueles que eram qualificados oficialmente de "mão de obra excedente" que podiam, inclusive, ser deslocados para áreas distantes das zonas econômicas (portanto, essencialmente para longe das cidades), constituindo as reservas africanas (tornadas bantustões a partir dos anos 1970), exemplo perfeito de exclusão ao mesmo tempo social, econômica e espacial. Da mesma maneira, essa marginalização excluía as suas vítimas de qualquer tomada de decisão sobre sua própria vida (entre os quais serão classificados também os "não ativos": crianças, idosos, e uma grande parte da população feminina). A ausência de poder caracteriza perfeitamente o estatuto das populações não brancas sob o *apartheid*, essencialmente por sua exclusão de todos direitos políticos, exceto sobre alguns territórios restritos, e, geralmente, somente com a possibilidade de um papel consultivo.

O imperialismo cultural da população de origem europeia sobre os outros grupos culturais era uma evidência durante o período do *apartheid*. Considerada como superior e universal, a cultura "branca" se impunha como sendo o ideal a ser atingido pelos outros, ideal tornado inacessível pela própria lei. Para melhor se impor, a cultura dominante também dividia, sublinhando e manipulando, a diversidade das identificações étnicas e culturais (os diferentes grupos bantos, as comunidades de origem indiana e os *coloured*). Isso não impedia, no entanto, um discurso oficial que insistia na proteção das culturas africanas através da separação racial e étnica.

Enfim, é sem dúvida uma aclaração irrelevante dizer que a violência contra as populações não brancas, desde a repressão policial e militar até a simples vida cotidiana para os indivíduos humilhados porque negros, caracterizou o *apartheid*. Esse sistema era ainda mais pernicioso, uma vez que a sua propaganda utilizava precisamente o registro da justiça para se autolegitimar: justiça distributiva a partir dos anos 1960 (com apoio de dados, foi demonstrado que o destino dos negros sul-africanos era melhor que aquele dos Estados que obtinham a independência); justiça em termos de "reconhecimento" (separando os grupos culturais, o *apartheid* supostamente permitiria preservar suas tradições e seus patrimônios imateriais). Inversamente, três grandes lições podem, sem dúvida, ser aprendidas da luta contra o *apartheid*. Primeiramente, ela se apoiou, antes de tudo, nos movimentos políticos que rejeitavam a distinção cultural (era o caso do Congresso Nacional Africano – CNA),[11] do Partido Comunista e do movimento sindical sul-africanos. Em segundo lugar, ela era, ao mesmo tempo, uma demanda de redistribuição das riquezas e uma demanda de reconhecimento do sentido do humano e da igualdade. Em terceiro lugar, a partir das revoltas de junho de 1976 iniciadas em Soweto, próximo a Johanesburgo, é exatamente a estruturação espacial das injustiças que é atacada pela tomada de consciência por parte dos movimentos de luta contra o *apartheid* em que o próprio espaço havia se tornado instrumento de opressão e, notadamente, o espaço urbano. Daí decorre o sucesso do *slogan* "tornar a cidade ingovernável" e das ações conduzidas nesse sentido. Por outro lado, há uma lição menos positiva quando se considera a situação atual na África do Sul e se coloca a questão: quais formas de opressão que, precisamente, desapareceram? Os críticos da situação atual tendem a pensar que haveria tido reconhecimento cultural sem redistribuição, pois contata-se uma tendência ao crescimento das desigualdades mais do que à sua redução.

David Harvey,[12] em solo estadunidense, reconhece também, por sua vez, a eficácia da abordagem qualitativa da justiça apresentada por Young aplicando-a ao espaço, todavia limita-se a um uso pragmático das cinco categorias integrando-as às abordagens por ele elaboradas em 1973. Outros autores, pertencentes à corrente norte-americana da chamada geografia "radical", também se debruçaram sobre as categorias de análise propostas por Young como forma de definir uma "maneira" de agir. Harvey, contudo, está em desacordo sobre a recusa da busca de universalidade da teoria de Young, pois, para ele, o "universal", hoje, é o capitalismo, que se estende ao planeta inteiro, e é nesse sistema que está a fonte da injustiça espacial (o que Harvey qualifica de "desenvolvimento geográfico desigual"). Em sua análise Harvey acrescenta às categorias de Young uma sexta forma de opressão: a não consideração do prejuízo causado por nossas ações aos habitantes de outros espaços (o que é uma maneira de ressaltar um problema de escala espacial da injustiça) e às gerações do futuro pela degradação definitiva do meio ambiente (o que sublinha uma dimensão de escala temporal da injustiça).[13]

Com base nessas várias referências teóricas e, de acordo com David Harvey, geógrafos anglófonos[14] e francófonos[15] que se filiam à linha da aplicação da teoria de John Rawls mobilizaram o conceito de justiça espacial. Outros autores construíram uma problemática original em torno da noção de "cidade justa",[16] ou seja, combinando três imperativos: democracia, igualdade e reconhecimento da diversidade (imperativos que podem tornar-se contraditórios: mais igualdade pode, de fato, significar menos aceitação da diversidade, e reciprocamente). Esse tipo de questionamento sobre as interações entre diferentes componentes da justiça social conheceu um avanço maior com os trabalhos de Nancy Fraser, ao demonstrar que todas as injustiças devem ser consideradas como ligadas, ao mesmo tempo, às questões de redistribuição e de reconhecimento e que é agindo sobre esses dois aspectos que se pode reduzi-las:

> [...] minha tese geral é que a justiça hoje requer ao mesmo tempo a redistribuição e o reconhecimento. Nenhuma se basta sozinha. [...] O principal desafio consiste em teorizar as relações entre classes sociais e grupos estatutários, e entre distribuição iníqua e negação de reconhecimento, nas sociedades contemporâneas.[17]

Fraser propõe um exercício de análise das situações de injustiça que consiste em tentar posicioná-las sobre um eixo vinculando as questões de distribuição econômica e aquelas de reconhecimento cultural. Onde se localizam, então, as injustiças ligadas ao pertencimento a uma classe social, ao gênero, à raça, à etnia? Sempre entre os dois, segundo o caso, uma validade mais ou menos forte para uma das extremidades do eixo. Como, por exemplo, considerar a questão racial no Estados Unidos. Young tende a localizá-la na categoria das opressões por imperialismo cultural dos *wasp*. Fraser não a contradiz, mas acrescenta que não faz sentido negligenciar as injustiças de natureza econômica das quais a comunidade afro-americana também é vítima. Para passar ao problema da justiça espacial, duas questões complementares se colocam a partir daqui. Primeiramente, onde se localizam, sobre o eixo, os grupos vítimas de segregação socioespacial? Parece fácil demonstrar que eles têm, ao mesmo tempo, uma necessidade de redistribuição e de reconhecimento. Em segundo lugar, e a questão é mais complexa, não devemos considerar que o próprio espaço é uma das polaridades a se levar em conta? Ou seja, que não é sobre um plano (um eixo) que se deve localizar os grupos vítimas de injustiça, mas em três dimensões: socioeconômica; cultural; espacial.

Quando se retoma o exemplo da questão racial, compreende-se que a "comunidade" afro-americana é, de fato, confrontada a uma tripla injustiça: distribuição desigual, negação de reconhecimento e injustiça espacial, porque está concentrada mais particularmente em alguns espaços urbanos de relegação. Essas reflexões teóricas sobre a justiça social, por um lado, e sobre as relações entre espaço e justiça social, por outro, abrem numerosas pistas para a pesquisa. Em seguida, esse capítulo apresenta os resultados obtidos no campo particular dos estudos urbanos, com o apoio nos trabalhos conduzidos no quadro do programa de pesquisa denominado Jugurta, cujo objetivo era conduzir as pesquisas de campo sobre a questão da justiça espacial. Essa experiência prática de pesquisa permite, com efeito, abrir novas pistas teóricas.

JUGURTA: UMA EXPERIÊNCIA DE PESQUISA SOBRE A JUSTIÇA ESPACIAL NA CIDADE

Os terrenos da pesquisa foram as cidades do hemisfério sul, essencialmente africanas. Havia se constatado aí que a governança urbana era marcada por duas evoluções: a multiplicação das parcerias público-privadas que recaem sobre a criação de perímetros de ação específicos, ou seja, uma territorialização das políticas públicas supostamente melhores até mesmo para responder à heterogeneidade dos espaços e grupos sociais urbanos;[18] e a multiplicação das produções de territórios locais dirigidas por citadinos confrontados com a ineficácia da gestão urbana pelos poderes públicos, exprimindo suas reivindicações na escala local. Isso concerne aos grupos sociais urbanos em toda sua diversidade: os mais abastados, nos espaços fechados securizados (a partir do modelo das *gated communities*); os mais pobres, nos espaços de exclusão onde a territorialização é um instrumento de mobilização. Nesse segundo caso, pudemos distinguir as mobilizações que visavam defender ou reivindicar "direitos" (direito de existir nos casos dos bairros "informais", direito ao acesso aos serviços urbanos, à educação, aos recursos etc.) e aquelas que visavam, sobretudo, manter as posições de poder locais, às vezes ilegais.

Observa-se, portanto, duas famílias de territorializações, ambas sustentadas por discursos sobre sua eficácia (gestora ou mobilizadora), ao mesmo tempo que pela preocupação de busca de uma "maior justiça". A interrogação de partida do programa Jugurta encontrava aí sua fonte: territorialização(ões) e justiça espacial são compatíveis?

No plano metodológico, o programa se apoiava na comparação. Onze cidades haviam sido selecionadas em função dos objetos empíricos dos membros do programa: duas cidades marroquinas (Rabat e Tânger), três cidades sul-africanas (Cidade do Cabo, Johanesburgo, Ekurhuleni), duas cidades quenianas (Nairóbi e Kisumu), a capital moçambicana (Maputo), duas cidades da costa do Golfo da Guiné (Lomé e Cotonou), uma cidade secundária da Nicarágua (Léon-Sutiaba) e, enfim, as cidades do Equador. Entre todas elas, as diferenças eram, frequentemente, radicais e se referiam ao tamanho, ao estatuto entre as cidades capitais nacionais e as outras, de peso econômico e de recursos dos poderes nacionais e locais, de contexto histórico e político. Confrontadas, por escolha a essa diversidade, o método consistiu em trabalhar em cada lugar na mesma perspectiva de análise dos processos de territorialização e de suas ligações com a justiça espacial. Era necessário, portanto, adotar uma chave de leitura comum, a qual foi estabelecida considerando duas oposições principais: por um lado, as cidades onde um poder político forte e dotado de potentes meios financeiros conduzia uma política de territorialização àquelas cidades onde esse não era o caso; por outro lado, as cidades onde a ideia de justiça era um motor das políticas em relação às outras cidades. Por exemplo, em Nairóbi, sem forte territorialização pelo alto, nem evidência de política de justiça social, contrariamente às cidades sul-africanas e mesmo marroquinas. A cidade de Lomé é, desse ponto de vista, próxima da capital queniana: ausência ainda mais evidente de democracia; fraqueza do poder municipal; quase ausência de vontade política de redistribuição. Ao contrário, as cidades sul-africanas se caracterizam pela busca de um equilíbrio entre redistribuição (reparadora das desigualdades herdadas do *apartheid*) e participação (na linha dos movimentos cívicos de libertação). Maputo apresenta um exemplo evidente e diferente que é característico da passagem de um regime marxista-leninista oficial a um regime neoliberal.

O grupo de pesquisa a partir de seminários e debates pode estabelecer uma chave comum para nortear as pesquisas, todavia seus limites seriam rapidamente encontrados na medida em que a aplicação das teorias da justiça e aquelas voltadas às questões espaciais colocava, ao menos, três problemas teóricos. Dessas constatações, pode-se tirar conclusões de ordem geral que levaram a complexificar da definição da justiça espacial e, portanto, a abrirem pistas para futuras pesquisas, mobilizando esse conceito.

JUSTIÇA ESPACIAL E ESCALA

Em qual escala devem ser colocadas as questões de justiça espacial? Sabemos que uma ação realizada em uma certa escala pode ter efeitos injustos em outra. Entretanto, mais fundamentalmente, a confusão frequente entre nível de governo (e aquele da tomada de decisão) e escala espacial é problemático porque o recorte do espaço em níveis traduz certamente as relações de poderes mais ou menos justa, mas ela não corresponde aos planos do vivido citadino. Como, no entanto, pode-se orientar o jogo dos atores de forma vantajosa, ou prejudicial, para a justiça? Enfim, as competências dos citadinos e dos grupos sociais citadinos em circular de uma escala à outra sem se deixar fechar em uma escala "local" são um ângulo morto das pesquisas sobre a justiça espacial. Assim, em que medida um quadro escalar fluido, permitindo uma importante mobilidade dos atores entre as escalas, não poderia ser considerado como mais justo?

Tentar responder a essas questões conduz-nos a sair do quadro (muitas vezes de maneira forçada) da abordagem "interescalar" em favor da escala local. As territorializações das políticas públicas são apresentadas como formas de se recorrer ao "local" para resolver as questões urbanas. Sabemos que essas territorializações foram concomitantes a um aumento das desigualdades sociais, de uma diminuição das redistribuições dos recursos e, portanto, de recuos no plano da "justiça estrutural". Hoje, certas formas de recentralização à escala metropolitana são operadas em um contexto ideológico novo, porque não se trata mais somente de centralizar para redistribuir, mas também de privatizar ou de estabelecer parcerias público-privadas. Nesse novo contexto, o apelo a uma maior justiça procedimental pelos movimentos sociais ou pelas associações locais de moradores pode ser considerado como uma forma de resistência aos dogmas neoliberais; mas isso permite ir além de vitórias locais pouco aptas a reorientar as políticas para mais vastas escalas.[19]

A questão da escala de governo é, portanto, central, e a manipulação de diferentes escalas é uma disputa de poder importante[20] para todos os atores da governança, tanto os poderes públicos como também os partidos políticos, os movimentos sociais e as associações de moradores. Mas o que são as "escalas" das quais falamos? Elas não existem, em si, mas são produzidas por atores sociais e políticos[21] para os quais elas são úteis para seus objetivos. Consequentemente, é somente em função desses objetivos que podemos estabelecer a eficácia maior ou menor de uma "escala" e, por conseguinte, constatar o laço mecânico entre uma escala de governo e seu caráter "justo" ou "injusto" (da escala local não mais do que qualquer outra). A própria Iris Marion Young é clara neste ponto: "estruturas e processos de tomada de decisão no nível local tendem, frequentemente, a criar e agravar a injustiça".[22] Daqui advém o problema de saber como sair do dilema entre a necessidade de uma "autodeterminação local" (*local self-determination*) e aquela de um "amplo reconhecimento regional dos interesses legítimos de outros" (*region-wide acknowledgement of the legitimate interests of others*).[23]

REPRESENTAÇÕES LOCAIS E RELATIVIDADE DA "INJUSTIÇA"

A questão das representações locais do justo e da injustiça foi a segunda dificuldade teórica encontrada nos trabalhos do grupo Jugurta. Tornou-se evidente que as definições de justiça social não eram muitas vezes compreendidas pelos citadinos. O caso de Maputo foi o principal revelador dessa situação. Karine Ginisty[24] e Jeane Vivet[25] constataram suas dificuldades e surpresas em campo: o contraste entre o que nós podemos definir a partir de nosso ponto de vista como injustiças (desigualdades de acesso aos serviços urbanos, despejos forçados de bairros de deslocados da guerra civil para construir residências de luxo com sistemas de segurança) e a ausência não somente de mobilização coletiva, mas mesmo de expressão de sentimento de injustiça por parte dos citadinos. Certamente, o contexto político pós-marxista (e, portanto, uma relação específica com o Estado) era um dos elementos que explicava a não mobilização citadina, mas as políticas públicas locais ou conduzidas sob a batuta das instituições internacionais se articulavam bem em um discurso e nas concepções clássicas do justo e do injusto.

Essa dificuldade é central em todo procedimento que consiste em mobilizar um mesmo conceito em terrenos diferentes: uma definição do justo ou do injusto importada pelo pesquisador se mostra insuficiente. Além disso, os diferentes atores e grupos sociais citadinos, em uma mesma cidade, funcionam também com concepções do justo diferentes e até mesmo contraditórias, o que é frequentemente um fator explicativo de conflitos políticos e territoriais. O caso das cidades sul-africanas, e muito particularmente daquelas da região de Johanesburgo, demonstra esse fato muito claramente em função de que a diversidade dos grupos sociais aí é ao mesmo tempo extrema e marcada histórica e espacialmente. A seguir, um exemplo concreto e contemporâneo ilustra essa questão.

Dunnottar é um bairro da área metropolitana de Ekurhuleni,[26] situado no extremo leste da província do Gauteng, na África do Sul. Em 14 de maio de 2007, realizou-se na antiga prefeitura de Nigel (nome da antiga municipalidade branca) uma sessão do Development Tribunal, instância metropolitana que julga os diferentes problemas referentes às questões de ordenamento urbano. Nesse dia, o Tribunal examinou o processo apresentado pela associação dos moradores de Dunnottar contra um projeto metropolitano de construção de um conjunto de moradias sociais chamado John Dube Village. Dunnottar, bairro anteriormente reservado aos brancos, no qual algumas raras famílias negras instalaram-se, é composto de mil e quatrocentas casas individuais construídas após a Segunda Guerra Mundial. John Dube Village se situaria sobre um terreno agrícola comprado pela autoridade metropolitana, a 800 metros ao sul de Dunnottar, no contexto de um programa de erradicação dos bairros precários, com a construção prevista de 1.286 moradias para realojar os habitantes do bairro informal. À sessão do Tribunal realizada na antiga sala do conselho municipal de Nigel, localizada no coração de um lugar do *apartheid*, vieram muitos habitantes de Dunnottar que distribuíram panfletos na entrada. Eram representados pelo presidente da associação de bairro, dono da loja de produtos domésticos local, africâner, como a esmagadora maioria dos habitantes de Dunnottar, e um advogado. Diante deles, os eleitos locais do Tribunal: seis negros do CNA; um eleito "indiano"; três eleitos locais brancos, membros da Aliança Democrática (DA) (partido de oposição ao CNA). E "entre" eles, os funcionários metropolitanos, o responsável pelo serviço de planejamento e o advogado da autoridade metropolitana. Quase todos conheceram o *apartheid*. Alguns eram já funcionários municipais, outros ativistas do CNA, outros, simplesmente citadinos. Todos frequentaram os lugares onde eles se reencontraram naquela ocasião, em uma época em que esses locais simbolizavam o poder branco. Mas todos jogaram o jogo "pós-*apartheid*" em um "teatro" herdado dele. O formalismo da reunião foi considerável. Nem uma só vez a questão racial foi evocada. O advogado dos residentes de Dunnottar mobilizou argumentos de duas ordens. Primeiramente, afirmou que não se respeitara o processo democrático, pois os habitantes de Dunnottar não haviam sido consultados, apesar de suas reiteradas demandas, inclusive através de uma carta endereçada ao presidente da República (da qual ele fez a leitura). Em segundo lugar, as famílias que seriam alojadas em John Dube Village iriam encontrar-se em uma localização periférica, portanto, longe de qualquer lugar de emprego. Os que ali estavam lutavam contra o projeto. Em resumo, os moradores de Dunnottar denunciaram uma dupla injustiça espacial: a não consideração de sua opinião no processo de decisão na construção de um gueto que não melhoraria a situação de citadinos pobres e a decorrente questão da criminalidade como provável consequência da construção de um projeto que isolaria a população numa área sem acesso ao emprego. A defesa da forma urbana do *apartheid* (pois é precisamente disso que se trata) se faz, portanto, aqui em função de uma concepção pós-*apartheid* do espaço. Ela faz intervir também numerosas questões de escalas.

O bairro de Dunnottar fora anexado em 2005 a uma circunscrição eleitoral cujo essencial se encontra muito longe, para além dos espaços não construídos no distrito de Duduza. O eleito local, em consequência, é um escolhido do CNA, acusado de se preocupar somente com o eleitorado negro. Os habitantes de Dunnottar reivindicavam, pois, o reconhecimento de sua identidade minoritária em uma cidade que passou a ser reconhecida por seu caráter multicultural. Inversamente, os eleitos membros do Development Tribunal e o advogado da autoridade metropolitana argumentaram sobre a importância da escala metropolitana e, desse modo, John Dube era somente um elemento do programa de luta contra a moradia informal à escala de Ekurhuleni.

Em síntese, estamos lidando com um caso típico de *nimbysmo*.[27] O que é mais original é o quadro espacial inalterado no qual isso se desenrola e o respeito de regras novas de interação no quadro herdado. Ao cabo da sessão, as línguas se destravaram de ambos os lados, e as categorizações raciais dos atores e dos espaços foram expressas claramente. Esse exemplo ilustra os desencontros temporais entre as transformações das três dimensões do espaço (praticado, concebido, vivido) definidas por Henri Lefebvre, além das imbricações de concepções diferentes do justo e do injusto, ligadas à natureza do justo (procedimental ou redistributivo, cultural ou econômico) e da escala na qual é preciso examinar essas questões. Ao mesmo tempo, os principais interessados, vítimas ou beneficiários, estavam ausentes: aquelas e aqueles que seriam "deslocados" para o novo bairro. Quem lhes havia consultado sobre o projeto? Estariam eles satisfeitos com as propostas apresentadas?

Como eram uma minoria econômica e cultural, alguns achavam que seria inútil interrogá-los, sabia-se o que era bom para eles; outros, por sua vez, situavam a questão no plano da técnica, portanto saindo do âmbito da justiça. Portanto o fato de que a favela, onde moravam, estava situada em terrenos sem possibilidade de construir não entrava na pauta. A partir desse exemplo, conclui-se que é preciso trabalhar em profundidade sobre as representações locais do justo e do injusto, em seguida, sobre suas modalidades de expressão, especialmente porque muitas das pesquisas sobre a justiça espacial vêm de autores norte-americanos trabalhando sobre cidades da América do Norte, portanto, em contextos econômicos, culturais e políticos específicos.

JUSTIÇA E TEMPORALIDADES

Em terceiro lugar, os trabalhos dirigidos, no quadro do Jugurta, voltados precisamente para as questões das representações locais do justo e do injusto, mostraram que elas eram determinadas de acordo com as "referências" citadinas. Nas entrevistas em campo realizadas em todas as cidades estudadas, tornou-se evidente que um discurso sobre o justo e o injusto se colocava quase necessariamente por comparação com outros lugares (visitados, no caso de citadinos que migraram um tempo ao estrangeiro, ou imaginados) ou com os tempos passados. A referência ao passado é muito frequentemente constitutiva das representações da justiça e especialmente em um ambiente urbano, porque os habitantes das cidades são confrontados com a mudança. Trata-se de uma consequência do processo de "destruição criativa", como descrita por David Harvey,[28] e da qual sabemos as consequências sociais.[29] Para os citadinos, trata-se de gerir as transformações rápidas de sua cidade, de aceitarem referenciais temporais novos ou, ainda, em alguns casos, de constatar a falta de mudança. As mobilizações atuais por mais "justiça" são também dessas diferentes ordens: recusa da mudança ou demanda por mudança, sempre tendo por referência um passado saudoso ou desprezado. Quando elas se baseiam em um passado saudoso, é mais frequentemente aquele da juventude ou da infância; o único e "verdadeiro paraíso", como designaria Marcel Proust. Entretanto, os tempos passados são também produções sociais, e os grupos sociais, como o poder, mobilizam diferentes representações do passado que, muito frequentemente, se opõem. A recorrência aos discursos "nostálgicos" é, de fato, impressionante na cidade contemporânea, mas esses discursos são de natureza muito diversa e mobilizadores para finalidades igualmente diversas: a) pelo político, para construir uma identificação legitimadora; b) pelos movimentos sociais, eventualmente territorializados, para defender seu direito de uso do espaço; c) pelos atores econômicos, para comercializar a memória de um passado idealizado; d) pelos citadinos em geral, para produzir simplesmente um discurso que ordene seu universo que muda sem cessar.[30] A proliferação das referências ao passado está, pois, ligada ao aumento dos processos de territorialização[31] e ao fato de que as reivindicações identitárias territoriais de "reconhecimento" se multiplicam, baseando-se em territórios locais que elas produzem e em discursos sobre o passado (mobilizado também por razões táticas). As memórias citadinas tornam-se, portanto, uma verdadeira disputa política, e foi este o fator que nos obrigou a considerar no universo teórico construído *a priori* o "direito à memória" como parte do "direito à cidade".[32]

CONCLUSÃO: E SE LEVASSEMOS MAIS A SÉRIO A QUESTÃO ESPACIAL?

O capítulo se conclui com uma proposta de abertura teórica suplementar, esperando ter mostrado que a mobilização do conceito de justiça espacial deve estar aberto à diversidade das definições construídas sobre a justiça social. Isso traz como exigência dar centralidade à pluridimensionalidade da justiça social (distribuição socioeconômica, reconhecimento), aliada aos debates entre universalistas e relativistas (o que impõe interrogar-se, em qualquer caso particular, sobre as representações locais do justo e do injusto). A partir daí uma das questões que se coloca, a propósito dos grupos definidos territorialmente, é saber se eles constituem classes sociais ou grupos estatutários, ou, ainda, como é o caso mais frequente hoje, os dois ao mesmo tempo. Em seguida, sempre buscando integrar o espaço na reflexão sobre a justiça social, é preciso confrontar-se com o problema posto pela existência de escalas espaciais, elas mesmas produzidas e mutáveis. Enfim, porque há mudanças (particularmente nos espaços urbanos contemporâneos submetidos a processos acelerados de "destruição-criadora") é necessário considerar as temporalidades dessas mudanças e o papel das memórias produzidas e contestadas. Isso é o bastante para indicar a riqueza do conceito de justiça espacial no plano da realidade. Entretanto, acreditamos que é preciso avançar na análise abordando a complexidade do espacial. Em outros termos, considerar a complexidade da noção de justiça social não é suficiente. Para considerar a complexidade do espaço, é preciso, sem dúvida, voltar ao modelo teórico proposto por Henri Lefebvre, aquele da triplicidade do espaço: a prática espacial (espaço praticado, o espaço percebido); "as representações do espaço, ou seja, o espaço concebido, aquele dos sábios, dos planificadores, dos urbanistas, dos tecnocratas";[33] "os espaços de representação, ou seja, o espaço vivido através das imagens e símbolos que o acompanham, portanto espaço dos 'habitantes', dos 'usuários'".[34]

O espaço é, portanto, "a relação dialética no seio dessa triplicidade: o percebido, o concebido, o vivido".[35] Contudo, sabemos também que, para Lefebvre, é o espaço concebido que é o "dominante" em nossas sociedades capitalistas, pois ele é "modo de produção"[36] do espaço. Essa triplicidade do espaço tal qual definida por Lefebvre conheceu muitas reinterpretações que estão todas à nossa disposição para teorizar o espaço. David Harvey, em um texto publicado em 2006, completa e enriquece a triplicidade de Lefebvre acrescentando a ela a distinção entre espaço absoluto (euclidiano, neutro, objetivo), espaço relativo (aquele da distância-tempo entre objetos) e relacional (a partir de Leibniz, o objeto contendo nele próprio o espaço de suas relações com outros objetos). Cruzando essas duas triplicidades, Harvey demonstra que "o espaço se mostra uma palavra-chave extraordinariamente complicada [...] nenhum de seus significados particulares pode ser adequadamente entendido de isolados dos outros".[37]

Edward Soja, por sua vez, se apoiou em Lefebvre para propor sua própria teorização do "terceiro espaço" – *thirdspace*. Ele nos conduz a distinguir o que chama de *firstspace* (espaço percebido de Lefebvre) do *secondspace* (espaço concebido em Lefebvre). Mas, sobretudo, desenvolve a ideia de que o espaço vivido é o *thirdspace*, e que é aí onde nós vivemos na realidade, um espaço que é sempre real e imaginado (*real-and-imagined)*.[38] Isso pode ser aproximado da definição de espaço entre os defensores de uma abordagem fenomenológica do espaço:[39] nosso espaço é projeção de nós mesmos ao mesmo tempo que realidade; um espaço justo seria, então, aquele que é produzido no respeito dessa relação ontológica do humano e do lugar.

O que traz essa teorização da complexidade do espaço? A obra de Lefebvre contém a resposta: para ele o desafio é mesmo o direito à cidade, aquele que só pode ser uma luta contínua (e cotidiana) pelo direito ao espaço e, portanto, a todas as suas dimensões e a sua concepção. Retomemos, com efeito, a definição de Lefebvre do direito à cidade:

> O direito à cidade se manifesta como forma superior dos direitos: direito à liberdade, à individualização na socialização, ao habitat e ao habitar. O direito à "obra" (à atividade participante) e o direito à "apropriação" (bem distinto do direito à propriedade) se implicam no direito à cidade.[40]

Reencontra-se aqui a triplicidade do espaço. De fato, a primeira dessas duas frases deve ser lida com referência a isso que Lefebvre chama "o espaço praticado". O direito à obra é, então, por sua vez, um direito à "concepção-produção" do espaço, e o direito à apropriação emana do direito ao espaço de representações (ou espaço vivido). A proximidade entre a noção de direito à cidade daquela de justiça espacial é patente, sabemos, e compreendemos ainda mais isso voltando à afirmação de Lefebvre de que desafio das lutas pelo direito à cidade é mesmo espacial. A partir daí, é legítimo retomar esta pista da triplicidade do espaço para aplicá-la aos trabalhos de justiça espacial e, portanto, cruzar duas complexidades. Assim, por exemplo, poderíamos considerar que uma abordagem distributiva da justiça estaria voltada para o espaço percebido (este é o plano da mudança), portanto, a prática. Uma abordagem pelo reconhecimento da justiça concernirá, também, e sobretudo, ao espaço vivido, permitindo a apropriação. Entretanto, nem um, nem outro plano são suficientes se não estiver aberta a possibilidade da concepção do espaço. Isso implica certamente fazer apelo à justiça procedimental.

A partir daí, interroga-se sobre as interações entre esses binômios segundo os contextos e as escalas espaço-temporais (o exemplo do bairro de Dunnottar mencionado anteriormente indica a quais resultados isso pode conduzir). É preciso também examinar as outras abordagens teóricas do espaço, posteriores aos escritos de Lefebvre, para evitar negligenciar qualquer pista e aceitar a variedade das concepções do espaço como aceitamos aquela da justiça social. É nessa direção que é preciso trabalhar o conceito de justiça espacial se queremos fazê-la avançar além de suas potencialidades teóricas e, portanto, torná-la mais eficaz nas aplicações nas quais podemos esperar que sejam transformadoras das políticas e dos modos de funcionamento das sociedades. É, pois, uma concepção duplamente multidimensional que se deseja propor: agir melhor para mais justiça espacial implicaria levar em conta ao mesmo tempo o caráter dual da justiça social, segundo Fraser, e o caráter múltiplo do próprio espaço.

(Este capítulo foi traduzido por Rafael Faleiros de Padua
e revisado por Ana Fani Alessandri Carlos.)

NOTAS

1 Sen, 2009, p. 12.

2 Disponível em: <http://www.jssj.org>. Acesso em: 14 dez. 2016.

3 Cf. Gervais-Lambony e Dufaux, 2009; Bret et al. 2010; Blanchon, Gardin e Moreau, 2011; Fol, Lehman-Frisch e Morange 2013; Dufaux e Philifert, 2013; Le Blanc et al. 2014; várias teses de doutorado defendidas em Nanterre e, evidentemente, os oito números da revista JSSJ.

4 "Justiça Espacial, Governança e Territorialização nas Cidades do Sul" (ANR Suds, 2007-2012). Cerca de 30 pesquisadores participaram desse programa. Eles eram diversos tanto por seus lugares de estudo como por suas temáticas de pesquisa habituais (alguns trabalham sobre questões de gestão e de política urbanas, outros sobre as práticas e identificações citadinas), seus países de origem (Franca, Quênia, Togo, Marrocos, África do Sul) e suas idades (dos pesquisadores ditos sênior aos doutorandos). O nome do programa foi pensado para expressar um outro objetivo: a "distribuição" mais "equitativa" da pesquisa urbana entre os países do sul e os do norte; tratava-se com efeito de adotar um ponto de vista sobre as questões urbanas a partir do sul, em particular a partir do continente africano. Jugurtha, rei vencido da Numídia, morto na prisão em Roma, bárbaro no Ocidente, mas herói na África, era muito propício como figura tutelar (apesar da falta de uma letra).

5 Gervais-Lambony, 2014.

6 Lefebvre, 1972, p. 187.

7 Rawls, 1971.

8 Young, 1990.

9 Idem.

10 Idem, p. 59. Tradução do autor.

11 Congresso Nacional Africano, principal partido político da África do Sul após o fim do *apartheid*.

12 Harvey, 1992.

13 Imaginemos, por exemplo, uma política pública de justiça distributiva que consistiria em equipar o conjunto das famílias de uma área metropolitana de um veículo automotor (ou em subvencionar sua aquisição) para favorecer a mobilidade dos mais pobres. Isso poderia ser mesmo o resultado da implementação de uma consulta democrática (e, portanto, responder aos imperativos regulamentares). A poluição ocasionada por tal política afetaria as regiões vizinhas, mas também as gerações futuras.

14 Merrifield e Erik Swyngedouw, 1997; Smith, 2000; Soja, 2000, 2010.

15 Reynaud, 1981; Bret et al., 2010.

16 Fainstein, 2009; Marcuse et al., 2009.

17 Fraser, 2005, pp. 43 e 57.

18 A territorialização das políticas públicas é apresentada por seus promotores como uma adaptação aos contextos locais heterogêneos, e a retórica da democracia participativa é, frequentemente, utilizada para justificar essas políticas espacialmente diferenciadas. Isso significa esquecer que essa territorialização é operada em um quadro neoliberal e que é o objetivo do crescimento econômico que necessita definir territórios do crescimento dotados de uma gestão específica. As City Improuvement Districts são notáveis exemplos disso; elas associam atores públicos e privados (Gervais-Lambony et al., op. cit.) para permitir a implementação de territórios de exceção. Ora, esse é o mesmo objetivo do crescimento econômico que implica a contrário a relegação dos problemas sociais em espaços nos quais é preciso assegurar-se de que eles não transbordarão para os territórios de investimentos (Bénit e Gervais-Lambony, 2003).

19 Purcell, 2006.

[20] Brenner, 2001.
[21] Harvey, 2000.
[22] Young, op. cit., p. 244.
[23] Nesse sentido podemos mobilizar os trabalhos de Arjun Appadurai que propõem distinguir a ideia de local daquela de espaço e de escala: "a localidade é antes de tudo uma questão de relação e de contexto, antes que de escala ou de espaço" (Appadurai, 2001, p. 257). No mundo globalizado, a localidade não seria mais uma questão de espaço, por distinção com a localidade etnográfica clássica na qual "a localização espacial, a interação cotidiana e a escala social" (Idem, p. 258) coincidem. Haveria aí, portanto, um mal-entendido: nós pensamos o local em termos espaciais enquanto ele é relacional, ele é uma "estrutura de sentimento" (Young, 2000, p. 230).
[24] Ginisty, 2014.
[25] Vivet, 2012.
[26] Gervais-Lambony, 2003.
[27] Expressão derivada de "*nimby*", sigla para "*not in my back yard*" ("não em meu quintal"). Tradução nossa.
[28] Harvey, 1990.
[29] Veschambre, 2008.
[30] Gervais-Lambony, 2012.
[31] Di Meo, 1998.
[32] Lefebvre, 1972.
[33] Lefebvre, 1974, p. 48.
[34] Idem, p. 49.
[35] Idem, ibidem.
[36] Idem, p. 48.
[37] "[...] space turns out to be an extraordinarily complicated keyword [...] no one of its particular meanings can be properly understood in isolation from the others". (Harvey, 2006, p. 148).
[38] Constatamos, mas aqui não é o lugar de desenvolvermos esse debate, que Soja inverte a hierarquia de Lefebvre: neste, o desafio é o do espaço concebido, que é o espaço dominante; em Soja, temos, ao contrário, um espaço vivido que é uma conjunção do praticado e do concebido (traduzido por "imaginado").
[39] Dardel, 1990; Tuan, 1971; Berque, 2014.
[40] Lefebvre, op. cit., 1972.

BIBLIOGRAFIA

APPADURAI, Arjun. *Après le colonialisme*. Paris: Payot, 2001. [1. ed. 1996]

BENIT, Claire; GERVAIS-LAMBONY, Philippe. "La mondialisation comme instrument politique local dans les métropoles sud-africaines (Johannesburg et Ekhuruleni): les 'pauvres' face aux 'vitrines'". *Annales de géographie*, n. 634, 2003, pp. 628-45. Disponível em: <http://www.persee.fr/web/revues/home/prescript/article/geo_0003-4010_2003_num_112_634_983>. Acesso em: 3 ago. 2015.

BERQUE, Augustin. *La mésologie*: pourquoi et pourquoi faire? Nanterre: Presses universitaires de Paris Ouest, 2014.

BLANCHON, David; GARDIN, Jean; MOREAU, Sophie (eds). *Justice et injustices environnementales*. Nanterre: Presses universitaires de Paris Ouest, 2011.

BRENNER, Neil. "The Limits to Scale? Methodological Reflections on Scalar Structuration". *Progress in Human Geography*. n. 25 (4), 2001, pp. 591-614.

BRET, Bernard, et al. (eds). *Justice et injustices spatiales*. Nanterre: Presses universitaires de Paris Ouest, 2010.

DARDEL, Eric. *L'Homme et la terre*: nature de la réalité géographique. Paris: CTHS, 1990. [1. ed. 1952]

DI MEO, Guy. *Géographie sociale et territoires*. Paris: Nathan, 1998.

DUFAUX, Frédéric; PHILIFERT, Pascale (eds). *Justice spatiale et politiques territoriales*. Nanterre: Presses universitaires de Paris Ouest, 2013.

FAINSTEIN, Susan. "Spatial Justice and Planning". *justice spatiale | spatial justice*, n. 1, 2009. Disponível em: <http://www.jssj.org/article/justice-spatiale-et-amenagement-urbain/>. Acesso em: 3 ago. 2015.

FOL, Sylvie; LEHMAN-FRISCH, Sonia; MORANGE, Marianne (eds). *Ségrégation et justice spatiale*. Nanterre: Presses universitaires de Paris Ouest, 2013.

FRASER, Nancy. *Qu'est-ce que la justice sociale?* Reconnaissance et distribution. Paris: La Découverte, 2005.

GERVAIS-LAMBONY, Philippe. *Territoires citadins*: 4 villes africaines. Paris: Belin, 2003.

______. Nostalgies citadines en Afrique Sud. *Espaces/Temps.net*, 2012. Disponível em: <http://www.espacestemps.net/articles/nostalgies-citadines-en-afrique-sud/>. Acesso em: 3 ago. 2015.

______. et al. (éds). *La Justice spatiale et la ville*: regards du Sud. Paris: Karthala, 2014.

______; Dufaux, Frédéric. "Justice... spatiale!". *Annales de Géographie*, n. 665-666, 2009, pp. 3-16. Disponível em: <https://www.cairn.info/revue-annales-de-geographie-2009-1-page-3.htm>. Acesso em: 3 ago. 2015.

Ginisty, Karine. *Inégalités et (in)justices spatiales à Maputo (Mozambique)*: Pratiques des services urbains. Nanterre, 2014. Tese (doutorado em Geografia), Université de Paris Ouest Nanterre la Défense.

Harvey, David. *Social Justice and the City*. Londres: Edward Arnold, 1973.

______. *The condition of postmodernity*. New York: Blackwell, 1990.

______. "Social Justice, Postmodernism and the City". *International Journal of Urban and Regional Research*. v. 16, n. 4, 1992, pp. 588-601.

______. *Spaces of Hope*. Berkeley: University of California Press, 2000.

______. *Spaces of Global Capitalism*: Towards a Theory of Uneven Geographical Development. Londres: Verso, 2006.

Le Blanc, Antoine et al. (eds). *Métropoles en débats*. Nanterre: Presses universitaires de Paris Ouest, 2014.

Lefebvre, Henri. *Espace et politique*. Paris: Anthropos, 1972.

______. *La production de l'espace*. Paris: Anthropos, 1974.

Marcuse, Peter, et al. (eds). *Searching for the Just City*: Debates in Urban Theory and Practice. Abingdon: Routledge, 2009.

Merrifield, Andy; Swyngedouw Erik. (eds.). *The Urbanization of Injustice*. New York: New York University Press, 1997.

Purcell, Mark. "Urban Democracy and the Local Trap". *Urban Studies*. v. 43, n. 11, 2006, pp. 1921-41.

Rawls, John. *A Theory of Justice*. Cambridge: Harvard University Press, 1971.

Reynaud, Alain. *Société, espace et justice*. Paris: Presses Universitaires de France, 1981.

Sen, Amartya. *L'idée de justice*. Paris: Flammarion, 2009.

Smith, David Marshall. *Moral Geographies*. Ethics in a World of Difference. Edinburgh: Edinburgh University Press, 2000.

Soja, Edward William. *Postmetropolis*: Critical Studies of Cities and Regions. Oxford: Blackwell, 2000.

______. *Seeking Spatial Justice*. Minneapolis: University of Minnesota Press, 2010.

Tuan, Yi-Fu. *Space and Place*: The Perspective of Experience. Minneapolis: University of Minnesota Press, 1971.

Veschambre, Vincent. *Traces et mémoires urbaines*: enjeux sociaux de la patrimonialisation et de la démolition. Rennes: PUR, 2008.

Vivet, Jeanne. *Les déplacés de guerre dans la ville*: l'exemple de Maputo. Paris: Karthala-Ifas, 2012.

Young, Iris Marion. *Justice and the Politics of Difference*. Princeton: Princeton University Press, 1990.

______. *Inclusion and Democracy*. Oxford: Oxford University Press, 2000.

DO DIREITO AO ESPAÇO PÚBLICO À JUSTIÇA DA CIDADE

Blanca Ramírez
Carla Filipe Narciso

A globalização e sua política manifesta, o neoliberalismo, impulsionaram nas últimas décadas um urbanismo que gera novas "formas" decorrentes de uma organização diferente do espaço-tempo, que o capitalismo tardio, por sua vez, impulsionou a partir de uma aceleração dos processos econômicos, da crescente mercantilização da habitação, dos símbolos culturais e da própria transformação da experiência subjetiva de sua produção, bem como da reprodução da sociedade.[1] É evidente que, nesse contexto, desenvolveram-se mutações importantes nos processos de reprodução social da cidade, os quais implicam, inevitavelmente, uma recomposição social ou a uma divisão e separação mais aguda de classe e dos distintos grupos que conformam a cidade.

Nesse cenário, começou-se a questionar as funções dos espaços urbanos sob o argumento de que ele, elemento próprio do urbanismo moderno, perdia protagonismo e importância frente ao espaço de fluxos que impulsionou o urbanismo pós-moderno, em que tudo se move e nada se fixa. O resultado, argumentava-se, era a perda de locais de convivência, sociabilidade, encontro, recreação e identidade e, em consequência, uma maior segregação e exclusão social. Para essa linha de pensamento, o conceito de "espaço público" ocupou um lugar de destaque, já que não somente foi considerado como um elemento físico constitutivo da trama urbana, mas também como um instrumento político que contribuía para a coesão social e a integração dos setores excluídos ou vulneráveis, além de ser um mecanismo capaz de fazer frente à incontrolável fluidez e ao desenraizamento territorial do capitalismo tardio.

Essa idealização do espaço público, originária e importada da Filosofia Política,[2] disseminou-se nos estudos urbanos e reproduziu modelos "demasiadamente restritivos em uma previsível e entediante rede de oposições binárias",[3] tornando-se a base hegemônica dos discursos políticos e acadêmicos contemporâneos, pois, com frequência, assume-se que o público é capaz de gerar e desencadear processos de integração social, suprimir mecanismos de segregação e fragmentação urbana, restaurar a cidadania perdida, dar emprego e desenvolvimento econômico e, além disso, ao acessá-lo, alcança-se o que se denominou grosseiramente de "o direito à cidade". Assim, assumimos que estamos frente a uma construção ideológica que define o espaço de maneira homogênea, que se aplica e se explica igualmente em todos os lugares, formando um discurso ideal e ideológico ou "uma prática entendida como uma unidade ou inclusive como uma política dominada por uma mesma perspectiva".[4]

Na América Latina, o espaço público como um direito esteve presente em discursos de diferentes origens: por um lado, nos princípios do Programa das Nações Unidas para os Assentamentos Urbanos (ONU-Habitat), o qual se orienta pela busca dos direitos humanos e dos cidadãos e enquadra essa postura a partir da prerrogativa do usufruto equitativo das cidades, dentro dos princípios de sustentabilidade e justiça social, considerando o direito à habitação, ao transporte e à mobilidade públicos, à cultura e ao lazer. Subjacente a essas abordagens do espaço público, perdido diante do neoliberalismo, reivindica-se claramente o "direito à cidade" e à justiça social/espacial como uma forma de resolver, a partir do direito e do discurso, e não da produção e da propriedade, o despojo a que se submeteu grande parte da população mundial e, especificamente, a latino-americana. No entanto, a partir da perspectiva da esquerda, o discurso do direito à cidade gerou uma série de argumentos que se justificam nas ideias desenvolvidas por Lefebvre[5] e, posteriormente, por Harvey,[6] as quais pressupõem a construção de uma ideia "inovadora" sobre o espaço e o acesso a ele.

Tanto os argumentos da ONU-Habitat como aqueles do fenômeno conhecido como "virada da esquerda" precisam ser reconsiderados e confrontados com a realidade específica que as mutações e a história dos espaços públicos em territórios específicos da América Latina apresentam. É necessário revisar sua pertinência e adequação para designar e nomear os processos concretos que se desenvolvem na atualidade, bem como sua influência nas políticas locais e o papel do Estado na gestão das desigualdades e suas intervenções para remediá-las ou diminuí-las. Da mesma forma, e baseado na influência que Foucault introduziu na análise do poder e sua vinculação com o espaço, houve uma tendência em equiparar o poder com a política, aspecto que neutraliza a ação que o Estado tem na reorientação e na organização das cidades neoliberais ao criar a fragmentação dos grupos sociais em seu interior.

A partir da junção da experiência vivida e investigada na localidade de Cuernavaca, Morelos, região central do México, propõe-se trabalhar em três dimensões. Primeiro, considera-se que, tanto a perspectiva da esquerda quanto a postura dos direitos humanos – tão impulsionada neste momento pelo marco institucional dos governos em relação ao uso, apropriação, transformação e simbolização sobre os espaços públicos –, ao invés de ajudar a compreender as mutações que estão presentes nos centros urbanos da atualidade, limitam a explicação e a análise dos processos de reprodução social das cidades, já que homogeneízam as múltiplas possibilidades que as classes e os grupos sociais têm para ascender a eles e reproduzir-se neles.

Segundo, verifica-se que, nesse processo de homogeneização das classes sociais no espaço, existe também uma tendência a supor que a ação do Estado e dos grupos radica no poder que eles têm. Tal concepção se esquece da necessidade de enfatizar que a política do Estado impõe a normativa e a implementação de programas que tendem a fragmentar a cidade e fazer dela uma multiplicidade de lugares que se reproduzem socialmente de acordo com as classes e grupos sociais aos quais se pertence e se identifica, ignorando suas reais necessidades.

Finalmente, toma-se como referência o objetivo fundamental da política do Estado, a qual foi identificada por alguns grupos como a geração de "uma cidade para todos" (assim como se desenvolveu nos princípios da justiça social) e a fragmentação de um espaço que é atualmente regulado por classes hegemônicas e pelo setor privado.

UM CONCEITO CARENTE DE SIGNIFICADO

As cidades na América Latina se transformam e se ressignificam muito rapidamente. Desse modo, um espaço público, um público, uma opinião pública ou até um serviço ou bem público são coisas que certamente mudam de forma muito "natural" e muito objetiva, a partir das determinantes políticas, ideológicas, sociais e culturais que ditam as transformações da cidade.[7] Por essa razão, falar hoje de espaço público é falar de um conceito altamente idealizado e polissêmico, já que depende do autor, do governo e do momento em que se construiu. No entanto, ao mesmo tempo, parece ser um conceito no qual se inclui toda a cidade exceto a habitação que é privada.

Como componente ideológico primordial do urbano, o uso do conceito de espaço público se converte em um elemento de discussão mais intenso nos estudos urbanos a partir dos anos 1970, no interior das ciências sociais, principalmente na Sociologia, na Geografia, na Antropologia e no Urbanismo, ao ser tomado como um componente urbano capaz de sustentar ou desencadear outros processos econômicos e culturais.[8] Ademais, trata-se de um elemento que supostamente permite entender a metrópole contemporânea[9] a partir da análise de seu uso, forma e estrutura.

As discussões que atualmente se dão de maneira persistente no estudo do espaço público, entretanto, desenvolveram-se à margem de uma conceitualização prática – uma abordagem do lugar – e das relações de poder, assumindo-se o espaço público como uma realidade dada, inquestionável, ou seja, como um espaço absoluto. Esse vazio de sentido e de significado, que se concretiza a partir de realidades arbitrárias herdadas da modernidade, identifica o espaço público na atualidade como algo que é capaz de regenerar, integrar e dissolver as diferenças sociais. Porém, trata-se de algo que o neoliberalismo interrompe, fazendo com que se perca a condição de livre acesso ao espaço público e à igualdade, e se ganhem "novos" significados provenientes de novas formas urbanas.

Contudo, que significado tem realmente o conceito de espaço público? Responder a essa pergunta é uma tarefa complexa e ampla, já que há tantos espaços públicos como realidades existentes, e hoje, mais do que nunca, os significados de uma concepção instrumental são múltiplos e cada qual faz um uso do conceito de acordo com as suas necessidades. Por exemplo, a construção do espaço público na cidade de Cuernavaca e as especificidades que ali encontramos nos permitiram entender e interpretar, em diferentes escalas, os diversos significados que adquirem esses espaços, além de compreendê-los como dimensões mutantes, pois as transformações socioeconômicas pelas quais passaram redefinem suas funções e as percepções que os habitantes têm desses lugares. O tema tem ainda maior relevância quando é associado às formas diferenciadas de uso e apropriação, à qualidade física e relacional do entorno construído, às práticas sociais que neles se desenvolvem, às formas organizativas dos agentes que os usam e transformam e à oferta cultural que aí se promove.[10] Assim, consideramos relevante, em uma aproximação e uma lógica relacional, analisar os elementos físicos, institucionais, além dos programas e das políticas de intervenção, destacando seus objetivos, limitações e contradições, que nos ajudam a compreender as formas materiais e imateriais que o espaço público adota em diferentes escalas.

Dessa forma, foi possível constatar, a partir da análise histórica, que o fato de haver atores institucionais que intervêm no território de maneira isolada provoca disparidades não só na informação, mas também na "forma", na "função" e na "estrutura" do espaço público, o qual, além disso, está diretamente envolvido com os agentes privados. Ao mesmo tempo, parece haver uma contradição, já que o espaço público não é um elemento prioritário nas agendas políticas, mas apenas nos discursos. Observou-se que a intervenção nestes espaços não segue planos ou programas determinados, mas sim políticas de mitigação e adaptação ao contexto existente, associadas a uma lógica de mercado neoliberal, patente nas recentes intervenções do governo municipal, denominadas de Embelezamento da Paisagem Urbana de Cuernavaca.

Cabe igualmente destacar a hipótese de que existe uma visão reducionista da intervenção no espaço público, evidenciada também no próprio conceito que é confundido com a implantação de áreas verdes ou equipamentos nos locais onde o programa interveio (meio-fio, calçadas, rotatórias); espaços que, mesmo sendo públicos, não permitem o lazer, a realização de atividades e a interação social devido, em parte, à sua tipologia. Ademais, não melhoram a qualidade do ambiente urbano, pois são áreas muito pequenas e espaços, pontuais e dispersos, correspondentes ao imaginário das camadas mais altas da cidade e da classe política, que vê essas intervenções como uma forma de atrair investimentos nacional e estrangeiro, mas também como legitimação frente às diferentes classes sociais.

Desse modo, as estratégias de intervenção dos governos e do setor privado vão determinando os agentes que usam os espaços, num contexto em que a classe social é um elemento que os territorializa. Os espaços públicos tradicionais, como são a praça, o parque e o jardim, são utilizados em sua grande maioria pelas classes populares, como é o caso do Zócalo de Cuernavaca, do Jardim Juárez e do Jardim de San Juan, entre outros. Todos são de propriedade pública e não recebem atenção, a não ser que exista uma demanda política ou um projeto político intencional. Para as classes altas, embora reivindiquem, aparentemente, espaços públicos ou de propriedade pública de acordo com seus imaginários coletivos, não deixam de ser meras intervenções estéticas, pois os espaços públicos de sua cotidianidade são os espaços privados de uso público, como os centros comerciais e os clubes. Essa consciência de classe é de tal forma intrínseca que não há uma transposição de fronteiras (simbólicas e sociais) entre os mesmos espaços – existe, apenas, como um elemento "natural" da mesma história do espaço público.

Sob essa perspectiva, parece-nos limitado considerar que as possibilidades de existência de um espaço público, que é de todos como um direito e uma herança da modernidade, sejam empobrecidas no neoliberalismo. Em realidade, ele nunca foi de todos, mas somente das classes hegemônicas, e se reproduziu ao longo da história a partir de novas formas e políticas urbanas, assim como da intervenção privada, fato que somente acentuou ainda mais as diferenças sociais entre os grupos urbanos.

A FUNÇÃO DO ESPAÇO PÚBLICO

Os princípios gerais de construção do espaço público idealizados pela modernidade, como sua função social e a geração de uma cidadania, entre outras, continuam sendo mobilizados e se reproduzindo com resultados distintos daqueles que lhes deram origem. Por um lado, é preciso evidenciar que, mesmo com elementos de desenvolvimento homogeneizantes no geral e tendo se convertido em um princípio central do planejamento urbano, esse tipo de urbanismo tomou diferentes direções na Europa e na América Latina, já que há distinções na forma e na escala. Nas grandes cidades, o espaço público se converteu no "resultado" de um urbanismo espetacular, ostentado em obras magnificentes, incorporadas ao mercado global a fim de atrair investimentos e obedecer aos imaginários idílicos das classes médias e altas. No caso das cidades médias, as intervenções não são de índole espetacular. Trata-se de arranjos paisagísticos, sobretudo, nas áreas de investimentos médios e altos, que distam muito de integrar-se nos planos de desenvolvimento urbano coerentes, específicos e com uma visão de cidade em diferentes escalas. Por outro lado, mais uma forma de expressão desse modelo de urbanismo foi a proliferação de espaços comerciais, como *malls* e grandes praças, fenômeno que motivou estudos de diversos pesquisadores, atentos às consequências urbanas e culturais que essas intervenções tiveram.[11] No entanto, será realmente que foram essas novas formas urbanas as responsáveis pela desaparição do espaço público e pela privatização da sociabilização que perdurava na modernidade?

Quando falamos de espaço público da modernidade na cidade de Cuernavaca, por exemplo, referimo-nos a um espaço construído pelas classes hegemônicas para seu usufruto a partir das tipologias tradicionais, como são o jardim, a praça e o parque, os quais cumprem as funções de lazer, de ver e ser visto, de encontro entre agentes de mesma condição ou classe social, marcadamente homogêneos em interesses, gostos, expressões e tradições culturais. Neles, as classes baixas não tinham lugar e os espaços destinados a elas cumpriam funções diferentes daquelas que representavam para a classe alta: eram o espaço do trabalho. Isso permite questionar a existência de um espaço público de integração social ou, inclusive, de um espaço público como tal.

Autores como Sennett[12] já teceram essa crítica ao espaço público da modernidade (em si), em cujas intervenções já se evidenciava o processo de diferenciação social, de maneira que previam a tão aclamada "morte" do espaço público. Assim, parece que os discursos atuais de uma "morte" e/ou "crise" do espaço público[13] devem ser revistos, na medida em que apontam que essa "morte" é consequência de uma política neoliberal de privatização do espaço, concretizada, sobretudo, nos centros comerciais e nos condomínios privados, que destroem os laços de sociabilidade e de cidadania. Retomando Sennett,[14] é possível verificar que, antes do neoliberalismo, o espaço público já havia "morrido", pois as mesmas características que o definiam limitavam-no a certos grupos.

O caso de Cuernavaca é um exemplo desse fenômeno, já que, como vimos, o espaço público tradicional da modernidade destinava-se às classes hegemônicas, as quais, com a Revolução Zapatista, transladaram as funções tradicionais dos espaços públicos ao âmbito privado – como a casa e o clube – muito antes do surgimento dos centros comerciais. Nesse sentido, consideramos pertinente apreciar que o neoliberalismo induziu a uma nova análise do espaço público, seja a partir de outros novos que surgem, da ressignificação dos tradicionais ou ainda como um conceito politicamente estratégico e ideológico.

Desse modo, cabe perguntar: o que atualmente faz diferença no processo de reprodução social do espaço público? Entendemos que se trata daquilo que Lefebvre[15] define por representações do espaço, associado a uma racionalidade técnica de quem o constrói. Aquele que detém a faculdade prática de poder fazê-lo de forma "neutra" não o faz porque está vinculado às instituições de poder dominante e às representações naturalizadas geradas por uma "lógica de visualização" hegemônica. Esta, por sua vez, se traduz em novas formas urbanas, como os centros comerciais, associadas à reprodução do capital e às novas experiências e imaginários urbanos elitistas.

Essas iniciativas, intervenções e imaginários da classe política apostam na imagem que podem criar da cidade, o que representa uma negação dos interesses relativos às necessidades de alguns cidadãos, já que os espaços criados a partir das estratégias de renovação urbana foram concebidos à margem desses mesmos cidadãos, fazendo com que não se usem ou que não se gere identidade alguma em relação a eles. Ao mesmo tempo, tais políticas parecem reduzir os laços de sociabilidade, de integração social, de não identificação dos habitantes com seu entorno, e podem resultar, em algumas ocasiões, no abandono da área e ausência de geração de cidadania, pois, ao contrário do que é dito (que haverá convivência e uso do espaço com identidade), as pessoas se fecham no âmbito doméstico ou nos espaços privados, como os centros comerciais. Porém, até que ponto essa afirmação é correta? Abandonou-se o Zócalo de Cuernavaca, ou o Jardim San Juan, ou o Jardim Juárez? Aparentemente, não. Com efeito, considerando o clima de grande violência vivido na cidade de Cuernavaca, haveria muitas razões para que se verificasse esse retraimento dos cidadãos com relação aos espaços públicos. Entretanto, os espaços seguem vivos, usados, transformados e apropriados pela população. Unem-se, assim, os discursos de um ideal abstrato a uma prática fragmentada, ou seja, ao tomar-se o espaço público como um elemento importante na reestruturação urbana e social das cidades, validam-se e legitimam-se modelos e políticas de intervenção, que, ao contrário do que se acredita, resultam numa divisão ainda maior das cidades e aumentam as desigualdades sociais e espaciais.

Nesse sentido, o que faz a diferença quando se compara as intervenções realizadas em diversas cidades? Obviamente, existem matizes distintivos que dependem da história e das características de cada cidade e do entorno na qual se desenvolveram; entretanto, a ideologia a partir da qual se transformam é similar. Dentro desses matizes, cabe assinalar os usos do espaço, que mudam conforme a tipologia. Mesmo quando se fala de contextos e escalas tão diferentes, existem aspectos que unem os espaços e as políticas de intervenção, por exemplo: a idealização do belo; a tendência a tirar os feios e os sujos dos espaços centrais ou principais da cidade; o atendimento ao imaginário das classes média e alta; e a exigência de que qualquer cidade no âmbito da competitividade mundial deve ter uma marca global, ignorando a possibilidade do desenvolvimento de uma identidade própria a partir da criatividade ou dos artistas que trabalham localmente.

Alguns autores fazem duras críticas a essas intervenções nos espaços públicos das cidades, como Harvey,[16] Smith,[17] Davis,[18] De Mattos,[19] Duhau e Giglia,[20] entre outros, já que argumentam que a cidade se torna uma mercadoria para o consumo de poucos ao mesmo tempo em que exclui os mais desfavorecidos. Por outro lado, alguns autores argumentam que com essas intervenções a cidade perde seu significado histórico, pois os lugares ganham novas identidades, incluindo o próprio conceito de lugar, que passa a ter alguma resistência frente a sua identidade. Nesse sentido, segundo Castells,[21] surge uma nova espacialidade na qual os espaços de fluxos predominam sobre os espaços de lugares, alterando sua forma, função e significado. Embora a visão de Castells possa ser questionável, uma vez que não cremos que haja uma predominância dos espaços de fluxos, é certo que os lugares se ressignificam, se refuncionalizam, mas não perdem sua característica de lugares públicos.

A refuncionalização e a ressignificação são consequências de processos dinâmicos e dialéticos que ocorrem no interior das cidades consideradas como construções efêmeras que se dissolvem com a ação do mercado. Os dispositivos de controle são cada vez mais sutis e menos evidentes, ativando o conjunto de princípios que permeia todos os âmbitos, desfiguram o "novo" e influenciam as estruturas sociais. Perguntamo-nos: é esta cidade gerada pelo neoliberalismo, para grupos minoritários e seletos de cidadãos e orientada pelo mercado capitalista, aquela que se tem promovido como a que dá direito à cidadania e nos faz cidadãos? Ao mesmo tempo, como o conceito de justiça espacial/social pode maximizar as perspectivas espaciais dos excluídos nesse contexto?

QUAL DIREITO, QUAL CIDADE?

No âmbito do mercantilismo urbano e de cidade neoliberal, muitas das intervenções promovidas pelos serviços públicos fundamentam-se no que se tem chamado de "direito à cidade". Esse conceito tem ganhado muitos adeptos, valendo-se do argumento de que quanto mais a cidade é usada, mais se constroem a cidadania e a apropriação das urbes para benefício dos despossuídos. Isso justificaria as intervenções de privatização, embora elas gerem maiores desigualdades entre os usuários. Em relação a isso, cabe perguntar de onde nasce esse conceito e como foi utilizado por seus promotores a fim de verificar se seu emprego corresponde ao que está ocorrendo na atualidade.

Na década de 1970 na Europa, após reconstrução demandada pelo desastre da Segunda Guerra Mundial e com a importância que o marxismo teve para entender a realidade social do momento, e a urbana em particular, Henri Lefebvre, um dos pensadores de esquerda mais renomados da época, escreveu, entre outras obras, uma que foi bastante polêmica, e que segue sendo utilizada na atualidade, intitulada *O direito à cidade*.[22] Com ela, passou-se do direito à habitação, promovido depois da guerra para a reconstrução das cidades destruídas, ao da cidade, quando o problema habitacional já havia sido resolvido naquele continente.[23]

A partir do uso de ferramentas, metodologia e categorias marxistas, Lefebvre analisa as condições e os processos do fenômeno urbano dos anos 1970 na Europa, o que, diferentemente do que sucede com o uso de seu pensamento na cidade neoliberal, o situa em uma postura crítica não somente do capitalismo e da economia imobiliária daquele momento, mas se opõe a posturas teóricas que explicavam a cidade pelo funcionalismo e pela Ecologia Urbana da Escola de Chicago, tão em voga naquele período. O fato de tomar a dimensão histórica para analisar a passagem da cidade pré-capitalista à urbanização do momento é outro dos elementos fundamentais necessários para resgatá-lo e que dão consistência a sua postura crítica.

Em primeiro lugar, o autor se coloca dentro de um processo que é longo e muito complicado. Ele o analisa a partir da passagem da cidade-Estado a um sistema urbano muito mais complexo que está composto por três dimensões: a sociedade, o Estado e a cidade,[24] tríade que se forma a partir do binômio industrialização-urbanização. Baseando-se em uma construção funcionalista da cidade, o autor conclui que ela está dividida em zonas de acordo com o resultado do crescimento e da expulsão das classes trabalhadoras para a periferia. A partir daí, podem gerar-se áreas nos contornos das cidades ocupadas pelas classes médias e altas (os chamados "subúrbios" nos países desenvolvidos), ficando a urbe organizada em "cidades e aglomerações, cidades trabalhadoras, bairros periféricos que são apêndices onde a industrialização não alcança ocupar e fixa a mão de obra disponível".[25] Em sua opinião, tal expulsão destrói a urbanidade, pois os habitantes já não estão no centro,[26] o que descentraliza a cidade, pois o proletariado se perde da obra central. O subúrbio é considerado como inimigo da cidade,[27] pois é uma periferia desurbanizada, porém muito dependente da cidade. O autor constrói a ideia da urbanização, desurbanizante e desurbanizada[28] como aspecto importante do próprio processo de crescimento e expansão das cidades. Esse processo é definido como tendo uma face dupla analisada a partir de binômios: industrialização e urbanização; crescimento e desenvolvimento; produção econômica e vida social; aspectos que são inseparáveis, com certa unidade, porém, em conflito no interior deles.[29] Esses aspectos se apresentam como contradições dentro da cidade e a acompanham em sua transformação.

No contexto de crescimento ampliado gerado no processo de urbanização, Lefebvre faz uma distinção importante entre habitat e habitar. Habitar significa participar de uma vida social, na própria comunidade (povoado ou cidade) que se rompe paulatinamente com o processo;[30] enquanto habitat se refere a uma condição em que se pretende melhorar a qualidade de vida dos trabalhadores e se lhes agrega o acesso à propriedade.[31] A isso se vincula, diretamente, o acesso à moradia, que se converte em uma mercadoria promovida pelo setor imobiliário, o qual prioriza a construção e o desenvolvimento de bairros autossuficientes e de novas cidades apartadas das antigas. Como resultado, afirma Lefebvre, a moradia surge nessas novas cidades como um direito assumido pelo serviço público e pelo Estado como parte de sua responsabilidade. Em consequência, mais do que se preocupar em oferecer ambientes para habitar na cidade, o Estado promove o direito à moradia e ao habitat como parte fundamental de sua atividade social, com orientações que favorecem a economia de mercado ligando-se ao setor imobiliário. Assim surge uma cidade mutilada, deteriorada e fragmentada, subordinada à necessidade de construir um habitat que deixa de ter condições de habitar, organizada pelo urbanismo dos homens de boa vontade, aquele dos administradores e o dos promotores que, em suas diversas tendências, contribuem para a construção de um caos difícil de deter ou conter.

Em segundo lugar, é a partir dessa perspectiva de construção da cidade que Lefebvre a define por meio de suas transformações particulares, e não das generalizações globais nem passivas. A cidade depende, afirma, "[...] de relações imediatas, de vinculações diretas entre as pessoas e grupos que compõem a sociedade (famílias, corpos organizados, ofícios e corporações etc".[32] Dessa maneira, estabelece um ponto médio entre a ordem próxima (aquela das relações entre os indivíduos e os grupos) e a ordem distante – a que se refere àquela das instituições, como o Estado e a Igreja. Nessa análise a cidade identifica-se como uma mediação entre estas duas ordens.[33] É nesse contexto que o autor descreve a produção da cidade localizando-a mais que na produção de objetos urbanos, na produção de relações sociais como parte da produção e reprodução dos seres humanos,[34] o que amplia o conceito de produção a uma dupla dimensão: aquela das obras e a das relações de produção.

Em terceiro lugar, Lefebvre dá uma importância crucial ao problema da crise da cidade a partir de dois aspectos relacionados com as transformações que mudam a fisionomia da cidade e geram sua crise. Em sua opinião, trata-se de uma crise teórica e prática. Na primeira, o conceito de cidade (da realidade urbana) se compõe de fatos, representações e imagens tomadas da cidade antiga, porém em uma nova elaboração que a caracteriza. Na segunda, que é prática, o núcleo urbano se desfigura e continua ultrapassando os limites, permanece deteriorado ou em decomposição.[35] O outro aspecto da crise da cidade é a descontinuidade que se apresenta na urbe contemporânea com os modelos que geraram as anteriores[36] e onde prevalece uma morfologia urbana que constitui sua forma e conteúdo. A segregação que se produz ao expulsar as classes proletárias para as periferias[37] origina uma vida cotidiana recortada em fragmentos.[38] O resultado é a produção de guetos organizados por grupos sociais afins, zonas onde estes se reproduzem e vivem, e uma separação deles em relação à sociedade urbana. O consumo é um elemento fundamental que promove essa fragmentação das cidades, pois são diversos e diferentes consumos gerados em seu interior. Em seguida, o autor enfatiza que a cidade está morta apesar da presença do urbano, pois este é disperso e alienado. A crise, por conseguinte, não só implica a existência de descontinuidades econômicas no interior da urbe como também políticas, sociais e de outros tipos que causam o rompimento entre o urbano e a cidade.

Em quarto lugar, Lefebvre enfatiza aspectos fundamentais da metodologia que permitem que nos aproximemos da cidade. Ele explica que não só a morfologia urbana é relevante, mas também deve-se evitar considerar as continuidades ou descontinuidades nos processos como elementos absolutos, assim como os processos globais e os particulares, exclusivamente. É necessário que instituições e relações saiam das situações de classe que as definem (as quais transformam em relações pessoais locais que também são de ordem impessoal) de outras situações que se realizam no plano do percebido e do concebido, importantes, sem dúvida, para compreendê-las.

É a partir dessa postura que Lefebvre desenvolve o direito à cidade, o que implica a geração de uma nova urbe que tenha outras bases diferentes daquelas que o capitalismo proporcionou até esse momento.[39] Para isso, pondera, é necessário fazer um programa em que se integrem, formando uma síntese ou unidade, a ciência da cidade, a arte e a técnica do conhecimento,[40] participando como elementos que unam uma série de direitos concretos que não devem estar fragmentados, uma vez que surgem a partir de uma grande contradição da vida urbana. Esta contradição se refere à crescente socialização da sociedade e à segregação generalizada que se produz.[41] É a partir daí que aparecem os direitos concretos que materializam os direitos abstratos da humanidade e do cidadão e que são parte dos pilares da democracia, entre os quais estão: os direitos das idades e dos sexos (a mulher, a criança, o ancião); os direitos às condições (o proletário, o camponês); os direitos à instrução e à educação; o direito ao trabalho, à cultura, ao descanso, à saúde, à habitação.

Em suma, o direito à cidade é, na visão de Lefebvre, uma maneira de repensar a utopia do futuro da vida urbana dos citadinos e dos habitantes do campo. Contudo, também é uma maneira de integrar a concepção da cidade numa totalidade, e não dividida em fragmentos como o faz o funcionalismo e, na atualidade, o pós-modernismo. Nessa concepção, o autor integra vários elementos e aspectos que incluem uma forma de vida cotidiana que satisfaça, sobretudo, as necessidades e reprodução da classe trabalhadora que vive na cidade, sem restringir-se, exclusivamente, a um espaço em particular, seja este público ou privado, e, muito menos, ao uso de algum deles, nem ao centro histórico, nem aos espaços públicos da cidade. Lefebvre inclui uma maneira de ver a criação de habitats que permitam uma vida cotidiana digna de cada um dos habitantes, acessando o habitar, ou seja, a propriedade e o aprimoramento das condições de vida dos habitantes da cidade.

É a partir daqui que se detectam muitas diferenças no uso da categoria "direito à cidade" de Lefebvre e aquela que se emprega no momento contemporâneo. No uso do direito utiliza-se o funcionalismo não somente para planejar e dividir a cidade, mas para fragmentar também a maneira como a entendemos e nos aproximamos dela: a separação entre o público e o privado é uma forma de fazê-lo. Agora, mais que falar de cidade se fala de espaço público, ao qual se atribui a condição social e de espaço da cotidianidade, como se a moradia e o espaço privado não fossem assim. Mas, além disso, somente o uso do espaço público é o que nos dá a condição de democratização da cidade e o direito a ela.

Podemos observar que, se há um discurso para obter o direito ao acesso a uma vida cotidiana citadina, parece que o processo se encarrega de não proporcioná-la. Ao contrário disso, quanto mais longínqua dos lugares públicos está a moradia, menor é a qualidade de vida, sobretudo, em uma cidade dispersa. Apesar de usar e transitar pelo espaço público do centro das cidades, o habitante precisa usar os centros comerciais, que são um bem de caráter privado para uso público, no entorno ou nos outros centros da cidade. É preciso acrescentar que nessa transição há um passo significativo na intervenção do Estado, já que, na concepção lefebvriana, este era uma instituição fundamental para a criação de boa parte dos suportes materiais que constituem a cidade. Atualmente, tal como se exemplificou na primeira parte deste capítulo, o Estado se converteu somente em um gestor de projetos ou de intervenções urbanísticas destinadas a melhorar alguns espaços públicos enquanto outros foram privatizados, como se fez com os centros, ambos construídos com promoção e aprovação estatal. Por outro lado, embora Lefebvre dê importância fundamental à centralidade como eixo organizador da cidade, de sua produção e criação, aceita a constituição de outras centralidades na medida em que sirvam para proporcionar uma convivência cotidiana e uma melhoria da vida na cidade.

DO DIREITO À CIDADE À JUSTIÇA URBANA

A despeito do fato de que o pensamento de Lefebvre sobre o direito à cidade esteja vinculado à possibilidade de construção de uma utopia visando à cidade do futuro baseada em um imaginário de qualidade de vida dos cidadãos do centro e da periferia, e não em função do consumo e do mercado, nos últimos anos, gestou-se também outra categoria que tenta resolver as fragmentações territoriais e sociais das cidades a partir da norma e do direito, ou seja, a partir da legalidade. Essa perspectiva promove a justiça urbana como elemento fundamental para alcançar a equidade e solucionar as diferenças existentes na urbe. Se tomamos o significado do termo "direito", entende-se que é uma "faculdade de fazer ou exigir tudo aquilo que a lei ou a autoridade estabelece a nosso favor, ou que o dono de uma coisa nos permite"; "o justo ou o legítimo".[42] O justo, por sua vez, se refere a "direito, razão e equidade".[43]

Por conseguinte, verifica-se que direito, justiça e busca de equidade são conceitos que, desde sua definição, caminham juntos, e alcançá-los supõe a implantação da justiça social que, uma vez atingida, promoveria a igualdade automaticamente. Entretanto, essa lógica é insuficiente na medida em que desconsidera que há circunstâncias sociais e territoriais que estão condicionadas às formas específicas em que se adaptam os diferentes espaços da morfologia urbana e a escalas diferenciadas dos processos urbanos (embora os mecanismos de produção social das desigualdades sejam iguais em todas as partes). Em outras palavras, é preciso analisar as especificidades que dão "forma" a uma concepção do que representa a justiça e o direito, e não os manipular como conceitos universais que se adaptam da mesma maneira em todos os lugares.

É digna de nota o modo como esses conceitos, da mesma forma que a globalização, entram no discurso dos urbanistas tanto de direita como de esquerda, claro que de modo diverso. Para alguns, o direito e a justiça entram no discurso da Igreja Católica. Estes pretendem argumentar que a justiça social é um componente político fundamental e constitutivo da essência humana, além de ser, ainda na atualidade, de vital importância para regular as relações entre o Estado e a Igreja.[44] Por outro lado, para os políticos, a busca de equidades sociais e territoriais é um instrumento para fazer política e até erradicar, através dela, as diferenças geradas pela pobreza e pela exclusão do sistema imperante.[45] Do ponto de vista da esquerda, o problema da justiça tem dimensões morais e éticas que é preciso atacar e que a distinguem de uma dimensão exclusiva de distribuição. De acordo com essa perspectiva, a necessidade de gerar a "justiça territorial distributiva"[46] é, sem dúvida, uma tarefa árdua, similar à da criação de um programa utópico de cidade que requer também que se integrem a ética e o respeito como aspectos fundamentais.

Às posições anteriores é preciso agregar outras que se instituíram na atualidade, como é o caso da proposta da *Revista de Derecho de la Ciudad*, a qual tenta reconhecer, no diálogo metodológico multidisciplinar, uma forma de problematizar o conhecimento produzido por e para o campo jurídico. A publicação integra contribuições das ciências sociais sobre diferentes questões (a propriedade, a História Urbana e Regional, a História Agrária, o planejamento regional, a segregação e a mobilidade socioespacial, a delinquência, os impactos econômicos dos grandes projetos urbanos e culturais, a violência urbana, a regularização de terras, a política urbana, conflitos ambientais, riscos ambientais, planos municipais, a participação social), além da perspectiva das ciências sociais aplicadas (Direito Urbanístico, Direito Ambiental, Sociologia do Direito), abordando temas que são bem-vindos, pois proporcionam o apoio necessário para os objetivos acadêmicos perseguidos pela revista.

Enquanto a justiça social reivindica os mesmos valores de acesso a um espaço democrático, igualitário e diversificado, no âmbito prático, a produção do espaço segue os cânones do funcionalismo urbano e divide-a, fragmenta-a social e territorialmente. Nessa contradição entre a reivindicação de um discurso legitimador do social e uma prática de produção que o fragmenta, o discurso do direito à cidade, o direito ao espaço público e a necessidade de vinculá-lo à produção de cidadãos que o usem e transformem são parte da necessidade que os governos têm, especialmente os de esquerda, de buscar uma maneira de tornar socialmente genuínas as ações que promovem sobre o espaço urbano. De fato, e ao mesmo tempo, são conceitos que geram tensões entre a realidade que sofre a fragmentação e o discurso que procura ser inclusivo. Quanto à forma de usá-los, supõe-se uma necessidade de suprimir barreiras e fronteiras entre os agentes urbanos e os territórios que ocupam. Com efeito, os discursos do espaço público como elemento articulador de cidadãos e criador de justiça urbana estão ocultando a tendência crescente para produzir cidades separadas, fragmentadas e diversas, requeridas pelo capital para reproduzir-se na atualidade.

REFLEXÕES FINAIS

Como exposto ao longo deste capítulo, verifica-se que houve um uso equivocado do conceito de "direito à cidade" de Lefebvre, que em seu momento foi elaborado para eliminar o funcionalismo do planejamento urbano e retomar elementos de direito à qualidade de vida que os habitantes necessitavam para sua sobrevivência. É evidente que as proposições como as que fazem Borja[47] e seus seguidores em relação às cidades europeias seguem usando os elementos funcionalistas que se pretendia erradicar da proposta. Entretanto, notamos um problema mais sério: o fato de que tais propostas sirvam como inspiração para implementar mudanças das cidades latino-americanas, esperando com isso criar cidadãos e impor governança onde ela já não existe.

A despeito disso, na América Latina a proposição foi mais ainda longe. De acordo com a concepção da Comisión Económica para América Latina y el Caribe (Cepal), o conceito de espaço público refere-se a um espaço social ou ao espaço da cotidianidade,[48] inserido na globalização, mas caracterizado como segregado, carecendo totalmente de elementos ao defini-los como modernos, feios, sujos etc. Sem dúvida, a aparência é o paradigma tomado para definir tal caracterização. O espaço público é percebido como uma ameaça devido à atmosfera de insegurança que tem assumido. Trata-se de uma visão limitante e, pode-se afirmar, errônea. É o espaço que gera temor e medo. O refúgio a essas pressões está nos espaços privados, construídos agora como as casas cercadas, os bairros fechados e longínquos.[49]

Dentro dessa concepção, o espaço público é manipulado como se todos se comportassem homogeneamente em todas as realidades sociais, além de ser entendido como o espaço da interação social[50] onde se constrói a identidade coletiva. Se se perde esta identidade, aumenta-se a insegurança.[51] Faz-se, assim, uma passagem do espaço público à pobreza sem mediações, já que se diz que a proximidade gerada pelas redes de cooperação e de segurança que ocorrem no espaço público[52] pode ajudar a eliminar a pobreza. A partir dessa crença, associa-se de maneira automática a relação entre a identidade, a segurança e o espaço público com a possibilidade de eliminar a pobreza do continente (pois se afirma que a convivência do espaço público resolve a pobreza e também a insegurança).[53]

A dualidade entre espaço público e privado, as considerações do direito à cidade e justiça social como ideologia para justificar a ação estatal e outras que foram analisadas anteriormente constituem-se como limitações para a compreensão do espaço numa perspectiva mais ampla. Os espaços têm multidimensionalidades e múltiplas possibilidades[54] de produção, interpelação, uso, transformação e construção, as quais ficam fora das visões que se podem ter para interpretá-las. Dessa maneira, a riqueza das experiências existentes nos espaços, sejam esses públicos ou privados, são eliminadas das análises da realidade que apresentamos.

NOTAS

1 Harvey, 2004.
2 Narciso, 2014.
3 Estévez Villarino, 2012.
4 Delgado, 2011.
5 Lefebvre, 1973.
6 Harvey, 1973.
7 Narciso, op. cit.
8 Portas, Domingues e Cabral, 2003.

[9] Duhau e Giglia, 2008.
[10] Ramírez Kuri, 2009, p. 5.
[11] López Levi, 1997; Cornejo Portugal, 2006, 2007; Hiernaux-Nicolas, 2000; Ramírez Kuri, 1993; Caprón, 1997.
[12] Sennett, 1978.
[13] Borja, 2005.
[14] Sennett, op.cit.
[15] Lefebvre, 1991.
[16] Harvey, 1989.
[17] Smith, 2005.
[18] Davis, 1992.
[19] De Mattos, 2007.
[20] Duhau e Giglia, op. cit.
[21] Castells, 1996.
[22] Lefebvre, 1973.
[23] Idem, p. 9.
[24] Idem, p. 19.
[25] Idem, p. 23.
[26] Idem, p. 31.
[27] Idem, p. 34.
[28] Idem.
[29] Idem, p. 23.
[30] Idem, p. 32.
[31] Idem, p. 33.
[32] Idem, p. 64.
[33] Idem.
[34] Idem, p. 65.
[35] Idem, pp. 28-9.
[36] Idem, pp. 99-101.
[37] Idem, p. 115.
[38] Idem, p. 118.
[39] Idem, p. 125.
[40] Idem, p. 136.
[41] Idem, p. 137.
[42] Tradução do verbete "*derecho*" segundo a definição do *Diccionario de la Lengua Española*, da Real Academia Española, versão eletrônica da 22ª edição. Disponível em: <http://lema.rae.es/drae/?val=derecho>. Acesso em: 22 jul. 2015.
[43] Tradução do verbete "*justo*" segundo a definição do *Diccionario de la Lengua Española*, da Real Academia Española, versão eletrônica da 22ª edição. Disponível em: < http://lema.rae.es/drae/?val=justo>. Acesso em: 22 jul. 2015.
[44] Eslava, 2012.
[45] Coneval, 2009.
[46] Harvey, 1973.
[47] Borja, op. cit.
[48] Segovia e Jordán Fuch, 2005.
[49] Idem, p. 10.
[50] Idem.
[51] Idem.
[52] Idem, p. 14.
[53] Idem, p. 28.
[54] Massey, 2005.

BIBLIOGRAFIA

Borja, Jordi. Prólogo. Revolución y contrarevolución en la ciudad global. In: Harvey, David; Smith, Neil. *Capital financiero, propiedad inmobiliaria y cultura.* Barcelona: macba/uab, Universitat Autònoma de Barcelona, 2005, pp. 9-27.

Caprón, Guénola. "Urbanidad y modernización del comercio: Un análisis a partir del caso de los shopping centers en Buenos Aires". *vi Encuentro de Geógrafos de América Latina: Territorio en Redefinición. Lugar y Mundo en América Latina.* Instituto de Geografía, Facultad de Filosofía y Letras, Universidad de Buenos Aires, 1997.

Castells, Manuel. *The Rise of the Network Society*. Cambridge: Blackweel Publishers, 1996.

Coneval – Consejo Nacional de Evaluación de la Política de Desarrollo Social. *Metodología para la medición multidimensional de la pobreza en México*. México, D.F., 2009. Disponível em: <http://www.coneval.gob.mx/rw/resource/Metodologia_Medicion_ Multidimensional.pdf>. Acesso em: 22 jul. 2015.

Cornejo Portugal, Inés. "El Centro Comercial: ¿una nueva forma de 'estar juntos'?". *Cultura y Representaciones Sociales*. México, D.F., Universidad Nacional Autónoma de México, v. 1, n. 1, septiembre 2006, pp. 93-127. Disponível em: <http://www.journals. unam.mx/index.php/crs/article/view/16221>. Acesso em: 22 jul. 2015.

______. *El lugar de los encuentros*: comunicación y cultura en un centro comercial. México, D.F.: Universidad Iberoamericana, 2007.

Davis, Mike. *Planeta de ciudades miseria*. Madrid: Foca, 1992.

De Mattos, Carlos A. "Globalización, negocios inmobiliarios y transformación urbana". *Nueva Sociedad*, n. 212, noviembre-diciembre de 2007, pp. 82-96. Disponível em: <http://nuso.org/media/articles/downloads/3481_1.pdf>. Acesso em: 22 jul. 2015.

Delgado, Manuel. *El espacio público como ideología*. Madrid: Catarata, 2011.

Duhau, Emilio; Giglia, Ángela. *Las reglas del desorden*: habitar la metrópoli. México: Siglo XXI Editores, Universidad Autónoma Metropolitana, Unidad Azcapotzalco, 2008.

Eslava, Euclides. "Poder, justicia y paz. El pensamiento político de Joseph Ratzinger". *Escritos*. Medellín, Colombia, v. 20, n. 44, enero-junio 2012, pp. 83-119. Disponível em: <http://www.scielo.org.co/pdf/esupb/v20n44/v20n44a05>. Acesso em: 22 jul. 2015.

Estévez Villarino, Brais. "La idea de espacio público en geografía humana. Hacia una conceptualización (critica) contemporánea". *Documents d'Anàlisi Geogràfica*, v. 58/1, 2012, pp. 137-63. Disponível em: <http://ddd.uab.cat/pub/dag/dag_a2012m1-4v58n1/dag_a2012m1-4v58n1p137.pdf>. Acesso em: 22 jul. 2015.

Harvey, David. *Social Justice and the City*. Oxford: Edward Arnold, 1973.

______. *The Urban Experience*. Oxford: Basil Blackweel, 1989.

______. *El Nuevo Imperialismo*. Madrid: Akal, 2004.

Hiernaux-Nicolas, Daniel. "El reencantamiento de los espacios de consumo en las ciudades". *IV Encuentro Ciudades y Culturas Contemporáneas*. México, ENAH, 2000.

Lefebvre, Henri. *El derecho a la ciudad*. 2. ed. Barcelona: Península, 1973.

______. The production of space. Oxford: Blackwell, 1991.

López Levi, Liliana. "Los centros comerciales como espacios multifuncionales". *Argumentos*. n. 27, agosto 1997, pp. 81-96.

Massey, Doreen. La filosofía y la política de la espacialidad: algunas consideraciones. In: Arfuch, Leonor (org.) *Pensar este tiempo*: espacios, afectos, pertenencias. Buenos Aires: Paidós, 2005, pp. 101-28.

Narciso, Carla. *¿Cuál espacio público?* Los lugares de uso, consumo y diferenciación social en la Ciudad de Cuernavaca. México, 2014. Tese (Doutorado en Urbanismo) – Facultad de Arquitectura, Universidad Nacional Autónoma de México.

Portas, Nuno; Domingues, Álvaro; Cabral, João. *Políticas urbanas*: tendências, estratégias, oportunidades. Lisboa: Fundação Calouste Gulbenkian, 2003.

Ramírez Kuri, Patricia. *Transformaciones espaciales y modernización urbana*: la Ciudad de México y los macro-proyectos comerciales. Centro Comercial Coyoacán (1989-1993). México, 1993. Tese (Mestrado en Estudos Regionais) – Instituto de Investigaciones Dr. José María Luis Mora.

______. *Espacio público y ciudadanía en la ciudad de México*: percepciones, apropiaciones y prácticas sociales en Coyoacán y su centro histórico. México: Unam, Instituto de Investigaciones Sociales, 2009.

Segovia, Olga; Jordán Fuch, Ricardo. "Espacios públicos urbanos, pobreza y construcción social". *Serie Medio Ambiente y desarrollo*. Santiago de Chile, Naciones Unidas, Comisión Económica para América Latina y el Caribe, División de Desarrollo Sostenible y Asentamientos Humanos, n. 122, 2005. Disponível em: <http://repositorio.cepal.org/ bitstream/handle/11362/5660/S0501090_es.pdf?sequence=1>. Acesso em: 23 jul. 2015.

Sennett, Richard. *El declive del hombre público*. Trad. Gerardo Di Masso. Barcelona: Anagrama, 1978.

Smith, Neil. El redimensionamiento de las ciudades: la globalización y el urbanismo neoliberal. In: Harvey, David; Smith, Neil. *Capital financiero, propiedad inmobiliaria y cultura*. Barcelona: MACBA/UAB, Universitat Autònoma de Barcelona, 2005, pp. 59-80.

DAS AÇÕES DE RESISTÊNCIA URBANA À CONSCIÊNCIA DA EXPROPRIAÇÃO

Fabiana Valdoski Ribeiro

Fontes[1] propõe considerar a centralidade do tema expropriação como condição para compreender a dinâmica capitalista, pois ela é a base social da dominação e da exploração da força de trabalho. De acordo com Marx, a expropriação não está situada na história apenas no princípio da formação do capitalismo, mas é um processo ininterrupto, já que serve à reprodução da condição de separação entre meios de produção e força de trabalho, reproduzindo-se em escala crescente. Tal condição é necessária para garantir o contínuo da produção do valor. Para Fontes:

> A expropriação é a produção de trabalhadores livres e, nesse sentido, a liberdade corresponde à mais plena disponibilidade da força de trabalho para o capital. A liberdade da força de trabalho é real, dúplice e contraditória. Ela consiste em enorme negatividade, expressando a impossibilidade de crescentes massas populares de prover a própria subsistência (singular ou familiar) fora de relações de subordinação "voluntária" ao capital (ao mercado); tende a destruir as formas de solidariedade tradicionais entre trabalhadores; a desmantelar as crenças e modos de existência até então predominantes; exacerba a concorrência; impersonaliza os contatos sociais, ao promover uma individualização contraditória, opondo seres isolados e competitivos que precisam porém cooperar estreitamente no processo social de produção, sob a batuta do capital. Ainda que sob a forma negativa, essa liberdade se expressa também na redução de laços de dependência pessoal de trabalhadores frente a clientelas e patronatos.[2]

Assim, no transcurso das inúmeras expropriações, forma-se e reproduz-se uma coletividade despojada dos recursos necessários para a reprodução da vida e estes, por sua vez, subordinados ao capital, vinculam-se, contraditoriamente, pelas relações de competição e de estranhamento.[3] Aparentemente, esses vínculos vão constituindo-se como qualidades naturais da existência humana, ocultando o caráter social das expropriações que os envolvem. Essa "naturalização" compõe uma realidade obscura e difícil de apreender que reconstrói o círculo da dominação. A crise social está instalada e ao longo da história adquire conteúdos diferenciados.

Atualmente, com a mundialização da urbanização determinada pelos ditames do capital, a crise social manifesta-se em grande parte como crise urbana. A desigualdade é uma característica que acompanha a história das cidades. No entanto, na expansão mundial da urbanização comandada pela lógica capitalista, grande parte dos cidadãos são saqueados da própria riqueza gerada socialmente em magnitudes muito elevadas e, desse modo, muda-se a qualidade do processo. O conteúdo da crise urbana está objetivado na morfologia das cidades, entretanto, os fundamentos sociais, políticos e econômicos que a sustentam atualmente ainda precisam ser plenamente revelados. Compreendemos, porém, que o papel da produção do espaço, especificamente o urbano, é fundamental para a acumulação do capital. Harvey[4] argumenta que a urbanização é um dos meios fundamentais para a absorção dos excedentes de capital. Lefebvre[5] afirma que a cidade se transforma em força produtiva e está povoada por normas e regras que mantêm a reprodução das relações de produção. Carlos[6] expõe o estranhamento dos habitantes em relação à cidade, uma obra coletiva, mas vista e vivida como exterioridade. Estas breves alusões às ideias dos autores sinalizam aspectos da crise urbana que repousa sobre as variadas formas de expropriação.

Nesse sentido, consideramos a expropriação como um processo espacial por excelência, já que as relações sociais objetivam-se produzindo formas e apropriando-se dos lugares onde a vida transcorre em seus vários planos. O ato de separação entre obra e produtor incide justamente na regulação e impedimento do uso, no recuo da apropriação que, por sua vez, produz uma subjetividade que reforça a "naturalização" da expropriação. Ela é vista espacialmente como segregação socioespacial, que se torna, no capitalismo, condição para a acumulação.

No entanto, essa "naturalização" que compõe a consciência social subalterna ao capital revela-se como tendência e não se realiza em plenitude. Lefebvre diz que "o círculo não consegue fechar-se",[7] isto é, há fissuras decorrentes dos conflitos incessantes das contradições entre a produção socializada e a apropriação privada dada no interior da expropriação.

Surgem resistências em vários níveis e de diversos modos. Elas podem ser vistas em grande parte nas cidades, desde ocupações de praças, de prédios, até intervenções artísticas apropriando-se do espaço. Há outras resistências, vistas como transgressões cotidianas subvertendo normas, que não são evidentes, mas que se realizam no dia a dia da população e são, igualmente, resultados das expropriações, como o não pagamento do transporte público, uso de espaços públicos controlados etc. Esse fato revela como o espaço urbano está permeado por esses conflitos e fissuras, os quais são insistentemente sufocados por ondas ainda mais perversas de expropriações. São nessas inquietações, visíveis ou não, que a possibilidade da aquisição da consciência da expropriação adquire a potência de manifestar-se. Munidas de ambiguidades, incertezas, temporalidades distintas, as resistências aparecem como prática que revolve a lógica da "naturalização".

Mais recentemente, vivemos um período marcado por uma crise imobiliária que justifica um ajuste estrutural em nível global. Inicia-se mais uma vez um severo período de expropriação em larga escala, atingindo, inclusive, os direitos conquistados nos países do centro do capitalismo e esfacelando o "Estado de Bem-Estar Social". Com um acirramento da gestão da cidade dada pela lógica privatista,[8] serviços, equipamentos e espaços públicos começam a entrar na espiral das privatizações em rápida velocidade. A expropriação principia pelo mundo do trabalho com o aumento da taxa de desemprego e precarizações de contratos e logo atinge, através das medidas promovidas pelo Estado, o âmbito público com a imposição, muitas vezes, de taxas como obrigatoriedade para acedê-los. Essa condição aprofunda a "cidade como fonte de privação"[9] e, ao mesmo tempo, revela o direito à cidade como caminho estratégico de denúncia.

Em várias cidades do mundo, há uma eclosão de manifestações que, em grande parte, questionam essa avalanche de expropriações, e nas quais se abre um período em que a crise social transmutada em crise urbana torna-se possibilidade de questionar o sentido da produção capitalista do espaço urbano marcado pela expropriação. Nesse contexto e pela ótica geográfica, pretendemos expor neste capítulo uma reflexão sobre a problemática da aquisição da consciência da expropriação intrínseca à produção capitalista do espaço. Ao mesmo tempo em que vivemos um aprofundamento da alienação da sociedade em relação a uma de suas maiores obras, que é a cidade, contraditoriamente, emerge a resistência como prática socioespacial necessária para a reprodução da vida no urbano. É no desenrolar desta última que se abrem as possibilidades da consciência sobre a expropriação nos vários níveis da vida, revelando, entre luzes e sombras, a crise urbana, o papel do espaço na contemporaneidade e a negação do direito à cidade.

Entretanto, propor contribuições para esta problemática com uma orientação dada pela geografia significa esclarecer a perspectiva na qual se fundamentam os argumentos. Assim, trilhando a proposta da Metageografia[10] – que possui em seu bojo a estratégia de construção de uma crítica radical sobre as contradições espaciais as quais a sociedade vive e aponta o direito à cidade como superação à condição de crise urbana –, buscamos revelar alguns aspectos da dimensão espacial das relações sociais, políticas e econômicas que envolvem o tema da consciência. Tentamos situar a relevância da produção do espaço dissolvendo alguns dos mecanismos que escamoteiam o seu papel na contemporaneidade e reforçam as estratégias de expropriação, ora por meio da própria ciência, ora pelas práticas espaciais dos sujeitos urbanos.

Para Lefebvre,[11] que propõe uma história do espaço com continuidades e rupturas, vivemos a tendência de produção de um espaço abstrato fruto do espaço-tempo abstrato gestado e reproduzido pela hegemonia das relações capitalistas. Desse modo, é transformado em objeto instrumental para a acumulação, seja na produção *stricto sensu*, seja para a manutenção das relações de produção. Esse espaço abstrato carrega em si uma violência dada pela construção de uma coerência lógica, baseada em representações, que justifica a imposição de planos e projetos urbanísticos como se fossem imunes às contradições sociais.

> O espaço abstrato é então repressivo por essência e por excelência, mas de uma maneira particularmente hábil porque é múltipla, a repressão imanente se manifestando seja pela redução, seja pela localização (funcional), seja pela hierarquização e pela segregação.[12]

Ele não seria objeto da "falsa consciência", mas sim o lugar e o meio em que a engendra. O espaço abstrato

> [...] contém representações derivadas da ordem estabelecida: estatutos e normas, hierarquias localizadas e lugares hierarquizados, papéis e valores ligados aos lugares. Estas "representações" impõem, prescrevem, no e pelo espaço que as suporta e que faz sua eficácia.[13]

Portanto, o obscurecimento do papel da produção do espaço atualmente não é um mero acaso. Para superar as contradições geradas ao longo da história da acumulação do capital, principalmente entre as forças produtivas e a reprodução das relações de produção, os capitalistas lançaram-se sobre o espaço, ocupando-o e transformando-o em um objeto instrumental.[14] Logo, a produção do espaço desempenha uma função ativa nas múltiplas formas de expropriação, seja no ato de escamoteá-las através das representações, seja por meio da ação direita de separação.

Essa reflexão anterior desenvolveu-se no decurso da compreensão de um processo de resistência impulsionado por um grupo de entidades de um distrito da periferia de Barcelona, Espanha, que se denomina "Nou Barris, emputecida, diz basta!"[15]. Com um ajuste estrutural rigoroso e aplicado em decorrência da crise de 2008 centrada no setor imobiliário, as desigualdades antes existentes na cidade se acirram. Uma avassaladora precarização do social em benefício do econômico se instala em um breve período de tempo, evento típico do processo de expropriação. As consequências sobre o impedimento do uso dos equipamentos, serviços públicos e da moradia manifestam os mecanismos da acumulação por espoliação.[16] Assim, o aprofundamento da crise urbana, relacionada à expropriação, também se faz conhecer com o esboroamento de antigas conquistas anteriormente consideradas sólidas. Essa realidade é o estalido para que a herança de luta espacial já existente neste distrito se reative para resistir à precarização da vida. É no decurso das práticas socioespaciais desenvolvidas que o movimento concebe a consciência sobre o processo de expropriação vista na última campanha de mobilização, chamada "Não é pobreza, é injustiça".[17]

PRODUÇÃO DO ESPAÇO, RESISTÊNCIA E CONSCIÊNCIA

Entendendo que atualmente a produção do espaço possui um papel ativo nas estratégias de expropriação e, por sua vez, no movimento da consciência, acreditamos que esta problemática proposta pode ser tratada a partir de várias óticas. O percurso que propomos está assentado no raciocínio de Marx que afirma que uma das contradições principais é aquela entre as forças produtivas e as relações sociais de produção. Para Lefebvre,[18] essa contradição se aprofunda na contemporaneidade, pois as forças produtivas não somente produzem as "coisas no espaço", mas se transformam ao produzir o próprio espaço.

Essa nova condição traz como consequência uma mudança radical na relação entre dominação e apropriação do espaço. Se antes esses dois termos se uniam como forma de transformação da natureza pelo homem, hoje, eles se desagregam. Para Damiani,[19] essa transformação evidencia que há uma crise da apropriação no avanço da urbanização, o que acarreta novas formas de alienação, ao mesmo tempo em que se aprofunda o domínio sobre o espaço. Carlos[20] explicita que nos tempos atuais essa relação está cindida, transformando-se em um dos conflitos mais patentes do mundo moderno. A qualidade desse conflito centra-se numa exacerbação dos mecanismos de dominação sobre o espaço em detrimento da apropriação.

> [...] a apropriação e dominação se separam no mundo moderno, entram em conflito; a dominação ganha conteúdo das estratégias políticas que produzem o espaço da coação, posto que normatizado pela ordem que se impõe a toda a sociedade, direcionando a prática espacial, à medida que a apropriação se realiza enquanto prática criativa em luta contra a norma.[21]

Esse espaço dominado tem a intenção de manter a reprodução das relações de produção ao também produzir uma sequência lógica de representações que incide de maneira prática na vida cotidiana. Parte de tais representações (que são vividas no nível prático) vai engendrando um conjunto de valores que se inclina à formação do consumidor do espaço. Por isso, a dominação do espaço, considerada como necessária para a realização dos negócios do urbano, é consumada numa prática estratégica que se define também por uma prática política, impondo regras de convivência e normatizações das condutas dos sujeitos no espaço urbano nos mais simples atos do vivido. Assim, "este espaço não tem nada de inocente. Ele serve a táticas e estratégias".[22] É intrínseco a ele a expropriação em seus múltiplos âmbitos – político, econômico e social – conformando a cidade como privação para aqueles que nela vivem.

O morador da cidade, desprovido das condições materiais e imateriais, transforma-se no consumidor do espaço. Ele é constrangido a se silenciar diante das reiteradas transformações morfológicas que implodem seus referenciais em conjunto com os novos usos impostos e que determinam uma cotidianidade programada. Simultaneamente, sua figura como consumidor é imprescindível para a acumulação no urbano. Desse modo, a finalidade inicial da força de trabalho do homem voltada para a realização de suas necessidades imediatas e para fruição se esvai através da expropriação condicionada pela propriedade privada. A imposição da relação da troca faz com que ele introduza no mercado a única mercadoria que possui, sua força de trabalho. A qualidade se transforma em quantidade no momento em que o trabalho passa a ser mediado pelo tempo socialmente necessário para a valorização do capital, e o homem, reduzido ao mínimo de suas potencialidades, constrói uma história de perdas e reduções, à medida que ocorre a extensão da generalização da mercadoria.[23] Logo: "O espaço abstrato fetichizado engendra, ao mesmo tempo, essa abstração prática do 'usuário' que não se percebe num tal espaço, e a abstração da reflexão, que não se concebe a crítica".[24]

O vigor do estranhamento entre habitante e sua obra, a cidade, se evidencia. Carlos explicita que "A ideia do estranhamento liga-se à ideia de que a atividade produtiva tende a apagar, no capitalismo, seus traços, marcando o desencontro entre sujeito e obra".[25] Por isso, se por um lado o morador não reconhece que a cidade é uma obra coletiva, pois há a expropriação do produto de seu trabalho, por outro, a mesma expropriação mantém-se por relações "naturalizadas". Essa condição reproduz-se com as rápidas metamorfoses espaciais que tendem a um aprofundamento da privatização e, como consequência, a intensificação da figura do consumidor do espaço. "Em sua transformação, inexorável, a cidade se reproduz, alastrando-se como normas de uso que segrega, exclui e expulsa."[26]

As representações espaciais, alicerçadas em usos e funções determinadas pela acumulação, acarretam uma confusão sobre a diferenciação societária dada pelos tipos de acessos à riqueza produzida. Nelas, tende-se a escamotear a condição de proletariado e impõem-se a do consumidor do espaço. Dentre muitas qualidades a destacar, este último, moldado pelo individualismo, responsabiliza-se pelas consequências das expropriações esfumando as reais raízes deste processo.

Entretanto, a consciência entre ser consumidor do espaço e ser criador da obra choca-se na prática socioespacial. Há irredutíveis. "O conflito não aparece sempre nem é dito. Evita-se falar dele e torná-lo manifesto. Mas ele está aí, constante, latente, implícito".[27] Um mal-estar (aspecto da crise urbana) aparece desse conflito e emergem reações diversas, pois há uma oferta de possibilidades dadas pelo urbano, porém elas não se realizam devido às relações de produção e de propriedade, as quais permanecem subordinando o social pela sequência de expropriações vista na prática no domínio estratégico sobre o espaço, interditando a apropriação. A consciência dessa sucessão de expropriações pode emergir do mal-estar, da privação extremada em determinado espaço-tempo e da opressão levada a cabo pela rigidez das normas e funções.

A consciência não é linear, tampouco evolutiva. Ela está situada no resultado da ação e na forma objetiva dada ao produto. Logo, ela é considerada um processo, com continuidades e rupturas. Descobre-se o que é um processo naquilo que se faz.[28] A consciência aparece na relação com o conjunto dos produtos e engendra em seu movimento novas contradições, principalmente na luta entre classes sociais. O objetivo de refletir sobre ela é focalizar suas transformações, as superações ocorridas e, assim, apreender os processos sociais e não somente os resultados. Entendê-la já é, em si, um exercício que escapa a modelos e sistemas e revela a plasticidade de seu movimento.

Iasi,[29] ao tratar da primeira e da segunda formas de consciência valendo-se de Marx, exprime que, para a primeira, os seres humanos formam uma representação mental de um "concreto aparente" por meio das relações com os demais e com a natureza. Assim, "o indivíduo passa a compreender o mundo a partir de seu vínculo imediato e particularizado, generalizando-o. Tomando a parte pelo todo, a consciência expressa-se como alienação".[30] A consciência manifesta como alienação, dada historicamente no capitalismo pela divisão do trabalho, é considerada o solo das ideologias e representações que servem à dominação, especificamente aquela do espaço. Neste momento da história urbana, sobretudo, o processo social em destaque é a alienação da sociedade em relação ao produto de sua atividade criadora, como a cidade. "A consciência não é uma ilusão fixa e permanente. O indivíduo se aliena, mas em seu desenvolvimento. A alienação é a objetivação ilusória e ao mesmo tempo real de uma atividade objetiva e existente ela mesma".[31] Nesse processo, o ser humano aliena-se da relação com a natureza porque o produto de seu trabalho lhe é estranho. Aprofunda esta condição ao transformar algo que é uma atividade da própria vida para saciar suas necessidades em coisa alheia, que não lhe serve, alienando-o da atividade que o humaniza. E se afasta do outro, já que a ligação entre ele e os demais escapa na atividade do trabalho. "Em vez do trabalho tornar-se o elo do indivíduo com a humanidade, a produção social da vida, metamorfoseia-se num meio individual de garantir a própria sobrevivência particular."[32]

No entanto, os conflitos estão presentes, principalmente pelas transformações tanto das forças produtivas como das relações de produção, e implodem as cadeias de representações que mantêm a alienação. Aqui voltamos a um dos aspectos da finalidade da produção capitalista do espaço na manutenção das relações de produção, pois, ao espraiar o domínio sobre ele por meio de ações de expropriação por intervenções urbanísticas, funcionalizações dos lugares da cidade, normatizações de usos por códigos de conduta, constrói-se uma nova estrutura urbana que também muda referenciais que antes sustentavam uma trama social. Através dessa prática espacial reedificam-se as representações e, com renovados álibis, retoma-se a lógica da "naturalização". Isso não cessa o conflito, ao contrário, aprofunda-o, mas pode temporariamente sufocá-lo servindo à manutenção das relações de produção.

As contradições continuam vivas, já que o irredutível está presente. A sensação de injustiça com relação às práticas emerge, mas é vivida de muitas maneiras. Pode ser, por exemplo, reforçando a "naturalização" ilusória, ao se considerar que a expropriação é um processo da cidade e que, como consumidor do espaço, deve-se arcar economicamente com as melhorias que vêm chegando ao bairro e que elevam os custos para viver nele. Mas também uma nova etapa da consciência pode ser aberta. Como esclarece Lefebvre:

> O negativo é primeiro uma manifestação acidental; se converte em seguida em uma essência nova. Esta aparece, primeiro sob uma forma humilde, exterior,

esporádica. Afirma-se, com novo grau de realidade, uma vez que se multiplicam seus elementos a principio separados e impotentes.[33]

O conflito é vivido pelos moradores pela prática das resistências, que muitas vezes revelam a primeira consciência por atos cotidianos de transgressão ou, em outro patamar, podemos afirmar que, por meio do encontro com o outro, inicia-se a elaboração dos significados da expropriação. Como afirmado por Iasi:

> A injustiça vivida como revolta é partilhada numa identidade grupal, o que possibilita a ação coletiva. A ação coletiva coloca as relações vividas num novo patamar. Vislumbra-se a possibilidade de não apenas se revoltar contra as relações predeterminadas, mas de alterá-las. Questiona-se o caráter natural dessas relações e, portanto, de sua inevitabilidade.[34]

Mas, sobretudo, o conflito configura-se como luta pelo espaço, já que está orientado pelas reiteradas resistências às ações de expropriação realizadas na cidade. No nível prático, esse encontro com o outro, em si, já denota uma resistência ao criar um espaço-tempo para a reflexão coletiva, para o reconhecimento, para os primeiros passos em direção à construção de uma identidade. O encontro requer um lugar, que pode ser a praça, a casa de um vizinho, o centro comunitário, o campo de futebol, o prédio de uma instituição etc., dando um sentido diferente àquele espaço normatizado. A apropriação realiza-se.

Assim, a resistência urbana é vista nesta reflexão num sentido *lato sensu*, isto é, não se restringe a um ato imediato de recusa à expropriação, da permanência de algo em si, mas se amplia ao compreendê-la como um conjunto de ações que denuncia uma prática vinculada ao domínio sobre o espaço em detrimento da apropriação. Vista dessa maneira, ela é considerada o germe de um projeto de cidade vinculada não somente à permanência de algo que pode perder-se, mas pode tratar-se do princípio de um projeto que tenta retomar a apropriação, a identidade em bases coletivas, com o objetivo de superar a prática do consumidor do espaço para aquele que se reconhece como sujeito produtor de um bem comum.

No bojo das resistências, as quais abrem novas perspectivas para a transformação da consciência, há a descoberta das estratégias de expropriação. A "naturalização" das relações e processos sociais é abalada. Todavia, não significa um trajeto linear para um projeto de cidade. Como observa Sader:

> Embora as pessoas encontrem, de saída, numa sociedade estruturada já de determinada maneira, a constituição histórica das classes depende da experiência das condições dadas, o que implica tratar tais condições no quadro das significações culturais que as impregnam. E é na elaboração dessas experiências que se identificam interesses, constituindo-se então coletividades políticas, sujeitos coletivos, movimento sociais.[35]

Trata-se de um percurso atravessado por ambiguidades, conformismos, porque, afinal, ainda não é imediata a destruição das relações e dos valores a partir dos quais o indivíduo construiu sua consciência sobre o mundo, "a pessoa ainda trabalha, age, pensa sob a influência dos valores anteriormente assumidos, que, apesar de serem parte da mesma contradição, continuam sendo vistos pela pessoa como naturais e verdadeiros".[36] Porém, mesmo com esses matizes, a resistência é, sobretudo, uma prática espacial, uma vez que a vida e as relações realizam-se num espaço concreto e real. Ela exige o encontro dos sujeitos envolvidos nos conflitos, levando-os a uma experiência de troca de perspectivas sobre os significados dos fatos. Cria-se o que denominamos de espaço de conflito, ou seja, um espaço-tempo determinado pelas características específicas de uma experiência conflitiva e que exige o encontro como forma de reelaboração das táticas possíveis de ação. Em seu interior e no decorrer das práticas elaboradas, a "naturalização" é posta em xeque e inicia-se coletivamente uma possibilidade de desmistificação de discursos espaciais que encobrem e legitimam as intervenções urbanas. É nesse universo prático (e contraditório) que a consciência da expropriação como intrínseca à produção capitalista do espaço pode ser desvelada e, desse modo, pode pôr em questão a tendência de transformação do habitante da cidade em mero consumidor do espaço. Sobretudo, põe em dúvida a tendência de uma abstração que homogeneíza o espaço social.

"*NOU BARRIS CABREJADA DIU PROU!*": O MOVIMENTO DA CONSCIÊNCIA

Vislumbramos a relação entre a resistência urbana e a consciência da expropriação com base em uma realidade na qual a precarização da vida urbana está se intensificando rapidamente. Em um período de evidente acumulação por espoliação, aparecem, nas cidades espanholas, experiências de resistência que recuperam o questionamento sobre as expropriações massivas. Especificamente em Barcelona, uma cidade que conseguiu desenvolver em 25 anos um potente discurso espacial como resultado do modelo de cidade adotado e que escamoteou muitos dos conflitos, desde 2009, há a eclosão de práticas de vários grupos que denunciam os mecanismos de precarização. Por isso, consideramos este como um processo que ilumina muitos aspectos da crise urbana, justamente, por ser um momento extremo de espoliação de conquistas oriundas de lutas sociais no tempo pretérito e que, atualmente, se inserem numa sequência de "saques" dados diretamente pela ação do Estado.

Por um lado, podemos afirmar que a realidade barcelonesa é bastante peculiar. Num contexto de redemocratização da Espanha, principalmente nos anos 1980, novos pactos políticos foram concebidos e implantou-se uma renovada estratégia econômica de integração do país à Europa. A estrutura representativa mudou rapidamente em uma conjuntura na qual existiam muitos movimentos reivindicativos, destacadamente urbanos, e que exigiam uma melhor condição para os habitantes, como construção de equipamentos públicos, infraestruturas e um quadro de serviços sociais públicos. Em Barcelona, estruturou-se uma gestão da cidade pautada na incorporação de membros de movimentos sociais e de técnicos considerados progressistas. Iniciou-se um período de intervenções direcionadas a suprir a cidade das infraestruturas básicas. Essas ações geraram uma das contradições espaciais mais potentes, as quais fortaleceram as representações que sustentavam as inúmeras intervenções urbanísticas em que o discurso sobre o Modelo Barcelona esteve calcado por muitos anos. Ao desenvolver projetos que atendiam às reivindicações dos grupos de resistência, também se colaborava com as estratégias para o setor imobiliário ao valorizar amplos espaços da cidade. Se, por um lado, justificavam-se as intervenções com os álibis baseados na necessidade de implantar melhorias na cidade ou gerar emprego, por outro, um vasto caminho foi aberto para legitimar numerosas expropriações, seja diretamente, de um ambiente construído, seja politicamente, ao expropriar-se por meio da profunda institucionalização posta sobre a gestão da cidade. Esses fatos foram moldando uma consciência sobre a "nova" Barcelona que surgia, o que, no entanto, não silenciou as escassas vozes[37] que desde o princípio denunciavam o eficaz aparato de integração do espaço ao capital e as decorrentes expropriações.

Esse quadro não apenas se resumiu às expropriações de caráter urbanístico, mas também demonstrou que o discurso espacial que sustentava um modelo potente de cidade (exportado para muitas outras) também conformava um tipo de prática política. A profunda institucionalização das práticas espaciais se fizeram presentes. Um domínio sobre o espaço com um "verniz" participativo consolidava-se, e os conflitos eram seguidamente sufocados. Para Leiva, Miró e Urbano,[38] tratava-se de uma expropriação da política ao construir uma arquitetura de representação profundamente institucionalizada controlando os conflitos e determinando a gestão urbana, "o corpo social se integra ao estado, porém a parte ativa e responsável é unicamente a minoria dirigente. Todo o intento de democracia direta, de organização do controle do poder desde a base é invalidada e anulada de maneira sistêmica".[39]

A periferia de Barcelona não esteve imune a esse processo, mas havia uma função dada às intervenções sobre o terreno que era diferente daquelas que estavam sendo realizadas na centralidade econômica localizada no centro histórico. Por um lado, e mais lentamente, incorporaram-se ao tecido urbano equipamentos públicos, atendendo, desse modo, parte das reivindicações dos moradores, mas, sobretudo, a periferia foi objeto de ações para dar fluidez e mobilidade à cidade. A Barcelona a ser vendida no mercado das grandes cidades necessitava maximizar o tráfego. Grandes projetos de vias de circulação rápida foram traçados e implementados ao longo dos anos, o que acarretou uma política de expropriação de muitos habitantes.

Cabe salientar que, como fenômeno próprio da periferização das cidades, aquela periferia formada em Barcelona esteve fincada anteriormente também em uma política de valorização das áreas centrais, isto é, em uma maciça expropriação de moradores que viviam em edifícios e casas precários ou mesmo em "barracas" (favelas) no centro histórico ou próximo dele. No transcurso das décadas do século XX, parte da população foi transferida para áreas muito distantes, sem nenhuma infraestrutura urbana. Esta é a história dos bairros do distrito de Nou Barris, localizado na porção norte de Barcelona e considerado, atualmente, como um dos mais pobres da cidade. Grande parte de seu território é formada por uma morfologia de conjuntos habitacionais (em espanhol, *polígonos de vivenda*) ou por autoconstrução. A partir de uma política de erradicação de áreas precárias elaborada e implantada inicialmente na década de 1950 (governo Porcioles, 1957-1972), há uma massiva construção de edifícios com essas caraterísticas num período em que vigorava a ditadura franquista.

> As novas intervenções se caracterizavam por uma construção, em geral de baixa qualidade e por uma falta de urbanização e de equipamentos que lhe corresponderia, uma situação agravada por sua localização na periferia e com uma mínima infraestrutura de conexão com o resto da cidade.[40]

A legitimação dessa prática urbana fundamentava-se na elevada migração ocorrida nos anos 1950 e 1960, ao mesmo tempo em que se consolidava, naquela época, uma via lucrativa para os negócios do setor imobiliário com uso dos recursos públicos. A periferia "ordenada"[41] era produzida a pleno vapor juntamente com uma representação espacial que reproduzia as condições de domínio e de precariedade sobre o espaço devido às estigmatizações dos moradores e à própria condição de escassez de equipamentos e serviços públicos.

No contexto de precarização, as resistências foram surgindo. Em Nou Barris, por exemplo, os moradores iniciaram as jornadas de domingo para construir o esgotamento sanitário de muitas ruas com autoconstrução ou implementando melhorias nas vias de circulação, tecendo assim, em algumas partes do distrito, uma relação de vizinhança cuja importância seria fundamental para associativismo construído nas décadas seguintes. A influência da Igreja Católica direcionada pela Teologia da Libertação também contribuiu para amalgamar as relações entre os vizinhos. O mesmo ocorreu com as associações de vizinhos (Asociaciones Vecinales), heranças ainda da ditadura, que aglutinavam (e aglutinam) moradores em torno de questões conflitivas no território. Todos esses fatores colaboraram sobremaneira para a produção de um espaço de conflito que favorecia as lutas no distrito. Na conjuntura espanhola e catalã, as lutas urbanas começam a eclodir nas cidades e, potencializadas com a transição política, iniciam uma mudança significativa na morfologia urbana de Nou Barris. Tal mudança carrega em seu bojo a contradição espacial já explicitada: a valorização espacial que promove a expropriação de parte da população pela lógica de acesso ao solo urbano por meio do ato do pagamento, do consumo (pela mediação da propriedade privada). No entanto, apesar dos limites próprios da lógica da produção capitalista do espaço, esse momento desconstruiu muitos dos estigmas sobre a população do distrito, além de desfazer discursos estatais que freavam a implementação de políticas públicas.[42] Os migrantes pobres, devido às contínuas resistências que os faziam ultrapassar a barreira de determinada invisibilidade, passaram a ser considerados membros de um distrito marcado pela força organizativa. As experiências de encontro com demais habitantes de outras porções da cidade ofereceram um leque de possibilidades de transformação da consciência sobre os processos que produziam a cidade de Barcelona e, simultaneamente, a compreensão do papel de Nou Barris na totalidade da reprodução da metrópole.

As lutas realizadas ao longo das décadas anteriores conquistaram equipamentos e serviços públicos, espaços de lazer, como praças, jardins, parques, e, de determinada maneira, havia uma relativa participação das entidades do distrito nas decisões de intervenção. Concretamente, a morfologia espacial transformou-se de maneira profunda. Contudo, as melhorias urbanas não chegaram no mesmo ritmo se comparamos com os demais distritos de Barcelona. A desigualdade socioespacial permanece e se reproduz até hoje, seja porque continua em curso a expropriação da política por meio da institucionalização, seja pelo fato de que os investimentos públicos não se igualam aos realizados nos bairros mais centrais, o que revela mais uma forma da espoliação. A consciência de parte dos moradores sobre esta realidade que se reproduzia na totalidade da metrópole garantia uma não interrupção de ações de resistência. No entanto, em um determinado momento da história da cidade, houve, simultaneamente, um encobrimento dos conflitos pela força das representações do Modelo Barcelona, o que retroalimentou um relativo declive das lutas urbanas de forma mais homogênea na cidade.

A conjuntura dos anos 2000 também favoreceu um obscurecimento das lutas urbanas, abafando aquelas em plena inquietação. Embora o desgaste das representações do Modelo Barcelona gestado nos anos 1980 já saltasse aos olhos devido à força segregatória do processo de valorização do espaço, a ilusão do pleno crescimento – com um *boom* imobiliário que gerava um razoável número de postos de trabalho –, a economia baseada no crédito e um aumento no poder aquisitivo da população ainda sustentavam e reforçavam a consciência do consumidor do espaço e escamoteavam as expropriações típicas da valorização.

Entretanto, em 2008, os acontecimentos econômicos ligados ao setor financeiro, notadamente o imobiliário, incrementam as expropriações em vários níveis da vida. Se antes o questionamento focava-se sobre uma violenta segregação ocorrida pela valorização do espaço, nesse momento, a crise urbana instalada está centrada numa rápida desvalorização. Esse fato justificou um ajuste estrutural da economia que suprimiu muitos direitos sociais. No entanto, a magnitude das expropriações também fez estremecer as bases, já bastante questionadas, das representações que sustentavam as subordinações dos habitantes no Modelo Barcelona. Muitas resistências latentes emergiram, novas surgiram e um ciclo foi retomado com a abertura possível para compreender a lógica da produção capitalista do espaço, aparecendo como potência para revelar as expropriações.

Especialmente para um distrito da periferia de Barcelona, como Nou Barris, os efeitos do período de desvalorização fizeram-se sentir de maneira mais violenta e evidenciaram a permanente desigualdade existente na cidade. Entre os maiores impactos, podemos destacar o desemprego massivo devido à queda da atividade da construção civil; a recorrência de despejos por não pagamento de hipotecas ou aluguel; a impossibilidade de uso de equipamentos públicos pela impossibilidade de pagar a taxa mensal de acesso a cursos; o fechamento de leitos hospitalares ou de prontos-socorros; o aumento do número de famílias em um mesmo imóvel; a privatização de moradias públicas (diminuindo o parque público de habitação social); a exclusão do direito à saúde pública regular por não contribuição à previdência social; o aumento do número de alunos nas escolas pelo fechamento de salas de aula; a redução do número de professores etc.

Nesse cenário, a reativação das resistências em Nou Barris aflorou. O conteúdo do processo de resistência esteve (e está) focado em não perder os direitos duramente conquistados ao longo das décadas precedentes e que pareciam solidamente edificados. Aqueles grupos organizados e pessoas interessadas em aglutinar-se em torno da luta pela permanência dos direitos começaram a se reunir formando espaços de conflito. Neles, iniciaram a construção de acordos, reuniram informações sobre o que estava ocorrendo no distrito a partir das novas medidas adotadas pelo governo, compartilharam as informações de como as famílias estavam enfrentando os impactos. Mesmo que atuassem de forma bem distinta, elas se uniram coletivamente por meio de um acordo de "mínimos". Consistia em respeitar a diferença. O resultado foi a reunião de várias entidades do distrito em torno de um manifesto chamado "*Nou Barris cabrejada diu prou*!" no ano de 2009. Na avaliação de um dos entrevistados pertencentes a esta plataforma cidadã,[43] a grande conquista desse início foi novamente reunir o coletivo de entidades que existia no distrito, além de incorporar novos grupos num mesmo ambiente de luta.

Nesse primeiro documento, atenta-se para o fato do aumento vertiginoso do desemprego e, como consequência, a queda na renda familiar. Considerando que o uso na cidade está mediado pela propriedade privada e o acesso realiza-se por meio do ato do pagamento, esses fatores desencadeiam a maior parte das expropriações, como aquelas relacionadas à habitação. Todavia, eles elaboram um contradiscurso, em que não reforçam a lógica do consumidor do espaço, mas sim atribuem a responsabilidade da situação de precariedade em curso ao setor financeiro aliado ao poder político. Também afirmam que esse período não seria uma crise, mas uma maneira de redistribuição da riqueza expondo claramente a compreensão do processo de expropriação:

> Com este manifesto denunciamos em primeiro lugar que não se trata de uma crise, mas de uma redistribuição da riqueza através da qual se retira dinheiro dos trabalhadores e se o dá aos mais ricos. E se trata, ademais, de um plano perfeitamente desenhado para acabar com os avanços sociais conquistados pelos trabalhadores, com muito esforço, nas últimas décadas. Não é uma crise, é uma contra revolução do capital.[44]

A experiência da resistência vivida coletivamente alcança a ideia de expropriação da riqueza gerada socialmente e mostra como isso ocorre de maneira desigual nos bairros da cidade. Ao tratar os despejos, por exemplo, denunciam concomitantemente as estratégias do setor imobiliário ligado ao financeiro, os imóveis vazios em Barcelona e a redução do parque público por meio da privatização. Quando abordam o tema dos equipamentos públicos, revelam que o uso está condicionado ao pagamento, e isso gera uma segregação entre aqueles que podem ou não pagar por um serviço considerado público. Esse mosaico de denúncias acumula uma consciência das várias facetas da expropriação que precariza a vida dos citadinos.

As denúncias são expostas, principalmente, no ato de tomada de espaços públicos. Há manifestações diante da prefeitura, há protestos em frente à sede do governo local existente no distrito, também no escritório municipal de moradia. Massivamente, os moradores estão presentes nas audiências públicas do distrito, exigindo o cumprimento das reivindicações. Esses espaços-tempos produzidos são o que denominamos espaços de conflito. Neles, é possível ativar a consciência sobre como atua o poder público com as políticas de espaço que se impõem sobre o distrito justificadas por um discurso igualmente espacial. Sem ser algo linear, cria-se, coletivamente, uma compreensão coletiva do processo, mesmo que individualmente cada um movimente um modo de pensar sobre a situação com a qual se enfrentam. É um momento de encontro dado pelo conteúdo dos conflitos. As táticas também vão modificando-se com os avanços e os recuos originados da relação de força dada, notadamente, entre os moradores e o poder público. Desse modo, nascem novas frentes de resistência.

Em "*Nou Barris cabrejada diu prou!*", após um período de reajustes da organização e frustrados diálogos com uma gestão bastante rígida, foi lançada uma nova campanha em 2014, que evidencia esse movimento da consciência por meio das resistências no distrito e o acúmulo de momentos de espaços de conflito. Um ciclo renovado retoma denúncias anteriores, como também acrescenta outras que esclarecem os falsos mecanismos de interlocução com o poder público. A partir da campanha denominada "Não é pobreza, é injustiça",[45] lança-se um documento em formato de diagnóstico sobre a situação precária do distrito. Primeiro, reafirma-se como há um aprofundamento da desigualdade existente em Barcelona: "desigualdades cada vez maiores, entre rendas e entre territórios". Logo, toma-se conhecimento de como o próprio Estado escamoteia a realidade com a apresentação de dados parciais quando se afirma no manifesto que "o que não sabemos – porque não o sabem ou não o explicam as administrações – são os dados concretos da magnitude da tragédia". Mas, particularmente, observa-se a passagem de uma consciência dada pela centralidade do conceito de pobreza para aquele de injustiça. Mesmo que haja ambiguidades apresentadas nos documentos, o conteúdo da recente atuação revela mais uma vez um rechaço da ideia de consumidor do espaço, em que a pobreza seria uma questão relacionada ao poder aquisitivo, e passa para o cidadão com direitos, como se lê nas duas afirmações a seguir:

> Temos direitos e não queremos caridade porque não é pobreza, é injustiça.
> [...]
> Porque não se trata de pobreza, senão de injustiça. A nossa cidade, como a sociedade em geral estão crescendo de maneira exponencial as desigualdades sociais. Desigualdades entre rendas e territórios. Em paralelo, os cortes brutais nos serviços públicos e direitos sociais, somadas à falta de investimento nos bairros, agravam uma situação da qual, ainda, culpabiliza a população.[46]

Primeiramente, a passagem da pobreza para injustiça recusa políticas assistencialistas, implementadas especialmente num período de crises para paliar os conflitos, e coloca em primeiro plano os direitos. Esse fato traz um impacto relevante no nível social, pois, apesar dos limites do direito "formal", alcança a reivindicação de uma determinada igualdade que não existe concretamente e, consequentemente, traz em seu bojo a denúncia da desigualdade. Em segundo, inicia-se uma desconstrução da ideia de pobreza, que muitas vezes serve para estigmatizar bairros inteiros da cidade, implicando uma segregação dos moradores por meio do local de residência. Por fim, permite, potencialmente, deslocar a ideia de consumo e renda para a de distribuição desigual da riqueza gerada socialmente, "A consciência social vai deixar pouco a pouco de se referir à produção para se centralizar em torno da cotidianidade, do consumo".[47]

No entanto, as resistências e a consciência gestadas a partir da prática têm limites. Desde a elaboração do primeiro manifesto até a última campanha em pleno vigor, ainda há o recurso da resolução dos problemas realizada pelo Estado não alcançando a negação desse sujeito que, por excelência, impõe o domínio sobre o espaço. De acordo com Iasi, "[...] ela manifesta o inconformismo e não a submissão, reivindica a solução de um problema ou injustiça, mas quem reivindica ainda reivindica de alguém. Ainda é outro que pode resolver por nós nossos problemas".[48] Assim, revelam-se os limites da consciência sobre a superação da expropriação ao ainda exigir-se do poder público as medidas para superar a condição precária na qual vivem.

Mesmo que experiências de resistências como as que apresentamos estejam entre luzes e sombras, elas contêm os irredutíveis e movem a consciência daqueles que estão envolvidos nas práticas cotidianas de luta contra a integração do espaço à lógica do capital. Evidenciam, principalmente, a crise urbana ao pôr em destaque os mecanismos de expropriação que subordinam e precarizam a vida dos moradores. A prática levada a cabo revela que a luta é pelo espaço, já que a manifestação se realiza na praça, no espaço público, mas, sobretudo, as reivindicações dirigem-se à possibilidade de apropriação do espaço produzido a partir de lutas pretéritas, e da realização dos direitos conquistados e que, igualmente, concretizam-se no espaço. Especialmente, a ação apresenta o questionamento sobre a tendência em transformar o habitante da cidade em mero consumidor do espaço, sendo esta uma das mais violentas expropriações na contemporaneidade.

Assim, este complexo movimento da consciência sobre a expropriação intrínseca à produção capitalista do espaço, ao mesmo tempo em que faz conhecer os conteúdos da crise urbana, também nos desafia a propor caminhos estratégicos para superação da condição de precariedade, seja na prática, seja do ponto de vista teórico. Esse fato nos direciona à relação entre o "possível-impossível", isto é, uma orientação metodológica que nos permita superar a condição dada pela crise urbana. Superação compreendida como uma elaboração dos conteúdos acumulados e que permite transformá-los qualitativamente.

Desse modo, retomamos os termos do "direito à cidade". É certo que ele está padecendo de um processo de banalização. Merrifield[49] aponta essa redução ao refletir como o "direito à cidade" foi arrebatado pela burguesia, que, inclusive, politiza algo muito vasto e restritivo ao mesmo tempo. Mas é justamente essa amplitude que move uma utopia de nova cidade, que abre perspectivas variadas. Pode não ser funcional do ponto de vista da ação política imediata, e, talvez, por essa razão, há uma redução do termo ao mero acesso a equipamentos e serviços urbanos. Contudo, sua característica ampla nos serve como instrumento para um movimento ininterrupto da consciência da reivindicação para a transformação, para ação revolucionária que mudaria radicalmente o conteúdo das relações que produzem o espaço. Essa radicalidade, constitutiva da proposta lefebvriana de "direito à cidade", concede-nos uma via estratégica de negação à crise urbana na medida em que nos lança à busca do "impossível". A proposta do direito à cidade, ao evocar a atividade criadora, nega a fragmentação do espaço; ao exigir o convívio na diferença, supera a homogeneização; ao apontar a sociedade urbana nascente, apresenta novas perspectivas; ao propor a utopia experimental, tenta estudar o que surge de novo nos ritmos da vida cotidiana; ao dispor um caminho em que se compreenda a estrutura, a função e a forma de maneira articulada, supera os modelos fechados. Tais elementos vão forjando a crítica radical sobre os processos extremos da crise urbana nas suas mais sutis formas de execução, escamoteados pelas representações espaciais. Mais uma vez, abrem-se brechas para a consciência da expropriação, orientam-nos a buscar as possibilidades contidas na virtualidade da sociedade urbana, que, neste momento da história, realiza-se como privação, mas que contém dentro dela um outro possível em que cabem as ações de resistência e que movem a consciência a construir.

NOTAS

1 Fontes, 2015.
2 Idem.
3 Idem.
4 Harvey, 2013.
5 Lefebvre, 2006.
6 Carlos, 2001.
7 Lefebvre, 1991a, p. 82.
8 Podemos fazer referência ao atual modelo das "*smarts cities*". Uma breve crítica a este modelo para o caso Barcelona: José Mansilla, José. *Diagonal*. Disponível em: <https://www.diagonalperiodico.net/global/25633-algo-va-mal-con-smart-cities.html>. Acesso em: 15 fev. 2015.
9 Carlos, 2014.
10 Carlos, 2004, 2011.
11 Lefebvre, 2006.
12 Idem, p. 16.
13 Idem, p. 17.
14 Lefebvre, 1973.
15 Uma tradução possível do catalão para o português de "*Nou Barris cabrejada diu prou!*".
16 Harvey, 2004.
17 Em catalão, a campanha intitula-se como "*No és pobresa, és injusticia*". Disponível em: <http://9bcabrejada.blogspot.com.es/>. Acesso em: 11 dez. 2014.
18 Lefebvre, 2006.
19 Damiani, 1999.
20 Carlos, 2004.

[21] Idem, p. 8.
[22] Lefebvre, 2006, p. 52.
[23] Ribeiro, 2014.
[24] Lefebvre, 2006, p. 23.
[25] Carlos, 2001, p. 329.
[26] Idem, p. 330.
[27] Lefebvre, 1991b, p. 87.
[28] Lefebvre, 2006.
[29] Iasi, 2011.
[30] Idem, p. 20.
[31] Lefebvre, 1999.
[32] Iasi, op. cit., p. 22.
[33] Lefebvre, 1999, op. cit., p. 106.
[34] Iasi, op. cit., p. 29.
[35] Sader, 1988, p. 45.
[36] Iasi, op. cit., p. 30.
[37] Benach, 1993; Sánchez, 1986.
[38] Leiva, Miró e Urbano, 2007.
[39] Idem, p. 65. Tradução da autora.
[40] Domingo i Clota e Bonet i Casas, 1998, p. 40. Tradução da autora.
[41] Damiani, 1993.
[42] Um episódio clássico, e que está sempre presente nas falas dos moradores ou na história de Nou Barris, é o sequestro de um ônibus como estratégia dos moradores para afirmar que o transporte público podia ser acessível até em áreas com alta declividade. Esta ação desconstruiu o discurso da prefeitura sobre a impossibilidade de implantação de pontos de ônibus em determinados bairros do distrito.
[43] Entrevista realizada em 28 de abril de 2014.
[44] Nou Barris cabrejada, dice basta. *Manifesto.* Tradução nossa. Disponível em: <https://dl.dropboxusercontent.com/u/4895946/9barriscabrejada/manifiesto_castellano.pdf>. Acesso em: 28 jul. 2015.
[45] Em catalão, "*No és pobresa, és injustícia*".
[46] Tradução da autora para o texto em catalão: "Perquè no es tracta de pobresa, sinó d'injustícia. A la nostra ciutat, com a la societat en general, estan creixent de manera exponencial les desigualtats socials. Desigualtats entre rendes i entre territoris. En parallel, les retallades brutals en serveis públics i drets socials, sumades a la falta d'inversió als barris, agreugen una situació de la qual, a sobre, s'està culpabilitzant a la población" (Nou Barris Cabrejada, Dice Basta, No és pobresa, és injusticia. Barcelona, nov. 2014, p. 3. Disponível em: <https://antroperplejo.files.wordpress.com/2014/11/documentpobresa_definitiu.pdf>. Acesso em: 28 jul. 2015).
[47] Lefebvre, 1991b, p. 24.
[48] Iasi, op. cit., p. 31.
[49] Merrifield, 2011/2012.

BIBLIOGRAFIA

BENACH, Núria. "Producción de imagen en la Barcelona del 92". *Estudios Geográficos.* Barcelona, v. 54, n. 212, 1993, pp. 483-505. Disponível em: <http://hdl.handle.net/2445/63563>. Acesso em: 27 jul. 2015.

______. *Discurso neoliberal y vida cotidiana en los espacios urbanos:* una lectura espacial. (no prelo)

BENSAÏD, Daniel. *Resistencias:* ensayo de topología general. España: El Viejo Topo, 2001.

BUSQUETS, Juan. *Barcelona:* la construcción urbanística de una ciudad compacta. Barcelona: Serbal, 2004.

CARLOS, Ana Fani Alessandri. *Espaço-tempo na metrópole*: a fragmentação da vida cotidiana. São Paulo: Contexto, 2001.

______. *O espaço urbano:* novos escritos sobre a cidade. São Paulo: Contexto, 2004.

______. *A condição espacial.* São Paulo: Contexto, 2011.

______. "La ciudad como privación y la reapropiación de lo urbano como ejercicio de la ciudadanía". *Scripta Nova.* Universidad de Barcelona, v. XVIII, n. 493 (08), 1 de noviembre de 2014. Disponível em: <http://www.ub.edu/geocrit//sn/sn-493/493-08.pdf>. Acesso em: 27 jul. 2015.

DAMIANI, Amélia Luisa. *Cidade (des)ordenada:* concepção e cotidiano do conjunto habitacional Itaquera. São Paulo, 1993. Tese (doutorado em Geografia) – Faculdade de Filosofia Letras e Ciências Humanas, Departamento de Geografia, Universidade de São Paulo.

______. A crise da cidade: os termos da urbanização. In: Carlos, Ana Fani Alessandri; Damiani, Amélia Luisa; Seabra, Odette Carvalho de Lima (orgs.). *O espaço no fim de século:* a nova raridade. São Paulo: Contexto, 1999, pp. 118-31.

Domingo I Clota, Miquel; Bonet I Casas, Maria Rosa. *Barcelona i els moviments socials urbans*. Barcelona: Mediterrània, 1998.

Fontes, Virgínia. "Marx, expropriações e capital monetário: notas para o estudo do imperialismo tardio". *O comuneiro*, n. 20, março 2015. Disponível em: <http://www.ocomuneiro.com/nr07_06_virginiafontes.html >. Acesso em: 27 jul. 2015.

Harvey, David. *O novo imperialismo*. São Paulo: Loyola, 2004.

______. *Ciudades rebeldes*: del derecho a la ciudad a la revolución urbana. Trad. Juanmari Madariaga. Madrid: Akal, 2013.

Iasi, Mauro Luís. *As metamorfoses da consciência de classe*: O PT entre a negação e o consentimento. São Paulo: Expressão Popular, 2006.

______. *Ensaios sobre consciência e emancipação*. São Paulo: Expressão Popular, 2011.

Lefebvre, Henri. *Critique de la vie quotidienne:* fondaments d'une sociologie de la quotidienneté. Paris: L'Arche, 1961.

______. *La survie du capitalisme:* la re-production des rapports de production. Paris: Anthropos, 1973.

______. *A re-produção das relações de produção*. Porto: Escorpião, 1978.

______. *A vida cotidiana no mundo moderno*. São Paulo: Ática, 1991a.

______. *O direito à cidade*. São Paulo: Moraes, 1991b.

______. *El materialismo dialéctico*. El Aleph, 1999. Disponível em: <http://www.infoamerica.org/documentos_pdf/el_materialismo_dialectico.pdf>. Acesso em: 28 jul. 2015.

______. *A produção do espaço*. Trad. Grupo "As (im)possibilidades do urbano na metrópole contemporânea" do Núcleo de Geografia Urbana da UFMG. Belo Horizonte: 2006. (mimeografado)

______. Capítulo 2: o ato da troca material, a respeito do estado/ tomo III: o modo de produção estatista. Trad. Inês Oseki-Depré; Ana Nasser; Margarida de Andrade; Jorge Oseki. s/d. (mimeografado)

Leiva, Enrique; Miró, Ivan; Urbano, Xavier. *De la protesta al contra poder*: nous protagonismes socials en la Barcelona metropolitana. Barcelona: Virus, 2007.

López Sánchez, Pere. *El centro histórico:* un lugar para el conflicto. Barcelona: Universitat de Barcelona, 1986.

Marx, Karl; Engels, Friedrich. *A ideologia alemã*. São Paulo: Martins Fontes, 1998.

Merrifield, Andy. "El derecho a la ciudad y más allá: notas sobre una reconceptualización lefebvriana". *Urban*, n. 2, sep.2011-feb.2012, pp. 101-10. Disponível em: <http://polired.upm.es/index.php/urban/article/view/1496/1991>. Acesso em: 28 jul. 2015.

Nou barris cabrejada, dice basta. *Manifesto*. Disponível em: <https://dl.dropboxusercontent.com/u/4895946/9barriscabrejada/manifiesto_castellano.pdf>. Acesso em: 28 jul. 2015.

______. *No és pobresa, és injusticia*. Barcelona, nov. 2014. Disponível em: <https://antroperplejo.files.wordpress.com/2014/11/documentpobresa_definitiu.pdf>. Acesso em: 28 jul. 2015.

Ribeiro, Fabiana Valdoski. O discurso espacial como instrumento da produção capitalista do espaço: experiências em São Paulo e Barcelona. *Eure*, v. 40, n. 120, mayo 2014, pp. 221-40. Disponível em: <http://www.eure.cl/index.php/eure/article/view/452/644>. Acesso em 28 jul. 2015.

Sader, Eder. *Quando novos personagens entraram em cena*. São Paulo: Brasiliense, 1988.

Sánchez, Pere López. *El centro histórico*: un lugar para el conflicto. Barcelona: Universitat de Barcelona, 1986.

Thompson, Edward Palmer. *Algunas observaciones sobre clase y falsa consciencia*. Historia Social. Valencia, Instituto de Historia Social UNED, primavera-verano, 1991, n. 10, pp. 27-32.

Unió Temporal D'escribes (UTE). *Barcelona marca registrada*: un model per desarmar. Barcelona, Virus, 2004.

PRIVAÇÃO, JUSTIÇA ESPACIAL E DIREITO À CIDADE

Glória Alves

O apito da fábrica da indústria moderna, mesmo que continue existindo, não é mais o elemento característico da vida urbana no atual momento de nossa organização social. Se a sociedade industrial acarretou a urbanização[1] até meados dos anos 1960 no mundo, em especial nos centros urbanos dos denominados países desenvolvidos, e no Brasil até meados dos 1980, hoje, com a tendência da mudança produtiva, com a passagem de um sistema de produção fordista para a acumulação flexível,[2] os elementos mais presentes na vida urbana das grandes cidades, e que tendem a se generalizar a outros espaços de forma não homogênea, podem ser caracterizados pela simultaneidade, velocidade (de pessoas, de produção e circulação de mercadorias, de informações, de capital), fluidez, conexões, individualismo, escassez de tempo e de espaço urbano.

Entretanto, os fundamentos do processo de industrialização não desapareceram, ao contrário, se entranharam na vida a ponto de não mais termos consciência de sua presença. A regulação do tempo dada pelo processo industrial que marcava a vida e o ritmo dos operários faz parte, hoje, do cotidiano mesmo daqueles que sequer conhecem uma indústria. O relógio está presente na vida de todos aqueles que, de alguma forma, são incluídos, ainda que precariamente – ou, como diria Martins,[3] perversamente – no processo de reprodução do capital. A vida urbana é regulada, marcada por afazeres e tarefas, de modo que não há tempo para o não produtivo e para o ócio. Nos momentos de lazer, que é o tempo destinado no sistema capitalista para a reprodução da vida, tudo também tende a ser regulado e incorporado à reprodução econômica: os cuidados com o corpo; o estar em forma, sempre mediado pela reprodução a partir, por exemplo, da compra dos serviços de um *personal trainer*, de um horário na academia de atividades esportivas, dos equipamentos necessários para a prática do desporto; ou, nos momentos de férias (no mundo do trabalho, as férias são o lazer remunerado), a partir dos roteiros de viagens propostos pela mídia ou pelas empresas de turismo. Na vida urbana, há escassez de tempo, faltam horas no dia para fazer tudo, tudo o que dizem que deve ser feito, garantindo a reprodução produtiva.

Muita riqueza (produtos, informação, conhecimento) é produzida socialmente, e nas grandes cidades temos a concentração dela e dos elementos necessários à sua produção. Entretanto, como a base da reprodução capitalista está na desigualdade, o muito produzido não pode e não é apropriado por boa parte da sociedade, sendo esse processo mais dramático nos países em que não houve o Estado do Bem-Estar, como é o caso do Brasil, de boa parte da América Latina, das nações africanas e asiáticas, ou seja, da maior parte do planeta.

Tomemos a metrópole de São Paulo, Brasil, como um caso que, apesar das particularidades, apresenta tendencialmente elementos centrais desse processo de reprodução capitalista desigual e contraditória, que, no âmbito urbano, leva ao que Kowarick chama de espoliação urbana, entendida pela

> [...] somatória de extorsões que se opera pela inexistência ou precariedade de serviços de consumo coletivo, que juntamente ao acesso à terra e à moradia apresentam-se como socialmente necessários para a reprodução dos trabalhadores e aguçam ainda mais a dilapidação decorrente da exploração do trabalho ou, o que é pior, da falta desta.[4]

Para quem não conhece a realidade da metrópole de São Paulo, Kowarick resume as situações de espoliação urbana da seguinte forma:

> [...] vão desde as longas horas despendidas nos transportes coletivos até a precariedade de vida nas favelas, cortiços ou casas autoconstruídas em terrenos geralmente clandestinos e destituídos de benfeitorias básicas, isto para não falar da inexistência das áreas verdes, da falta de equipamentos culturais e de lazer, da poluição ambiental, da erosão e das ruas não pavimentadas e sem iluminação.[5]

Nesse contexto, como é possível considerar o direito à cidade, virtualidade assumida por Lefebvre[6] em sua obra? Sem negar as necessidades básicas, como, por exemplo, ter um lugar para morar, o direito à cidade na obra de Lefebvre implicaria "o direito à vida urbana, transformada, renovada".[7] Mas por que renovada, transformada?

O que hoje está posto na vida urbana exige compreendê-la, no aqui e agora, como momento do primado estratégico da reprodução do capital, em que o consumismo e o individualismo são entendidos como inerentes à vida. Milton Santos,[8] ao escrever sobre a realidade brasileira, afirma que no Brasil não há cidadãos, mas sim consumidores mais que perfeitos, ou seja, ao invés de cidadãos que possam usar de seus direitos (que, no caso brasileiro, são constitucionais,[9] seguindo uma tendência mundial aprovada pela Organização das Nações Unidas a partir da Declaração Universal dos

Direitos Humanos), como moradia, saúde, educação, lazer, temos consumidores, que individualmente e a partir do sistema de crédito, passam a ter acesso à possibilidade de consumo de produtos (eletrodomésticos, por exemplo) e serviços (escolas e sistema de saúde privados), deixando de lutar coletivamente pelos direitos aos serviços públicos e bens no geral.

A sociedade contemporânea marcada pelo consumo já estava apontada na obra de Lefebvre[10] quando ele a caracteriza como uma sociedade burocrática de consumo dirigido. Nela, há uma organização burocrática da cotidianidade, entendida como a dimensão da vida que é marcada pelo repetitivo coercitivo dominado pela racionalidade técnica, a qual justifica as segregações socioespaciais a partir da lógica racional do Estado (dimensão do concebido, segundo Lefebvre).[11] Este, por sua vez, está pautado em ações técnicas e, com o uso de instrumentos legais, quase naturalizando as desigualdades sociais, iguala todos a partir das oportunidades postas pelo mundo do trabalho (oportunidades que são desiguais), e os diferencia a partir das capacidades individuais de cada um. Em outras palavras, todos, *a priori*, ao menos nos discursos, são iguais, têm as mesmas oportunidades, mas o sucesso ou o fracasso é dado pelo chamado desempenho individual. Resumindo: igualam-se na diferença.

Parte-se de uma premissa equivocada, pois as condições sociais em que vivem os indivíduos são desiguais espacialmente, implicando em formas diferenciadas, e, na maior parte das vezes, segregadoras, de apropriação da riqueza socialmente produzida. Em nosso cotidiano, podemos perceber as diferenciações socioespaciais presentes reconhecendo espaços que se apresentam de forma distinta (espaços com inovações tecnológicas e arquitetura moderna, precários e com pouca ou mesmo sem infraestrutura). Mas o que explica essas diferenças?

Segundo Carlos,[12] o espaço é, ao mesmo tempo, condição, meio e produto da realidade social. Nessa perspectiva, as diferenciações socioespaciais são imanentes à produção espacial,[13] marcadas pela desigualdade espacial, principalmente no que se refere à concentração ou não das riquezas urbanas socialmente produzidas e desigualmente distribuídas e apropriadas (ou não) social e espacialmente. A desigualdade socioespacial é resultado do processo de reprodução capitalista que cria, articula e mantém espaços com desenvolvimento desigual. Como analisa Soja, a "[...] existência do capitalismo pressupõe a presença mantenedora e a instrumentalidade vital do desenvolvimento geograficamente desigual",[14] logo, a continuidade e a reprodução e ampliação das desigualdades socioespaciais são essenciais ao sistema capitalista.

Lutar pelo direito à cidade é reconhecer que a segregação socioespacial existe, e que existe também a privação das riquezas socialmente produzidas, apropriadas privadamente, ou seja, é por não existir o direito à cidade que é necessário criar estratégias de luta para conquistá-lo.

Seria a luta pela justiça espacial uma estratégia para a luta pelo direito à cidade? Essa questão é fundamental para diferenciar justiça espacial de direito à cidade, já que a primeira é necessária e fundamental para minimizar as desigualdades socioespaciais, ao mesmo tempo em que permite a manutenção do atual sistema de reprodução do capital, amenizando conflitos e permitindo que, em momentos de crise socioespacial, adquira novo fôlego, com concessões derivadas de lutas sociais, ao sistema capitalista. Já o direito à cidade apontaria para outra possibilidade de sociedade, nesse sentido, colocando-se como uma possibilidade, um devir, a construção de uma nova sociedade a partir de uma inflexão necessária dada pela insustentabilidade da crise capitalista. Apresentamos essa diferença inicial entre justiça espacial e direito à cidade, pois, ao menos nos debates teóricos, as proposições vão no sentido de debater a justiça espacial e não mais um projeto, enquanto devir, do direito à cidade.

Marcuse[15] aponta a necessidade da justiça espacial, e não apenas de uma justiça distributiva, já que esta última "[...] é uma dimensão necessária, mas não suficiente, do que deve ser a norma das políticas de planejamento, que são cruelmente necessárias".[16] Para ele, a justiça espacial visaria, além da distribuição mais equitativa das riquezas sociais, possibilitar o desenvolvimento social a partir das lutas dos movimentos sociais contra o que ele denomina de injustiças espaciais. Por injustiça espacial, que seria resultado de uma das dimensões da injustiça social, ele caracteriza as formas de confinamento involuntário (segregação, guetos) e a distribuição desigual dos recursos no território, lembrando que o papel da injustiça espacial no acirramento das injustiças sociais depende do contexto econômico, político e das condições sociais. Aparentemente, parte da realidade existente e procura alternativas para minimizar (o que é necessário também), a partir das lutas sociais, as mazelas cotidianas, mas não vai além do sentido de uma estratégia, luta para a superação do sistema capitalista que tem a desigualdade socioespacial, em diferentes escalas, como um dos fundamentos de sua reprodução e manutenção.

Soja,[17] ao debater a questão da justiça espacial, enfatiza o papel do espaço nas reflexões sobre a justiça e a democracia, chamando a atenção para a importância da dimensão espacial para o entendimento da realidade social. Apesar de destacar a importância do trabalho de Lefebvre sobre "o direito à cidade" – que coloca o espaço como sendo o elemento-chave para a compreensão das relações socioespaciais de produção e também para a superação dessa forma de produção pautada na desigualdade –, não é sobre este que se debruça seu debate e sim sobre a justiça espacial, que, desde o seu ponto de vista, pode ser um caminho para lutar, para avançar em torno de projetos e causas sociais diferentes por dentro do sistema existente.

Não se pode negar essa necessidade de melhoria, no aqui e no agora, da situação de desigualdade existente. É desejável a existência das lutas por políticas públicas menos excludentes e que satisfaçam, minimamente, as necessidades mais básicas da população com menor poder aquisitivo. Mas é neste ponto que se diferencia a ideia de direito à cidade da noção de justiça espacial: o direito à cidade levaria a sociedade, enquanto um projeto de sociedade, a lutar para além de suas necessidades essenciais básicas, a lutar pela apropriação de tudo que é socialmente produzido, como a arte, nas suas múltiplas dimensões; os espaços, em especial os públicos; e os lugares de encontro, de trocas, de debates em que o individual estaria assegurado como parte de um todo não homogêneo e não hierarquizado. É justamente pela tomada da consciência espacial que as populações de determinadas áreas da cidade reconhecem a espoliação espacial urbana a que estão sujeitas e passam a lutar não apenas para sua inserção (sem negá-la) como consumidores nesta sociedade, mas pela superação dessa condição, buscando colocar também na pauta da produção espacial os seus planos, sonhos e desejos, os quais não são necessariamente apenas a reprodução daquilo que é produzido por uma classe específica que dita normas, gostos e modos de consumir, buscando homogeneizar a produção e consumo socioespacial. Ainda que possa haver traços dessas tendências normativas de uma classe, há também a sua negação, a criação de novas formas e gostos que muitas vezes (quando adquirem socialmente a característica de pôr em xeque alguns desses elementos) são incorporados como alterações substanciais e divulgadas agora não mais apenas como formas de resistência, e sim como produtos da moda.[18]

O bairro de Morro Doce, região de Perus, subdistrito Anhanguera, na metrópole de São Paulo, poderia ser caracterizado como uma área periférica no sentido mais tradicional da expressão:

> [...] porções de qualquer aglomeração urbana, não necessariamente grande, localizadas via de regra em porção próxima aos limites externos da área edificada, onde predomina a ocupação residencial pelas camadas mais pobres da população, estabelecida ali de modo bastante precário.[19]

A maior parte da população do bairro é migrante na própria metrópole. Morava em outras áreas da região metropolitana, em geral, de aluguel, e no Morro Doce viu a possibilidade de se tornar proprietária de um terreno, o que, a princípio, daria maior chance de reprodução da vida cotidiana. Foi o não direito à cidade que os levou a ocupar essas áreas – através do mercado de terras. Estamos aventado aqui o processo de expropriação desses da cidade e do urbano. Por não ter o "direito à cidade" é que se deslocam de periferias mais estruturadas para as novas periferias que surgem nos limites das áreas urbanizadas formalmente da metrópole. Como aponta Damiani,[20] o movimento de valorização de áreas mais periféricas a partir da instalação de equipamentos ou obras públicas (em seu estudo, este era o caso do Rodoanel)[21] leva a "periferia" a áreas cada vez mais distantes. Nesse sentido, a periferia é sempre provisória, cria o sonho da permanência de populações em alguma área, mas este está sempre prestes a não se realizar devido às pressões do setor imobiliário, que usa essas populações em situação de extrema precariedade como ponta de lança para a ocupação (a princípio e em geral irregular) de uma área – ainda mais distante de onde se localizam – na qual "amassarão o barro" (vão localizar-se em áreas até então vazias de infraestrutura, a começar pela viária). No Morro Doce, ainda há várias ruas sem asfaltamento, o que impede a coleta pública de lixo, ou seja, a precariedade leva a situações de riscos para a saúde. Parte do bairro fica em área de proteção ambiental, em especial a região conhecida por Filhos da Terra, onde houve venda de lotes de modo irregular. Desse modo, as pessoas são penalizadas duas vezes: endividam-se ou gastam o pouco que conseguiram poupar para comprar o terreno e, em seguida, recebem um documento de compra que não tem validade para a prefeitura municipal. O acesso ao Filhos da Terra é dado por uma trilha em meio à vegetação existente. No loteamento, as ruas existentes são todas de terra e, em dias de chuva, é quase impossível chegar ou sair do local. Para viver, essa população "amassa barro", isto é, são os moradores que abrem os caminhos, retiram a vegetação, constroem as casas e depois lutam para conseguir água e luz, por exemplo, e, na impossibilidade de conseguirem esses serviços, utilizam-se de ligações clandestinas para a obtenção de energia elétrica ou constroem "sistemas" (caixas-d'água e bombas coletivas) para obterem água.

O que se observa ocorrer em 2015 no loteamento Filhos da Terra aconteceu com os loteamentos do Monte Belo, Vila dos Palmares, Rosinha e Morada do Sol, todos fazendo parte do que se conhece por Morro Doce. Estes últimos já estão mais estruturados que o Filhos da Terra, mas sua gênese foi a mesma. As áreas são articuladas pelo Movimento Quero um Teto Central (MQT). Segundo Carvalho,

> [...] o movimento fazia o contrato com o proprietário da área, vendia os lotes antecipadamente às famílias, lotes irregulares porque a propriedade ainda não pertencia ao movimento, e, com o dinheiro da venda dos lotes, pagava ao proprietário. Mas para garantir que as famílias continuassem repassando o dinheiro a ser transferido ao proprietário, o MQT prometia assentá-las antes mesmo de findo o pagamento.[22]

A ação do MQT, que atua especificamente nessa área e tem sede no Morro Doce, é muito parecida com a Associação dos Trabalhadores Sem Terra de São Paulo (ATSTSP), que se autoclassifica como um movimento por moradia. Segundo as pesquisas de Pereira,[23] realizadas no distrito próximo, o Jaraguá, a ATSTSP faz às vezes de uma imobiliária, ou promotora de vendas, pois realiza compras de terras nas áreas mais distantes da periferia formal, sem infraestrutura, transformando-as em lotes que são comercializados por um preço acessível à população de baixa renda, permitindo que, de alguma forma, essa população tenha acesso como "proprietário"[24] ao solo urbano, mesmo que em condições precárias.

Esse tipo de ação é possível, pois o Estado, nas suas diversas escalas (municipal, estadual e federal), não tem cumprido seu papel de garantir o direito à moradia, estabelecendo uma política pública de habitação voltada à população de baixa renda familiar (zero a três salários mínimos). Frente a essa ineficácia, presencia-se a ação de associações que, por meio da ilegalidade jurídica, garantem, ainda que precariamente, o acesso à moradia a partir da reprodução do capital dada através da venda irregular de lotes, na maior parte das vezes, destituídos de qualquer infraestrutura necessária à reprodução da vida. Nesse sentido, desde a abertura de caminhos que mais tarde se transformarão em ruas, a possível pavimentação, o acesso à água e à energia elétrica, bem como de meios públicos de transporte, de serviços de saúde e de educação, ficam a cargo do trabalho e da luta dos moradores que agora se veem como proprietários de um lote para morar e viver. Como observa Rodrigues,

> As casas precárias em loteamentos irregulares formam conjuntos de ruas, vilas, bairros, loteados e vendidos por proprietários ou supostos proprietários na lógica tipicamente capitalista, porém a construção de casas e as lutas para conseguir a legalidade jurídica e urbanística mostram o predomínio do valor de uso.[25]

Entretanto, a condição de "proprietários" não lhes garante direitos, a vida cotidiana não ficou mais fácil. Andar a pé pelo bairro exige esforços, pois as ladeiras são um problema para os mais velhos e os muito jovens. A coleta de lixo está disponível somente nas ruas asfaltadas, o mesmo ocorre com a iluminação pública, o que torna difícil a saída de casa depois das 18 horas. Ônibus existe, mas todos vão apenas até o Terminal Jardim Britânia, e de lá consegue-se chegar à Lapa (a centralidade mais próxima fica a 18,7 km ou 27 minutos sem trânsito de carro pela BR-050 – Rodovia Anhanguera) ou a Perus (40 minutos sem trânsito). É no Terminal Jardim Britânia que há o único posto de saúde da região. Não há agências bancárias nem equipamentos de autoatendimento bancário. Internet, só nas *lan houses* ou para aqueles que podem pagar um plano pelo celular. Escolas públicas existem, mas equipamentos de lazer e cultura só chegaram com a instalação do Centro Educacional Unificado (CEU)[26] Parque Anhanguera em dezembro de 2008. Além do CEU, não há áreas de lazer no bairro, embora essa seja uma das reivindicações dos moradores. É no cotidiano, nas condições de realização da vida, que vai se constituindo a consciência da privação vivida como segregação socioespacial. Assim o bairro e o cotidiano o tornam um "lugar da ação e do conflito, da consciência e da elaboração do projeto, da reivindicação do 'direito ao uso'".[27]

O processo de conscientização de que o Morro Doce é um espaço segregado, que impõe múltiplas dificuldades para a vida dos moradores, se dá por várias formas no cotidiano, elencadas por seus moradores como aquela da precariedade da vida no debate nas associações de bairro e pelas ações educativas realizadas nas escolas. Focaremos aqui, em especial, a Escola Municipal de Educação Fundamental (EMEF) Professora Marili Dias, embora em outras escolas ações de luta também existam. Essa escola está localizada no ponto mais alto do Morro Doce, no loteamento Palmares, de onde se tem uma visão reveladora de seu entorno, onde a paisagem, pela cor e morfologia, revela o primeiro contato com o desigual. Daí se descortina desde a vista do Pico do Jaraguá, no Parque Estadual do Jaraguá, até o Parque Anhanguera; entre essas duas áreas está a Rodovia Anhanguera e a partir dela uma série de loteamentos populares: Monte Belo, Vila dos Palmares, Rosinha, Morada do Sol e o Filhos da Terra.

Fundada em 2008, desde 2012, a escola participa da atividade de extensão Semana de Geografia da Universidade de São Paulo (USP), em que tem apresentado os projetos desenvolvidos na disciplina de Geografia articulados com outras disciplinas escolares. No trabalho apresentado na XI Semana de Geografia, em 2012, cujo tema era "As transformações tecnológicas e as diferenças socioespaciais nas diversas escalas geográficas", os alunos mostraram os resultados das pesquisas realizadas em três áreas: numa das ocupações do Movimento dos Sem Terra (MST), a Comuna da Terra;[28] a área ocupada pela tribo indígena guarani do Pico do Jaraguá e a pesquisa do próprio bairro onde se localiza a escola. Destacaram que se reconheciam como moradores de uma periferia carente, mas que conseguiam, a partir da pesquisa realizada, perceber que existem outros espaços periféricos discriminados na própria periferia em que vivem, podendo fazer uma hierarquia dos espaços a partir das precariedades encontradas. Nessa hierarquia, segundo eles, o espaço mais precário era o da tribo indígena, seguido pelo da Comuna da Terra, sendo o bairro onde viviam (em específico, o loteamento Palmares) o de melhores condições de vida, quando comparado aos outros dois espaços, apesar da precariedade existente. Essa escola até hoje continua realizando projetos interdisciplinares que têm promovido questionamentos dos alunos, o que trouxe, como consequência da análise da realidade vivida (após o levantamento das carências), a necessidade de colocarem-se diante da ação. É assim que desde 2014, lutam por soluções para os problemas apontados pela pesquisa. Chama a atenção no processo o fato de que aquilo que ficaria circunscrito somente a um trabalho escolar ter se transformado em uma ação política que envolve alunos, professores e comunidade, como veremos, a seguir.

PALMARES VIVE: A LUTA PELO "DIREITO À CIDADE"

Em setembro de 2014, realizou-se na EMEF Professora Marili Dias o primeiro Fórum Participativo Palmares Vive, em que foram apresentadas as pesquisas oriundas dos trabalhos de campo realizados pelos alunos, destacando a precariedade da vida no bairro. No evento participaram os representantes da comunidade e do poder público, na ocasião, o subprefeito de Perus, Carlos Roberto Massi, e o dirigente regional de Educação de Pirituba, Marcos Manoel dos Santos. Em novembro do mesmo ano, aconteceu o segundo Fórum,[29] em que os participantes (alunos e comunidade) solicitaram que o poder público oferecesse soluções para as demandas sociais apresentadas (calçadas, asfaltamento, coleta de lixo, serviço de correios, áreas de lazer, entre outras), ao que os representantes da municipalidade responderam que trariam alternativas para as soluções no Fórum seguinte, o terceiro, já pré-agendado para abril de 2015.

No terceiro Fórum, após terem sido novamente expostas as demandas sociais, o subprefeito explicou à comunidade presente como funcionava a subprefeitura, a gestão dos recursos, as possíveis articulações com as outras secretarias e prometeu que aquilo que fosse julgado como mais urgente – o asfaltamento de algumas ruas para que a coleta de lixo pudesse ser realizada – entraria como prioridade nas ações a serem realizadas pela subprefeitura de Perus. A comunidade ouviu e educadamente disse que esperava pelas ações, mas que gostaria de ter uma previsão de quando isso ocorreria, ao que não houve resposta. Como a pressão sobre o poder público era grande, em maio de 2015, foi realizada uma oficina de planejamento com a presença da secretária adjunta da Secretaria Municipal de Desenvolvimento Urbano de São Paulo, Tereza Herling. Sua equipe trouxe mapas e imagens de satélites do entorno da escola e solicitou aos alunos que primeiro reconhecessem no material disponibilizado, marcando com canetas, suas moradias. Na sequência (após ouvir dos alunos que não dispunham de áreas de lazer), foi pedido que indicassem no mapa onde achavam que seriam os locais ideais para a construção dessas áreas. A atividade foi rica em possibilidades, pois ao mesmo tempo em que permitiu o reconhecimento do espaço formal a partir de leitura de mapas e imagens de satélite colocou em tela uma questão importantíssima, que, no caso brasileiro, ainda é fundamental para a reprodução do capital: a propriedade privada da terra.

A secretária adjunta pediu aos alunos que indicassem as melhores localizações para a possível construção de áreas de lazer pela municipalidade, mas esclareceu que nem todos os pontos que fossem indicados para isso poderiam ser levados em consideração, pois seria necessário o levantamento de quem era o proprietário da terra. Se fosse uma área da municipalidade, talvez pudesse ser construído, mas, se fosse uma propriedade privada, isso dificultaria a ação. A propriedade privada do solo urbano é uma questão a ser superada se pensamos no direito à cidade e na possibilidade, na situação em tela, de construção de um equipamento público para uso de toda a comunidade. Contraditoriamente, é também um elemento de consenso social. Mesmo nessa situação, os alunos, que demandavam um serviço de lazer, aceitaram, sem questionamentos, que talvez não houvesse espaço para a satisfação de uma necessidade no caso de que todos os espaços apontados fossem propriedade de alguém. Neste cenário, alternativas como a continuidade do uso dos espaços da escola aos finais de semana deveriam ser pensadas.

Portanto, foram necessários anos sem que as reivindicações pudessem sair do plano de debate. Significa dizer, em primeira instância que parcela significativa da sociedade metropolitana continua sem poder de decisão na elaboração das políticas públicas que orientam o chamado "ordenamento da metrópole". Mas ainda podemos apontar nesta situação uma contradição: os alunos e suas famílias moram no Morro Doce porque não possuem o direito à cidade. Isto é, ocuparam, depois de uma migração interna na própria região metropolitana através da compra de lotes irregulares, lugares que ficam nos limites da urbanização consolidada, ou seja, o lugar possível (mas condicionado à necessidade de luta pela formalização e reconhecimento de que são proprietários de lotes de solo urbano). Dessa forma, o questionamento daquilo que está no fundamento de seu deslocamento – a existência da concentração da riqueza manifesta na propriedade privada do solo urbano – torna-se o seu outro: lutam por seu reconhecimento como proprietários, fazendo da luta pelo direito à cidade uma luta pela justiça espacial.

CONSIDERAÇÕES FINAIS

A privação da riqueza, socialmente produzida na sociedade brasileira contemporânea, é vivida, concretamente, no cotidiano da metrópole e percebida pela maior parte da população que se concentra nela. Muito dessa percepção se realiza num plano superior: aquele da consciência dessa condição gerando a luta por direitos. A privação vem da negação real do "direito à cidade", o que faz com que essa população lute pelas condições mínimas de sobrevivência: pelo acesso à moradia, à infraestrutura, à saúde, à educação, à mobilidade urbana, ao lazer, à cultura, ao encontro, à centralidade, enfim, por tudo aquilo que caracterizaria a vida urbana em direção à construção de uma situação que supere a condição em que vivem. Mas a luta, que poderia ser pelo direito à cidade, transforma-se em luta pela justiça espacial, já que um dos fundamentos da reprodução capitalista, ao menos no caso brasileiro, não é posto em xeque: referimo-nos à propriedade privada do solo urbano. Isto porque o "direito à cidade" tal qual pensado por Lefebvre abre a possibilidade de pensá-lo como projeto social de mudança e superação das condições que fundam a desigualdade. Desse modo se trataria de uma luta pela propriedade privada do solo como possibilidade para a realização do direito à moradia, fenômeno em curso desde os anos 1950, quando à Lei do Inquilinato[30] foi promulgada como estratégia das classes dominantes visando a reprodução do capital, o que intensificou a expansão urbana a partir da incorporação de áreas não urbanizadas ao mercado imobiliário, contribuindo para a ampliação da periferia habitada por parcela significativa da população em estado precário, sem acesso aos direitos essenciais, em especial, ao direito à moradia.

Essa estratégia, que entre os anos 1960 e 1990, promoveu a expansão habitacional não só da cidade de São Paulo, mas da região metropolitana paulista, continua sendo utilizada e se reproduzindo na periferia, que se mostra sempre como provisória e, ao mesmo tempo, como única alternativa de reprodução da vida cotidiana. Há possibilidades de luta pelo direito à cidade nos termos de Lefebvre? Acreditamos que sim. Entretanto, o processo exige a consciência dos fundamentos da reprodução do capital no cotidiano (da maior parte da população, no caso da brasileira) a fim de que a luta pela justiça espacial – que é necessária, mas não suficiente – possa tornar-se uma luta mais ampla sobre a elaboração de um projeto para a construção do " direito à cidade" de forma plena, pondo por terra um dos fundamentos da desigualdade socioespacial: a propriedade privada do solo urbano.

NOTAS

1 Lefebvre, 2008.
2 Harvey, 1992.
3 Martins, 1997.
4 Kowarick, 2009.
5 Idem.
6 Lefebvre, 2001.
7 Idem, p. 117.
8 Santos, 2007.
9 Na Constituição Brasileira, bem como na Declaração Universal dos Direitos Humanos, as contradições também aparecem, pois ao mesmo tempo em que se coloca a moradia como um direito do homem (Art. 6 da Constituição Brasileira) se garante também e contraditoriamente o direito à propriedade privada (Art. 5, XXII), que pode pôr em xeque o direito à moradia.
10 Lefebvre, 1984.
11 Lefebvre, 2006.
12 Carlos, 2001, p. 11.
13 Carlos, 2007.
14 Soja, 1993, p. 132.
15 Marcuse, 2009.
16 Tradução livre da autora para o original inglês "[...] is a necessary but not sufficient aspect of a normative pitch in planning, which is badly needed".
17 Soja, 2009.
18 No movimento hip-hop, o rap que surge como forma de manifestação artística de denúncia e contestação tende, em parte, a ser incorporado como um produto vendável, esvaziando sua potência.
19 Langenbuch, 2001, p. 89.
20 Damiani, 2004, p. 42.
21 O Rodoanel é um anel viário fechado da região metropolitana de São Paulo com 162 km de extensão, que visa proporcionar maior rapidez no fluxo de mercadorias que chegam.
22 Carvalho, 2010.
23 Pereira, 2006.
24 Colocamos o termo proprietário entre aspas, pois, para os que compram os lotes, eles assim se sentem, como donos de uma parcela do solo. Isso lhes possibilita construir sua moradia. Entretanto, do ponto de vista jurídico, eles não são proprietários, pois não têm a regulamentação desse processo, não possuindo o Registro no Cartório de Imóveis. Para a municipalidade, eles estão ocupando uma área irregularmente.
25 Rodrigues, 2007.
26 O Centro Educacional Unificado (CEU) é um complexo educacional, esportivo e cultural caracterizado como espaço público múltiplo. A cidade de São Paulo conta hoje com 45 CEUS e o Centro de Convivência Educativo e Cultural de Heliópolis. Os CEUs possuem: um Centro de Educação Infantil (CEI) para crianças de 0 a 3 anos; uma Escola Municipal de Educação Infantil (EMEI) para alunos de 4 e 5 anos; uma Escola Municipal de Ensino Fundamental (EMEF), que também oferece Ensino de Jovens e Adultos (EJA).Todas as unidades são equipadas com quadra poliesportiva, teatro, *playground*, piscinas, biblioteca, telecentro e espaços para oficinas, ateliês e reuniões. Os espaços são abertos à comunidade, inclusive aos finais de semana. Disponível em: <http://portalsme.prefeitura.sp.gov.br/Anonimo/CEU/apresentacao.aspx?MenuID=159&MenuIDAberto=135>. Acesso em: 13 ago. 2015.
27 Carlos, 2001, p. 58.
28 As Comunas da Terra são assentamentos dentro das grandes cidades e que buscam trabalhar com uma nova base de produção, uma nova matriz tecnológica, que é a agroecologia. Disponível em: <http://passapalavra.info/2009/12/16180>. Acesso em: 13 ago. 2015.
29 Nesse Fórum foi apresentado o vídeo *Palmares Vive*, elaborado pelos alunos da escola. Vídeo disponível em <http://portalmarilidias.blogspot.com.br/2014/12/2-forum-participativo-palmares-vive.html>. Acesso em: 11 ago. 2015.
30 Segundo Arlete Moysés Rodrigues e Manoel Fernando Gonçalves Seabra (1986), até os anos 1950, a maior parte da classe trabalhadora brasileira urbana tinha na casa alugada a forma de moradia. Nos anos 20 do século XX, segundo a mesma fonte, cerca de 80% dos imóveis da cidade de São Paulo eram ocupados por inquilinos. A partir dos anos 1960, depois da Lei do Inquilinato, a casa própria passa a ser dominante.

BIBLIOGRAFIA

CARLOS, Ana Fani Alessandri. *Espaço-tempo na metrópole:* a fragmentação da vida cotidiana. São Paulo: Contexto, 2001.

______. "Diferenciação socioespacial". *Cidades*. Presidente Prudente, Grupo de Estudos Urbanos (GEU), v. 4, n. 6, 2007, pp. 45-60. Disponível em: <http://revista.fct.unesp.br/index.php/revistacidades/article/viewFile/569/600>. Acesso em: 11 ago. 2015.

______. A reprodução do espaço urbano como momento da acumulação capitalista. In: ______. (org.) *Crise urbana*. São Paulo: Contexto, 2015, pp. 25-35.

CARVALHO, Mônica de. "A conquista de Anhanguera: situação de fronteira na metrópole de São Paulo". *Antropolítica*. Niteroi, n. 28, 1. sem. 2010, pp. 93-125. Disponível em: <http://www.revistas.uff.br/index.php/antropolitica/article/viewFile/23/pdf>. Acesso em: 11 ago. 2015.

DAMIANI, Amélia Luisa. Urbanização crítica e a situação geográfica a partir da metrópole de São Paulo. In: CARLOS, Ana Fani Alessandri; OLIVEIRA, Ariovaldo Umbelino de (orgs.). *Geografias de São Paulo:* representação e crise da metrópole. São Paulo: Contexto, 2004, pp. 19-58.

HARVEY, David. *Condição pós-moderna*. Trad. Adail Ubirajara Sobral; Maria Stela Gonçalves. São Paulo: Loyola, 1992.

MARTINS, José de Souza. *Exclusão social e a nova desigualdade*. São Paulo: Paulus, 1997.

KOWARICK, Lúcio. *Escritos urbanos*. 2. ed. São Paulo: Editora 34, 2009.

LANGENBUCH, Juergen Richard. "Depoimento". *Espaço & debate:* periferia revisitada. São Paulo, Núcleo de Estudos Regionais e Urbanos, n. 42, 2001, pp. 85-91.

LEFEBVRE, Henri. *La vida cotidiana en el mundo moderno*. 3. ed. Madrid: Alianza, 1984.

______. *O direito à cidade*. Trad. Rubens Eduardo Frias. 2. ed. São Paulo: Centauro, 2001.

______. *A produção do espaço*. Trad. Grupo "As (im)possibilidades do urbano na metrópole contemporânea" do Núcleo de Geografia Urbana da UFMG. Belo Horizonte: 2006. (no prelo)

______. *Espaço e política*. Trad. Sergio Martins; Margarida Maria de Andrade. Belo Horizonte: UFMG, 2008.

MARCUSE, Peter. "Spatial justice: derivative but causal of social injustice". Trad. Sonia Lehman-Frisch. *Justice Spatiale | Spacial Justice*, n. 1 septembre, 2009. Disponível em: <http://www.jssj.org/wp-content/uploads/2012/12/JSSJ1-4en2.pdf>. Acesso em: 11 ago. 2015.

MARTINS, José de Souza. *Exclusão social e a nova desigualdade*. São Paulo: Paulus, 1997.

PEREIRA, Sandra de Castro. *Os loteamentos clandestinos no distrito do Jaraguá (SP)*: Moradia e especulação. São Paulo, 2006. Dissertação (mestrado em Geografia Humana) – Faculdade de Filosofia, Letras e Ciências Humanas, Universidade de São Paulo. Disponível em: <http://www.teses.usp.br/teses/disponiveis/8/8136/tde-21062007-144035/?&lang=pt-br>. Acesso em: 11 ago. 2015.

RODRIGUES, Arlete Moysés. "Desigualdades socioespaciais: a luta pelo direito à cidade". *Cidades*. Presidente Prudente, Grupo de Estudos Urbanos (GEU), v. 4, n. 6, 2007, pp. 73-88. Disponível em: <http://revista.fct.unesp.br/index.php/revistacidades/article/viewFile/571/602>. Acesso em: 11 ago. 2015.

______; SEABRA, Manoel Fernando Gonçalves. "Habitação e espaço social na cidade de São Paulo". *Boletim Paulista de Geografia*, n. 64, 1986, pp. 19-64.

SANTOS, Milton. *O espaço do cidadão*. São Paulo: Edusp, 2007.

SMITH, Neil. Contornos de uma política espacializada: veículos dos sem-teto e produção de escala geográfica. In: ARANTES, Antônio (org). *O espaço da diferença*. Campinas: Papirus, 2000.

SOJA, Edward William. *Geografias pós-modernas*. Trad. Vera Ribeiro. Rio de Janeiro: Jorge Zahar editor, 1993.

______. "The City and Spacial Justice". Trad. Sophie Didier; Frédéric Dufaux. *Justice Spatiale | Spacial Justice*, n. 1 septembre, 2009. Disponível em: <http://www.jssj.org/wp-content/uploads/2012/12/JSSJ1-1en4.pdf>. Acesso em: 12 ago. 2015.

AS FAVELAS NA RECONFIGURAÇÃO TERRITORIAL DA JUSTIÇA SOCIAL E DOS DIREITOS À CIDADE

Jorge Luiz Barbosa

Embora os moradores de favelas sejam tratados com estereótipos conservadores – miseráveis e carentes, sem ordem e sem civilidade, degradados e violentos –, as favelas se constituíram como expressões legítimas das lutas de homens e mulheres para habitar a cidade. Portanto, reconhecer a potencialidade dos moradores de favelas, e não exclusivamente suas *carências* ou *ausências*, é uma posição fundamental para inserir os territórios populares em uma agenda renovada de direitos à cidade.

Os moradores das favelas, mocambos e vilas aprenderam, desde cedo, a inventar diferentes modos de construir suas vidas na cidade. A principal delas, é claro, está relacionada ao direito de permanência na cidade face às ameaças e às ações concretas de despejo de suas moradas. Outra luta comum esteve associada à conquista de melhorias urbanas que garantissem condições fundamentais de existência, implicando direito de acesso a serviços, bens e equipamentos que, inclusive, afirmaram a consolidação de muitas *comunidades populares* nas cidades.

Apesar da profunda distinção corpóreo-territorial de direitos que marca as relações das "comunidades de baixa renda" com o Estado e o empresariamento da cidade, os "pobres urbanos" construíram diferentes formas organizativas e processos sociopolíticos que expressaram o exercício possível de cidadania balizada pela conquista de direitos à cidade.

A EXPANSÃO E O CRESCIMENTO DAS FAVELAS COMO EXPRESSÃO DA URBANIZAÇÃO DESIGUAL DO TERRITÓRIO

As favelas não são fenômenos recentes da urbanização no Brasil. Em uma metrópole como o Rio de Janeiro, as favelas já têm mais de cem anos de existência e demonstram, na atualidade, um crescimento contínuo. O mesmo se pode dizer em relação a São Paulo, Recife, Salvador, Belo Horizonte, Porto Alegre e Fortaleza, onde os assentamentos populares crescem e se consolidam na paisagem urbana.

O Brasil de favelas, mocambos, vilas, loteamentos precários e periferias jamais cessou de crescer e, depois de muitos enfretamentos políticos, se estabelecem no espaço urbano discricionário em que vivemos. Segundo o IBGE, a população de residentes em *aglomerados subnormais* alcançou, em 2010, nada menos que 11,4 milhões de cidadãos, quase o dobro do número verificado em 2000 (6,5 milhões de pessoas). E, em termos de proporção em relação à população total, os residentes em favelas passaram de 3,9% para 6,9%; portanto, um aumento significativo de 65% no número de moradores encontrados no ano 2000.[1]

É possível afirmar, então, que as favelas são expressões estruturais do processo desigual que caracteriza a urbanização da sociedade brasileira, sublinhando que elas não se limitam a um fenômeno presente nas metrópoles do *Sudeste urbanizado*, ou de uma realidade exclusiva de metrópoles nacionais e regionais, uma vez que também ocorrem em cidades médias.[2]

É bem verdade que o crescimento e a expansão de territórios populares, como as favelas, estão vinculados às limitações das políticas e as incompletudes de programas de moradias populares dignas. Segundo as informações da Pesquisa Nacional de Amostra Domiciliar (PNAD) 2012, o déficit de moradias no país alcançou cinco milhões de residências, demonstrando as implicações sociais da urbanização, tão igualmente acelerada como discricionária.[3] Limitações, incompletudes e desinteresses no que concerne às habitações populares fizeram das favelas um recurso para os grupos subalternizados garantirem sua permanência nas grandes e médias cidades brasileiras.

Todavia, é no quadro mais amplo da generalização da sociedade urbana que se encontram explicações mais consistentes para o crescimento e a expansão de favelas no espaço urbano contemporâneo, uma vez que combinam, dialeticamente, o movimento de constituir-se produto da concentração de capital, da propriedade privada e do poder político que controla e fragmenta o espaço urbano; mas, contraditoriamente, significa o exercício legítimo de habitação da cidade pelos homens e mulheres mais profundamente marcados pela desigualdade social.

A FAVELA COMO EXPRESSÃO URBANA DA DISTINÇÃO CORPÓREA-TERRITORIAL DE DIREITOS

Os esforços conjugados dos trabalhadores subalternizados da cidade para construir abrigos para eles e suas famílias nunca foram devidamente reconhecidos pela sociedade, em geral, e pelo próprio Estado. Suas *obras territorializadas* sempre foram interpretadas e tratadas como ilegais, irregulares, informais, subnormais, precárias e clandestinas; por terem se constituído sem o crivo do controle governamental, em enfrentamento à lógica hegemônica do mercado, e, sobretudo, pela origem social e racial de seus habitantes.

Por outro lado, não se pode concordar com explicações simplistas da falta de recursos públicos para o atendimento integral às reivindicações e demandas sociais dos moradores de favelas por parte de governos mais ou menos *sensíveis às camadas populares*. A incompletude do acesso e a precariedade da oferta de serviços públicos fundamentais (educação, saúde e saneamento) são expressões contundentes de processos de distinção territorial de direitos, demonstrando, inequivocamente, que cidadãos de uma mesma cidade possuem direitos respeitados e garantidos de acordo com os bairros onde residem.

É preciso sublinhar que não se está diante de uma "cidade partida". Muito menos de uma mera questão de oportunidades de acesso a ou distribuição não equitativa de serviços públicos e bens de consumo no espaço público. Trata-se, na verdade, do não reconhecimento da cidadania de territórios habitados por homens e mulheres marcados pela desigual apropriação e uso da cidade.

Trata-se de uma relação de *distinção* entre o que está sendo considerado como dentro e como fora da ordem urbana de direitos como instituinte de uma hierarquização territorial, largamente apoiada em representações de não reconhecimento de sujeitos de direitos e, no seu limite, uma perversa indiferença com a vida desigual e diferente do outro. Como afirma Sodré,[4] a descrição sígnica, imagística e conceitual do *outro,* posto em posição subalterna responde amplamente pelas leituras generalizantes e práticas correspondentes à legitimidade (ou não) de direitos de sujeitos sociais. É nesse sentido que o processo de distinção de direitos opera o *distanciamento ontológico* entre os *mesmos hegemônicos* e os *outros subalternizados* nas marcações de privilégios sociais e de hierarquias territoriais de reprodução de classes e grupos sociais na/da cidade.

A distinção de direitos, territorialmente expressa, tem vínculos explícitos com a racialização das relações sociais. A "democracia racial" e a "mestiçagem" como emblemas de nacionalidade sempre foram apanágios ideológicos das hierarquias sociais estabelecidas a partir de classificações raciais de humanidade que se reproduzem sem cessar em nossa sociedade, sendo dramaticamente notável quando se trata da identidade racial das vítimas de homicídio nas metrópoles brasileiras.

É verdade que nossa sociedade é mestiça por excelência, caso seja considerada em suas diferenças socioculturais. É inegável, porém, que é também profundamente marcada por classificações corpóreas de superioridade e inferioridade racial, com decisivos rebatimentos na ordem territorial da sociedade. A composição social dominada pela presença de pardos e pretos (portanto, negros) em favelas responde pelas formas de não reconhecimento pleno de sua cidadania urbana e efetividade de direitos fundamentais. Então, nossas metrópoles e cidades se tornaram não somente *máquinas* de reprodução de desigualdades sociais, mas, acima de tudo, *liquidificadoras* de direitos de sujeitos sociais territorialmente situados.

A EXIGÊNCIA DA JUSTIÇA TERRITORIAL PARA GARANTIA A EFETIVIDADE DE DIREITOS URBANOS

Uma agenda renovada de direitos que enfrente e supere a distinção corpórea-territorial precisa ter como referência os territórios populares que se multiplicaram – e ainda se multiplicam – em nossas cidades e metrópoles. Favelas, subúrbios e periferias precisam ser efetivamente incorporados à construção da sociedade democrática que desejamos.

Todavia, a incorporação pretendida jamais se efetivará pelo viés da *carência*, muito menos orientada sob a anomalia da *pacificação*. Homens e mulheres que, há mais de um século, lutam pelo direito de habitar as cidades precisam ter um diferente e radical reconhecimento como sujeitos de direitos.

Será decisivo, portanto, o reconhecimento das moradias populares como potências inventivas do direito à cidade. Há, para tanto, uma dimensão subjetiva fundamental para a elaboração de uma agenda de democratização da vida urbana: a afirmação da legitimidade política dos territórios populares como integrantes da cidade, superando as representações conservadoras e práticas clientelistas recorrentes de programas e projetos compensatórios de desigualdades sociais.

Tomar a favela como referência para uma agenda de direitos significa tratá-la pelo prisma de suas potências. Em condições profundas de distinção corpóreo-territoriais de direitos, os moradores das favelas construíram vivências de sociabilidade que permitiram a construção de moradias, invenção de formas de trabalho e renda, assim como de pertencimentos culturais e modos solidários indispensáveis à vida coletiva, que se tornaram decisivos para sua existência e sua consolidação nas mais diferentes metrópoles e cidades brasileiras. É com o recurso e o concurso de suas potências, e não de suas *carências* ou *ausências*, que se devem inserir os grupos populares e seus territórios na agenda de exigibilidade da justiça territorial como mediação para afirmação do direito à cidade.

A premissa do reconhecimento afirmativo das favelas permitirá, sem dúvida, constituir novas práticas da justiça social, implicando, necessariamente, inflexões territoriais de políticas capazes de superar as distinções corporificadas de direitos. Está em causa, inclusive, a superação de ações, projetos e programas fragmentados e setoriais que sempre resultam em incompletudes da atuação do Estado e, não raramente, redutora das favelas e periferias a territórios de baixa densidade de direitos fundamentais, entre os quais o da própria vida (o número de homicídios em favelas e periferias é comprovadamente muito superior ao que ocorre em outros bairros da cidade).

A mudança paradigmática das políticas reclama a integração, no território, de ações que priorizem a dotação de equipamentos e serviços públicos qualificados de saneamento ambiental, educação, saúde, lazer e cultura nas favelas. Afinal, atender às demandas legítimas de comunidades populares é papel de um Estado republicano. Essa mudança desejável tem como condição a redistribuição de investimentos públicos no campo de políticas emancipatórias que valorizem sujeitos situados na relação corpo/território na/da cidade. Nesse sentido a justiça deixa de ser mais um campo de semânticas e disposições diversas para se tornar uma virtude ética da realização do bem comum e o compartilhamento da pólis, uma condição para a democracia plena.

Essa inflexão territorial de prioridades de investimentos públicos significa também o reconhecimento de sujeitos plenos de direitos, sobretudo para atuarem na formulação, gestão e controle social de políticas públicas, sob o primado do respeito aos seus saberes acumulados e aos desejos coletivos de uma vida digna. Sob o primado da ética do reconhecimento político de sujeitos sociais em condições de igualdade é possível a efetivação da justiça territorial como mediação necessária de substancialização de direitos à cidade.

Localizar nas favelas a referência de políticas públicas não se limita a construir um paradigma exclusivo para esses territórios, mas significa orientá-lo para toda a cidade. Basta uma mirada mais atenta à produção urbanística dominante para se verificar sua obediência à lógica que trata a cidade como mercadoria, que se reparte para atender aos interesses do capital imobiliário e financeiro. Retomar a cidade como obra humana e patrimônio da sociedade é o princípio que deverá reger a agenda urbana de justiça territorial.

A FAVELA COMO REFERÊNCIA DA INVENÇÃO DE DIREITOS À CIDADE

Sabe-se que há direitos necessários e imprescindíveis a uma vida digna, como os direitos à habitação, ao trabalho, à educação, à saúde e à segurança, que precisam estar disponíveis em conformidade com os recursos da cidade em sua totalidade. Apesar de sua relevância social indiscutível, os direitos necessários serão sempre parciais, quando não associados à invenção de novos direitos: os relacionados à apropriação e uso do espaço socialmente construído.

Quando se menciona o direito de habitar a cidade não se pode reduzir o tema ao acesso a uma unidade residencial em um bloco de apartamentos ou a uma casa em conjunto habitacional, edificações geralmente produzidas em série pela racionalidade mercantil estatal e privada. É preciso valorizar experiências mais ricas de habitação em curso nas favelas e periferias, elevando-as à condição de direito: o *direito à morada*.

Quando se coloca em causa a habitação em territórios de grupos populares, não se faz referência simplesmente a um abrigo individual e familiar, mas à *morada* como recurso de existências, a uma experiência complexa fundada pela proximidade de valores, práticas, vivências, memórias e posição social construída nas relações entre indivíduos, famílias e grupos sociais como suas *residências da vida*.

A concepção de morada aqui destacada significa a inserção de pessoas em relações de pertencimento, tangíveis e intangíveis, que estabelecem horizontes de sentido do território em uso, uma vez que reúne recursos sociais (escolas, postos de saúde, creches), recursos afetivos (amores, paixões, parentescos, amizades) e recursos simbólicos (igrejas, bares, blocos de carnaval, escolas de samba, campos de futebol, terreiros de umbanda e de candomblé), mobilizados e compartilhados por indivíduos, famílias e grupos sociais, no processo de atribuir significado às suas existências e de sua tenaz permanência na cidade.[5]

Emergem desse movimento homens e mulheres que superam os estigmas sociais e classificações raciais a eles impostos. Pessoas que não necessitam somente, mas desejam e inventam suas vidas em condições das mais adversas. É possível compreender como é imprescindível para os subalternizados da cidade a intenção e o ato de assegurar sua habitação na cidade com a invenção de formas urbanas contrastantes com o jogo de forças do valor de troca do mercado e da lógica reguladora do Estado, superando o conhecido roteiro de transformação das moradias populares em objetos venais e do tratamento de seus moradores como meros consumidores de *caixas* feitas de tijolos e telhas.

A afirmação do direito à morada significa fazer das favelas patrimônios de habitação popular, garantindo sua permanência na cidade com políticas públicas de regularização fundiária e qualificação de suas condições materiais. Preconiza-se, portanto, uma política urbana que abrigue o sentido coletivo da apropriação e o uso do território associado a investimentos públicos que garantam condições de vida digna aos moradores de favelas, vilas, mocambos.

A proposta em causa coloca a apropriação social acima dos interesses intocáveis da reprodução da propriedade privada na cidade e restringe a especulação imobiliária desenfreada que já atinge, inclusive, as favelas. E, de modo radical, permite instituir outras concepções e outras percepções da cidade em sua dimensão pública. O *direito à morada* é uma condição para efetivação de direitos sociais e assume, nas condições urbanas atuais, uma importância histórica e política decisiva para a construção de um projeto transformador da cidade.

O direito à morada convoca outro direito: o *direito à mobilidade*. Como ensina H. Lefebvre,[6] *o direito a habitar a cidade é inseparável do direito a transitar*. Justifica-se essa premissa devido aos múltiplos lugares e escalas geográficas da realização da vida urbana e, evidentemente, das cidades como experiências fragmentadas de tempo/espaço, que colocam dimensões outras da desigualdade social. Portanto, não é sem razão que as exigências de acesso aos lugares da habitação e trabalho, assim como os de oferta de serviços de educação, saúde e lazer, passam a compor a dinâmica da vida urbana e, ao mesmo tempo, são indicadores de distribuição de capital social e simbólico na sociedade.

Entretanto, a abordagem do tema da mobilidade não significa referência exclusiva à circulação de coisas e pessoas, ou melhor, aos deslocamentos imperiosos definidos pelo mercado de consumo de bens, serviços e força de trabalho. A mobilidade transcende o deslocamento *intra e entre localizações* (para consumir, trabalhar e habitar) para alcançar a qualidade da apropriação social e a democratização do uso do espaço urbano.[7]

É nesse campo analítico que Cresswell[8] enfatiza que a mobilidade tem dupla face: a corporal e a social. São pessoas – homens e mulheres – cujos corpos se deslocam no espaço/tempo, limitadas por estruturas econômicas, hegemonias sociopolíticas e culturas de poder que se reproduzem no espaço urbano. O transitar pela cidade é também carregado de subjetividades atuantes como dispositivos de interdição, restrição ou acolhimento de indivíduos e grupos sociais corporificados em classe, raça, gênero e territórios de moradia.

É inegável que moradores de favelas, subúrbios e periferias possuem restritas condições de circulação na cidade, implicando a reduzida presença deles em espaços qualificados de educação, saúde, arte e cultura. Essa realidade pode ser explicada pela combinação da distribuição desigual de equipamentos públicos (e privados) e aos constrangimentos econômicos, simbólicos e corpóreos presentes na cidade.

As restrições à mobilidade resultam do predomínio de privilégios de classes, grupos e indivíduos sobre os direitos sociais, que deveriam ser compartilhados por toda a sociedade. A construção do *direito à mobilidade* coloca em causa as espacialidades de domínio do privado sobre o público e dos privilégios sobre o direito, configurando-se, então, um campo de disputa social e política. Por outro lado, a mobilidade é também uma ação de visibilidade de sujeitos ocultados nas *distâncias ontológicas*, trazendo-os para cena pública da cidade num movimento de (re)apropriação de espaços interditos e interditados por regulações hegemônicas discricionárias.

O exercício do direito à mobilidade afirma que ruas, avenidas, jardins e praças devem ser tornados comuns para a invenção de encontros dos diferentes em sua humanidade. Trata-se de uma dobra de subjetivação corpo/espaço como potência de ação política no cotidiano da cidade. Afinal, a celebração da alegria e da felicidade é um dos mais contundentes contrapontos à sociedade do espaço-tempo útil, sob a égide do capital. Anuncia-se, então, outro direito: *o direito à vivência estética.*

Retomar para o uso compartilhado os espaços cercados por grades e tomados pelo automóvel significa recuperar o sentido público do que vem sendo privatizado; fazer da cidade uma experiência de apropriação sensível para estabelecer novos conteúdos aos encontros entre os habitantes. Advoga-se aqui, inclusive, outro sentido para criação e fruição estética urbana, sobretudo pela superação de seu tratamento como espetáculo turístico e de lazer mercantilizado em eventos desportivos e culturais globais.[9]

Lefebvre[10] sublinhava, em *O direito à cidade*, que a arte desempenhava o papel de (re)encantar a cidade, tornando-a uma obra aberta, coletiva e una em suas diferenças, expressando uma relação orgânica entre o coletivo e o individual, entre a estética e o espaço, na conquista de uma vida urbana renovada e transformada.

Nessa perspectiva, os espaços populares são referências importantes para a invenção de um novo imaginário de cidade, tendo como referência a produção e a comunicação estética urbana. Apesar dos estigmas da pobreza e da criminalização que ainda marcam as favelas, é admirável a riqueza das expressões artísticas e dos modos de afirmação de sua pluralidade cultural. Embora não sejam definidas por uma elaboração padrão da produção estética hegemônica, os repertórios culturais das favelas geram obras em redes de sociabilidade que inventam, integram e renovam experiências urbanas,[11] que expressam, inclusive, potencialidade de valorização de espaços comuns de sociabilidades, uma vez que as práticas culturais e artísticas nas favelas são notoriamente realizadas em ruas, praças, campos de futebol e quadras esportivas.

Valorizar criações culturais e artísticas presentes em territórios populares é um ato primordial de construção de uma sociabilidade urbana renovada. Vislumbra-se, como seu efeito, a ampliação da *circulação* de imaginários, de obras, de bens e de práticas culturais na cidade, sob o primado da comunicação entre próximos e distantes. Afinal, a cultura se torna mais rica quando as trocas de imaginários, de saberes, de fazeres e convivências se expandem: com esse desafio colocam-se em pauta as favelas como expressão da riqueza estética do espaço urbano contemporâneo e, sobretudo, como elas apontam caminhos possíveis de um projeto de encontros generosos, fraternos e solidários, tendo a relação estética-cidade uma de suas principais mediações. A favela anuncia, com a pluralidade da sua criação e fruição estética, uma disputa de imaginários sobre o sentido da cidade. Afinal, queremos ou não a felicidade como uma virtude estética da vida?

CONSIDERAÇÕES FINAIS

Apesar das leituras que sempre consagraram uma pretensa homogeneidade dos espaços populares, as favelas são complexas e muito diferentes entre si. Para além das particularidades de sua morfologia e localização, há também uma composição diferenciada de formas de trabalho, níveis de renda, de inserção ao consumo de bens e de acesso aos serviços públicos urbanos. Portanto, a suposta anomia que caracterizaria a vida das/nas favelas significa uma negação das práticas plurais que configuram as lutas populares por direitos fundamentais. Os moradores das favelas têm histórico complexo e atos relevantes contra desapropriações e remoções; conjugam estratégias diversas para conquistas de equipamentos e serviços urbanos (mesmo que precários e insuficientes) e inventam formas particulares de proteção e solidariedade social.

Os territórios considerados *mais vulneráveis* às limitações e incompletudes das políticas sociais, à notória concentração de renda e de propriedades urbanas, aos interesses exclusivistas do mercado e da criminalidade violenta, são os portadores de potencialidades para vivenciar e inventar a cidade como obra humana compartilhada.

Afirmar a cidade como uma obra humana ampla e plural pressupõe a efetivação dos direitos dos seus habitantes de forma integral e indivisível. Para tanto, a justiça social precisa ganhar a dimensão do território para assumir concretude no espaço da vida. Portanto, o exercício da justiça territorial implica a consciência de si e o corpo para si como sentido político para o devir da cidade como ato das potências individuais e coletivas de ser-no-espaço. Nesse caminho, a cidade assume a condição possível de fazer da vida uma experiência sensível de apropriação do mundo, distanciando-a da lógica racionalista imposta pelo domínio do dinheiro e do consumo voraz de mercadorias.

Por outro lado, assim como a cidade precisa ser, na perspectiva da democracia política, considerada de forma plena, os diferentes moradores devem, igualmente, ser considerados em suas múltiplas dimensões – social, ética e estética –, que afirmam sujeitos corporificados de direitos e que devem orientar a formulação de uma agenda política de direitos à cidade.

NOTAS

1 Censo 2010, IBGE.

2 Se, em 2000, 139 cidades brasileiras com este porte apresentavam a ocorrência ou proliferação de diversos desses tipos de "assentamentos irregulares" (favelas, loteamentos informais, ocupações, entre outros), dois anos mais tarde, 52 cidades respondiam por 3.773 aglomerações com 532 mil moradores (Pesquisa de Informações Básicas Municipais – IBGE). Isso não quer dizer que as favelas deixaram de crescer nas principais metrópoles brasileiras, uma vez que 77,1% dos domicílios em aglomerados subnormais se encontram em municípios com mais de dois milhões de habitantes, mas sim significa a difusão do fenômeno como a urbanização desigual da sociedade e do território.

3 Composição percentual do déficit habitacional no Brasil por tipo de classificação: moradias precárias (17,7%), que, segundo as definições da PNAD, incluem as moradias consideradas improvisadas e rústicas; coabitação (41,3%), quando um domicílio apresenta mais de uma família ali residindo (famílias conviventes), e uma das famílias tem a intenção declarada de se mudar; ônus excessivo com aluguel (34,8%), em que a prestação de locação é igual ou superior a 30% da renda domiciliar e o adensamento excessivo (6,1) em domicílios locados é caracterizado por moradias alugadas em que há mais de três habitantes por cômodo (PNAD, 2007/2012).

4 Sodré, 2000.

5 Não é sem razão que as remoções de favelas colocadas em prática pelo Estado e pelo mercado significam um modo perverso de expropriação de experiências de sociabilidades urbanas territorializadas.

6 Lefebvre, 2001.

7 Barbosa, 2014.

8 Cresswell, 2006.

9 Exposições artísticas, eventos esportivos e clusters turísticos se tornaram recorrentes na disputa global entre cidades. A estetização do urbano como espetáculo é a marca do processo das intervenções urbanas atuais, inclusive estabelecendo processos de despossessão de grupos sociais de seus territórios de morada.

10 Lefebvre, op. cit.

11 As favelas são territórios da criação cultural. O samba, a capoeira e o choro combinam a dança e a música na gestualidade estética identitária. O funk, o hip-hop e o forró atualizaram as marcas do mundo vivido de seus moradores. A recente produção no campo das artes visuais como o grafite, a fotografia e o vídeo inventam representações inovadoras do território e retraduzem pertencimentos das favelas à cidade.

BIBLIOGRAFIA

BARBOSA. J. L. A mobilidade urbana como expressão do direito à metrópole. In: LIMONAD, Ester et. al. *Um novo planejamento para um novo Brasil?* Rio de Janeiro: Letra Capital, 2014, v. 1, pp. 187-201.

CAPEL, Horácio. "Urbanización generalizada, derecho a la ciudad y derecho para la ciudad". *Revista Scripta Nova.* Disponível em: <http://www.ub.edu/geocrit/sn/sn-331/sn-331-7.htm>. Acesso em: 20 fev. 2016.

CARLOS, A. F. A. Dinâmica urbana e metropolização: desvendando os processos espaciais. In: FERREIRA, Álvaro; RUA, João; MATTOS, Regina Célia (orgs.) *Metropolização do espaço:* gestão territorial e relações urbano-rurais. Rio de Janeiro: Consequência, 2013.

CRESSWELL, Tim. *On the Move:* Mobility in the Modern Western World. New York: Routledge, 2006.

DUBET, François. *Injustices:* l'expérience des inégalités au travail. Paris: Seuil, 2008.

HARVEY, David. "The Right to the City". *New Left Review.* v. 2, n. 53, 2008.

______. *Rebel Cities:* From the Right to the City to the Urban Revolution. Londres: Verso, 2012.

LEFEBVRE, Henri. *O direito à cidade.* São Paulo: Centauro Editora, 2001.

SILVA, J. S.; BARBOSA, J. L.; FAUSTINI, M. V. *O novo carioca.* Rio de Janeiro: Mórula, 2012.

SANTOS, M. A *Natureza do Espaço.* São Paulo: Edusp, 2002.

SILVA, Jaílson de Souza; BARBOSA, Jorge Luiz. *Favela:* alegria e dor da cidade. São Paulo/Rio de Janeiro: Senac/X-Brasil, 2005.

SODRÉ, Muniz A. C. *Claros e escuros.* Vozes: Rio de Janeiro, 2000.

OS ORGANIZADORES

Ana Fani Alessandri Carlos é professora titular em Geografia do Departamento de Geografia da Faculdade de Filosofia, Letras e Ciências Humanas da Universidade de São Paulo (FFLCH-USP) onde se graduou e obteve os títulos de mestre, doutora e livre-docente em Geografia Humana. Dentre os livros publicados destacam-se: *Espaço-tempo na metrópole* (menção honrosa do prêmio Jabuti em Ciências Sociais de 2002), *O espaço urbano: novos escritos sobre a cidade* (2005), *A condição espacial* (2011). Dentre os livros, organizados: *São Paulo, 450 anos: as geografias da metrópole* (em três volumes com Ariovaldo U. de Oliveira), *Urbanização e mundialização: estudos sobre a metrópole* (2004) e *Barcelona y São Paulo cara a cara: processos metropolitanos a la hora de la globalización* (2006) com Carles Carreras. Coordenou intercâmbios internacionais Capes/MECD e Capes/Cofecub (Brasil-França). Membro da rede "La Somme et le Reste", sediada em Paris, e no Brasil do Grupo de Estudos Urbanos (GEU); coordenadora do Gesp – Grupo de Geografia Crítica Radical da FFLCH-USP e membro do Núcleo de Apoio a Pesquisa NAP/USP: "urbanização e mundialização". Bolsista do CNPq. Coordenadora da Coleção Metageografia.

Glória Alves é docente do Departamento de Geografia da FFLCH-USP. Graduou-se em Geografia (bacharelado e licenciatura) na USP, onde também obteve os títulos de mestre e doutora pelo Programa de Pós-Graduação em Geografia Humana do Departamento de Geografia. É membro da Associação dos Geógrafos Brasileiros (AGB), do Laboratório de Geografia Urbana (Labur) do Departamento de Geografia, onde também participa do Gesp (Grupo de Geografia Urbana Crítica Radical). É coordenadora da Semana de Geografia. Participa do GEU (Grupo de Estudos urbanos) e do NAPUrb Urbanização e Mundialização (USP).

Rafael Faleiros de Padua é professor doutor do Departamento de Geociências do Centro de Ciências Exatas e da Natureza da Universidade Federal da Paraíba (UFPB/*campus* I João Pessoa). Graduou-se em Geografia na USP; é mestre e doutor em Geografia Humana também pela USP, com estágio de doutorado-sanduíche no Institut des Hautes Études de l'Amérique Latine, da Université de Paris III. Publicou o livro *Implicações socioespaciais da desindustrialização e da reestruturação do espaço em um fragmento da metrópole de São Paulo* (FFLCH Edições, São Paulo, 2008). Publicou ainda capítulos de livro e artigos em revistas nacionais e internacionais. É professor do Programa de Pós-Graduação em Geografia (nível mestrado) da UFMT (*campus* Cuiabá) e pesquisador do Gesp (Grupo de Estudos de Geografia Urbana Crítica e Radical, USP).

OS AUTORES

Blanca Ramírez é professora titular da Universidad Autónoma Metropolitana-Xochimilco – Unam, México. Geógrafa, fez mestrado em Planeación regional pela Universidade de Aberdeen, Grã-Bretanha, e é doutora em Urbanismo pela Unam. É coordenadora do doutorado em Ciências e Artes para o Desenho. Professora da área de investigação e gestão territorial do Programa de Pós-Graduação na área de Sociedade e Território do doutorado em Ciências Sociais.

Carla Filipe Narciso é pesquisadora do Centro de Investigaciones en Arquitectura, Urbanismo y Paisaje (Ciaup) da Universidad Nacional Autónoma de México – Unam. Arquiteta paisagista pela Universidade de Évora (Portugal), fez mestrado em Geografia, com especialização em Estudos Urbanos pela Universidade de Lisboa e é doutora em Urbanismo pela Universidad Nacional Autónoma do México.

Denys Silva Nogueira é doutorando pelo Programa de Pós-Graduação em Geografia Humana da Universidade de São Paulo. Mestre em Geografia Humana pela mesma instituição, com pesquisa financiada pela Fundação de Amparo à Pesquisa do Estado de São Paulo (Fapesp). Graduou-se em licenciatura em Geografia pela Universidade Federal do Ceará. É pesquisador do Grupo de Geografia Urbana Crítica Radical (Gesp) e do Núcleo de Apoio à Pesquisa em Urbanização e Mundialização (NAPurb). Atualmente é professor de Geografia do ensino básico pelo Colégio Manoel Moratto.

Elisa Favaro Verdi é graduada em Geografia (bacharelado e licenciatura) pela Universidade de São Paulo. Mestre em Geografia Humana pela mesma universidade com trabalho sobre a produção acadêmica do Departamento de Geografia da FFLCH/USP durante o período da ditadura civil-militar no Brasil e sua importância para o movimento de renovação crítica na ciência geográfica. Interessa-se especialmente por História do Pensamento Geográfico e Geografia Urbana. Fez estágio de pesquisa no Institut des Hautes Études de l'Amérique Latine, Universidade de Paris III. É membro do Gesp (Grupo de Geografia Urbana Crítica Radical) e da Associação dos Geógrafos Brasileiros (AGB) – seção São Paulo.

Fabiana Valdoski Ribeiro se graduou em Geografia (bacharelado e licenciatura) na Universidade de São Paulo, onde também obteve os títulos de mestre e doutora pelo Programa de Pós-Graduação em Geografia Humana do Departamento de Geografia com pesquisas financiadas pela Fundação de Amparo à Pesquisa de São Paulo – Fapesp. Publicou a pesquisa de mestrado em livro eletrônico (FFLCH Edições do Grupo de Geografia Urbana Crítica e Radical (Gesp)) intitulado *A produção do lugar na periferia* *paulistana* (2008). É pesquisadora do Gesp (DG/USP), do núcleo de pesquisas NAPUrb Urbanização e Mundialização (USP) e do projeto Margens et Villes (Universitat de Barcelona/coord. Université de Tours).

Isabel Pinto Alvarez possui graduação, mestrado e doutorado em Geografia pela Universidade de São Paulo. É docente do Departamento de Geografia da mesma universidade – graduação e pós-graduação. É membro do Gesp (Grupo de Estudos de Geografia Urbana Radical), vinculado ao Laboratório de Geografia Urbana, da Universidade de São Paulo e do NAPUrb (Núcleo de apoio à Pesquisa Urbanização e Mundialização). Vice-coordenadora do Labur – Laboratório de Geografia Urbana (DG-FFLCH-USP).

Jorge Luiz Barbosa é bacharel, licenciado e mestre em Geografia (UFRJ). É doutor em Geografia Humana pela Universidade de São Paulo. É professor associado do Departamento de Geografia e coordenador do Programa de Pós-Graduação em Geografia da Universidade Federal Fluminense. Bolsista de Produtividade em Pesquisa do CNPq. Autor dos livros *Favela: alegria e dor na cidade* (X-Brasil/Senac), *O que é favela, afinal?* (Observatório de Favelas), *O novo carioca* (Mórula), *Solos culturais* (SEC-RJ) e *Paisagens crepusculares da ficção científica* (EDUFF).

Núria Benach é doutora em Geografia, professora de Geografia Urbana e Social na Universidade de Barcelona, Espanha. Coordena o projeto coletivo de investigação e debate "[espais crítics]", cujo resultado é uma coleção de livros objetivando contribuir à renovação crítica da análise urbana (Icaria Editorial). Professora convidada na Harvard, Clark University, na Universidade de São Paulo e na Universidad Nacional Autónoma de México. Mantém uma intensa atividade internacional com participação em recentes projetos europeus (Cost, sobre temas urbanos), além de conselhos editoriais de revistas internacionais. Suas linhas de investigação estão centradas na Geografia Urbana e Geografia Cultural e, mais recentemente, sobre o pensamento geográfico crítico. Membro da Junta de la Societat Catalana de Geografía.

Philippe Gervais-Lambony, geógrafo, professor da Université de Paris Ouest Nanterre la Défense, membro de l'Institut Universitaire de France, pesquisador no l'UMR LAVUE (équipe Mosaïques), França. Suas investigações estão voltadas ao tema urbano: cidadania, construção de identidades territoriais e política urbanas desenvolvidas em Lomé, Harare, Johannesburg, Ekurhuleni. É redator-chefe da *Justice spatiale/Spatial Justice*. Dentre suas publicações: "Contentious Identities? Urban Space, Cityness and Citizenship" (Routledge, 2014), *Justice et injustices spatiales*, em codireção com B. Bret, C. Hancock e F. Landy (Presses de l'Université de Paris Ouest, 2010), *La Justice spatiale et la ville, regards du Sud*, em codireção com Claire Bénit-Gbaffou, Alain Musset, Jean-Luc Piermay e Sabine Planel (Karthala, 2014), "Nostalgies citadines en Afrique Sud" (2012), "Conditions spatiales de la démocratie participative. 'Meetings' à Vosloorus (Ekurhuleni, Afrique du Sud)" (2012).

GRÁFICA PAYM
Tel. [11] 4392-3344
paym@graficapaym.com.br